毛澤東早期傳記

毛澤東
早期傳記

斯諾　蕭三　蕭瑜　著

劉統　編注

香港中和出版有限公司
www.hkopenpage.com

前　言

關於毛澤東早期傳記

劉統

　　偉人的傳記通常有兩種，一種是在偉人身後修撰的。這種傳記是正史，由歷史學者集體編寫，周密而詳盡，當然也充滿了歌頌與崇敬，為民眾樹立了一個崇高而神聖的形象。另一種是在偉人未成名之前，由個人為其撰寫的傳記或訪問記。這些著作出於個人的視角和感受，寫來比較樸實，自由，不必為尊者諱。毛澤東的傳記兩類都有，但我們更重視他的早期傳記。

　　提到毛澤東早期傳記，首推斯諾的《毛澤東自傳》。這部傳記的產生，充滿了偶然和傳奇的因素。斯諾不是共產黨人，是一位自由撰稿的記者。1934 年，美國出版商希望他寫一本關於中國共產主義運動的書，英國報紙（《每日先驅報》）對這個題材也有興趣，建議資助斯諾作一次旅行，以獲得「關於紅色中國的真相」。1936 年 7 月，在宋慶齡的幫助下，斯諾由中共地下黨員董健吾（化名王牧師）帶領秘密進入陝北紅區。當時中共中央帶領紅一方面軍完成長征後，正處於極度困難的時期。紅軍受到國民黨軍隊的包圍和封鎖，生活極端貧困。斯諾進入紅區採訪，毛澤東認為這是向外界宣傳紅軍的好機會。8 月 5 日，毛澤東與楊尚昆聯名致函參加過長征的紅軍幹部，號召大家撰寫回憶錄。「由那洋人帶出去印售，用來募捐。」短短兩個月內，紅軍總政治部就徵集到了約 200 篇作品。斯諾在 1936 年 10 月離開陝北時，「帶著一打日記和筆記本，30 卷照片，還有好幾磅重的紅軍雜誌、報紙和文件。」這裡就有《紅軍長征記》的部分原稿。

可見，毛澤東歡迎斯諾的到來，首先是為紅軍的生存考慮。他希望斯諾客觀公正地報道這些被國民黨稱為「共匪」的人，使外界同情紅軍，幫助紅軍。紅軍長征的故事就是這樣流傳出去的。但毛澤東並沒有請斯諾為自己作傳的想法。斯諾採訪過程中，紅軍和中國革命的傳奇故事使他感到新奇，興奮不已。那麼領導這些紅軍創造奇跡的領袖又是甚麼人呢？他希望毛澤東講述他本人的故事。在斯諾一再要求下，毛澤東終於答應了。於是，毛同斯諾談了十幾個晚上。當年擔任翻譯的吳黎平回憶：「毛澤東同志的態度是那麼平易近人，談話又是那樣生動活潑，逸趣橫生，久久不倦。斯諾常說這是他生平經歷過的最可寶貴的談話。談話一般都談到夜間兩點來鐘。談話時斯諾作了詳細筆記。」

毛澤東按照斯諾的問題，憑記憶而談。斯諾按吳黎平的口譯作了筆記。根據這些資料，斯諾寫成了《毛澤東自傳》，發表在英文的《密勒氏評論報》、《美亞》雜誌上。因為它的發表早於《西行漫記》（*Red Star Over China*，又譯為《紅星照耀中國》，後同），所以譯本很多。1937 年 9 月延安文明書局出版、張宗漢的譯本為國內現存最早的版本。1937 年 11 月上海黎明書局出版的汪衡譯本，流傳最廣。

斯諾在寫作時曾要妻子把毛澤東的生平材料壓縮一下，準備用第三人稱重寫其中某些部分。海倫・斯諾當即提出異議：「這可是經典著作，是無價之作。」她認為應當用毛澤東的原話，直接用第一人稱寫作。斯諾採納了妻子的建議。因此，《毛澤東自傳》以其原始性和真實性，一發表就引起了各方面的高度重視。

從內容看，《毛澤東自傳》的記述比較簡單。毛澤東自述他從一個農民的孩子，追求知識和真理，來到長沙求學。從一個愛國青年尋找新思想，到接受了馬克思主義，參與了中國共產黨的創建。從國共合作走向獨立進行武裝鬥爭。他的每一步成長，都緊密地與中國革命的發展聯繫在一起。他從不認為自己是天生的領袖，而是在曲折的經歷中逐漸成熟起來。正如

他自己在 1962 年說過的：「如果有人說，有哪一位同志，比如說，中央的任何同志，比如說我自己，對於中國革命的規律，在一開始的時候就完全認識了，那是吹牛。你們切記不要信，沒有那回事。過去，特別是開始時期，我們只是一股勁兒要革命。至於怎樣革法，革些甚麼，那些先革，那些後革，那些要到下一階段才革，在一個相當長的時間內，都沒有弄清楚，或者說沒有完全弄清楚。我講我們中國共產黨人在民主革命時期艱難地但是成功地認識中國革命規律這一段歷史情況的目的，是想引導同志們理解這樣一件事：對於建設社會主義的規律的認識，必須有一個過程。必須從實踐出發，從沒有經驗到有經驗，從有較少的經驗到有較多的經驗，從建設社會主義這個未被認識的必然王國，到逐步克服盲目性、認識客觀規律，從而獲得自由，在認識上出現一個飛躍，到達自由王國。」毛澤東正是本著這樣的精神來敘述自己的革命經歷的。

斯諾忠實地記錄了毛澤東的自述，展現了一個平凡而偉大的革命者形象。延安版的翻譯者張宗漢在「後記」中寫道：「真的，毛澤東先生，所言所行，都是很平凡的，例如：革命不愛錢，作大事不作大官，像這類的話，一般人喊得震天響亮，但革命牌子掛不上幾天，竟作了大官，發了大財了，而沒聽得說毛先生是怎樣發財的。他是布衣一身，窮得磅硬，只有他與士卒共甘苦，他為人民謀幸福，所以才得到人民的愛戴和擁護。」這是讀者的感受，也是《毛澤東自傳》的成功之處。

《毛澤東自傳》首次向國統區讀者展示了共產黨人的真實面目和思想，引起各方的關注。各種版本不斷出現。1938 年斯諾著《西行漫記》出版，《毛澤東自傳》作為其中一章，改名為「一個共產黨員的由來」。文字更為簡略、扎實。解放戰爭期間，《毛澤東自傳》在各解放區再版發行，版本多達十幾個。

建國後，因為中共中央有不祝壽，不以領導人名字命名城市、街道的規定（意在少宣揚個人），《毛澤東自傳》這樣的作品就不宜公開發行

了。「文化大革命」中，紅衛兵又把這本書找出來，以《毛主席的回憶》為書名翻印了《毛澤東自傳》。大多數為油印本，流傳廣泛。這種「抄本」不僅對研究毛澤東早年革命生活具有較高參考價值，而且為「紅色經典」的出版發行留下了佳話。

「文革」結束後，考慮到早期的《毛澤東自傳》版本多，翻譯水平參差不齊。吳黎平將斯諾當年在《美亞》雜誌上發表的英文文本找來，重新翻印並加以修訂，以《毛澤東一九三六年同斯諾的談話》為名，由人民出版社1979年出版。這是《毛澤東自傳》最準確的譯本。

1942年延安整風到1945年中國共產黨第七次全國代表大會期間，毛澤東的領袖地位逐漸確立，毛澤東思想成為統一全黨的指導思想。在這期間，中共中央有意識地宣傳毛澤東，建立他的威望。黨內一些專家學者撰寫的毛澤東的傳記和研究著作，也在這個歷史背景下出版發行。傳記類作品當推蕭三的《毛澤東同志的青年時代》。

蕭三原名蕭子嶂，蕭子昇（瑜）之弟。兄弟二人先後就讀湘鄉東山學堂、長沙湖南第一師範，與毛澤東同學。毛澤東與斯諾回憶早年讀書的往事時説：「許多闊學生因此看不起我，因為我平常總是穿一身破舊的衫褲。可是在他們當中也有我的朋友，特別有兩個人是我的好同志。」就是指蕭氏兄弟。

1939年蕭三從蘇聯回到延安。1942年延安整風期間，蕭三在幹部大會上講述毛澤東的生平事跡，引起聽眾的極大興趣。中央書記處書記任弼時鄭重囑咐蕭三：「寫一本毛主席傳，以慶祝他的50大壽。」但毛澤東不同意宣傳他個人，不肯做壽，寫傳記的事情拖了下來。蕭三採訪了延安的許多老同志，搜集了大量的素材。1944年7月1日，蕭三在《解放日報》發表《毛澤東同志的初期革命活動》一文。

當時，蕭三準備寫完整的毛澤東傳記。但毛澤東幾次傳話，讓蕭三多寫

群眾，少寫他個人。1945 年在延安棗園春節聯歡會上，朱德向毛澤東提議，讓在延安學習的高級幹部寫出各個解放區的緣起、略史，毛澤東極為贊成。蕭三在旁插言說：「那就好了！省得我一個人跳來跳去。」毛澤東聽了，盯著蕭三說：「那你還是有心人喏！」停一會兒又說：「那你就搞下去吧。」

　　1946 年張家口出版的《北方文化》月刊第 1 號，發表了蕭三的《毛澤東同志傳略》。同年 7 月 1 日《晉察冀日報》整版刊發了蕭三的《大革命時代的毛澤東同志》。華北解放區出版的《時代青年》發表了蕭三寫的《毛澤東同志的兒童時代》、《毛澤東同志的青年時代》。在此之後，各解放區書店紛紛出版了單行本。版本多達十幾個，名稱也不相同。這些版本需要統一，1949 年春，蕭三修訂了《毛澤東同志的青少年時代》，經中共中央宣傳部部長陸定一審查批准，同年 8 月由人民出版社出版發行。這是中共中央批准出版的第一本毛澤東傳記。

　　這本毛澤東早期生活的傳記，最初的版本是生動真實的。有些情節是他們兩人之間的交往，具有第一手的價值。書中有個故事：

　　　　在東山學堂裡，有一次也是黃昏時，遊戲完了，到了上自修的時間，搖鈴了，一群小學生經過操場蜂擁而入自修室去。一個同學和毛澤東同志一起也向著學校第二道大門走，他看見那個小朋友手裡有本書。

　　　　——你那是甚麼書？

　　　　——《世界英雄豪傑傳》。

　　　　——借給我讀一讀……

　　　過了幾天，他很客氣的，像犯了錯誤似地還書給那個小朋友：

　　　　——對不住，我把書弄髒了！

　　　那個同學打開一看，整冊書都用墨筆打了許多圈點，圈得最密的是華盛頓，拿破崙，彼得大帝，迦德鄰女皇，惠靈吞，格蘭斯頓，盧梭，孟德斯鳩和林肯那些人的傳記。

這個同學就是蕭三本人。毛澤東讀了這本偉人傳記，深受感動，自己也立志要把救國救民作為自己崇高的責任，可見那本書對毛澤東影響之深。

1954 年蕭三在已有版本的基礎上，修訂改寫了《毛澤東同志的青少年時代和初期革命活動》。1979 年蕭三又修訂了 1954 年的版本，1980 年由中國青年出版社重版。重修的版本內容更加嚴謹，文字更為圓熟。毛澤東已經是神聖的偶像，這就使 1949 年版的那些自然樸實的情節，不自然地被拔高和神聖化了。我們從一個故事來看其中的變化：

> 也是姓毛的一個鄰人，把自己的豬賣給了澤東同志的父親。說好了價，也交了些錢，但是沒有立即趕豬回家。過了十來天，豬價又漲了，父親叫澤東同志把豬趕回來。澤東同志到了鄰家，鄰人說：「豬價漲了；我又餵了十多天，現在我是不賣了。」澤東同志說：「是呀！你又餵了十多天，還是說好了那些錢，你當然不賣了。」澤東同志空手回到家裡⋯⋯。

1980 年版修訂為：

> 也是姓毛的一個鄰居，老婦人，把自己的豬賣給了澤東同志的父親。說好了價，也交了定錢，但是沒有趕豬回家。過了六七天，豬價也漲了，父親叫澤東同志把豬趕回來。澤東同志到了鄰家，那老婦人正在抽聲歎氣，埋怨自己的運氣不好，因為把豬賣早了。她又說：「有錢的人損失這幾元錢不要緊，窮苦人少兩塊錢就是一個大缺空呵。如今也沒有辦法，既已賣了，又放了定錢，你就趕去好了。」澤東同志聽了這些話，想了一番，就對她說：「是呀！你又餵了六天，還是說好了的那些錢，你當然不賣了。」澤東同志只拿了鄰人退還的那一元定錢，回到家裡。

　　原來的版本簡單情節，表現毛澤東是個善良、純樸的孩子。現在經過修訂，毛澤東變成了從小就會關心窮人利益、考慮問題周全的早熟兒童。究竟哪個版本更為真實，讀者自有分辨。

　　新中國建立後，思想輿論需要統一。宣傳中共的歷史和毛澤東的生平，是一項很嚴肅的工作。1951 年 6 月 22 日，《人民日報》發表了胡喬木署名的《中國共產黨的三十年》。這篇文章經過劉少奇等領導人的修改，毛澤東定稿，實際上是中共中央正式發表的簡明黨史。此後，全國黨史界的口徑，都遵循於此。毛澤東的傳記除了蕭三的《毛澤東同志的青少年時代和初期革命活動》、李銳的《毛澤東同志初期的革命活動》等少數作品，多數都是回憶錄和毛澤東活動的報道。50 年代後期開始，對毛澤東的崇拜和溢美之詞也越來越多。

　　在海外，由於美國為首的西方陣營對新中國的敵對立場和封鎖，很少有嚴肅的毛澤東傳記問世。但是 1959 年美國出版的蕭瑜著 *Mao Tse-tung and I were beggars*（《毛澤東和我的乞丐生涯》），引起了較大的轟動。

　　蕭瑜，字子昇，蕭三的哥哥，毛澤東早年的同學和朋友。曾經一同懷著救國之志，縱論天下大事，尋求強國之路。1917 年暑假，蕭瑜和毛澤東一起化裝成「乞丐」，身無分文，步行千里，考察了長沙、寧鄉、安化、益陽和沅江五縣，深入社會底層，廣泛接觸各階層人士。這次社會調查給毛澤東留下深刻印象，也是他後來重視社會調查和實事求是作風的一個起源。這段不尋常的經歷也使蕭瑜終生難忘，用 5 萬字的篇幅詳細敘述考察的全過程。其實文人「行乞」是當時湖南的一種社會風氣。蕭三在《毛澤東同志的青年時代》中這樣說：「一個夏天，毛澤東同志利用暑假期間，遊歷湖南各縣。身邊一個錢也不帶，走遍了許多地方。遇到政府機關、學校、商家，他們就作一副對聯送去；然後人們給他吃飯，或打發幾個錢，天黑了就留他住宿。這在舊社會叫做『遊學』。──沒有出路的『讀書人』，又不

肯從事體力勞動生產，就靠寫字作對聯送人，『打秋風』以糊口。毛澤東同志卻用這個辦法來遊歷鄉土，考察農民生活，了解各處風俗習慣——這是他這個舉動的現實主義的一面。」

在長沙的幾年間，毛澤東與蕭瑜交往密切，在《毛澤東早期文稿》中，保存了 1915—1916 年間毛澤東給蕭的 11 封信。信中很少談及私事，而是討論學問、修身、道德、社會等一系列問題。正是這種求真知的共同理想，使他們創辦了「新民學會」這個湖南早期革命組織。隨著形勢的發展，新民學會的會員中產生了兩條道路：以毛澤東、蔡和森等人為代表，找到了馬克思列寧主義，走上了無產階級革命道路，成為中國共產黨的先驅。而蕭瑜信奉無政府主義和資產階級革命，最終與毛澤東分道揚鑣。

蕭瑜作為當事人寫的回憶錄，對研究早年毛澤東有重要的參考價值。例如蕭瑜留法回國後，與毛澤東作最後的長談。毛澤東闡述了他信仰馬克思主義，主張走新民主主義革命的道路；蕭則主張走蒲魯東主義的道路，導致他們最後的分手。反映了毛澤東從一個愛國青年成長為無產階級革命者的過程。書中寫毛澤東對知識的渴求，對國家和社會前途的關注，對封建禮教的反抗，性格的豁達奔放，都是符合歷史事實的。但是書中也有明顯的不實之詞。例如在蕭瑜筆下，毛澤東表現得像一個追隨者，大事都是蕭瑜作決斷。當他們討論問題時，蕭瑜的滔滔不絕常使毛澤東沒有話說。這顯然不能讓人相信。此外，書中還有一些情節屬於對毛澤東的人身攻擊和醜化。例如寫毛澤東對當皇帝的嚮往，感情的冷酷等等。這可能出於兩個原因：一是毛澤東與斯諾談話中對蕭瑜評價不好，三十年代轟動一時的「故宮盜寶案」，蕭瑜也連帶作為被告之一，上了法庭。這個案子斷送了蕭瑜的聲譽，使他在國內無法立足，流亡海外。毛澤東與斯諾談過此事，《西行漫記》蕭瑜想必也讀過。出於個人的恩怨，他在回憶錄中對毛的醜化也就不足為奇。

　　第二，蕭瑜寫回憶錄的時代，正值全球處於「冷戰」時期。在西方那種反共的氛圍中，蕭瑜如果寫一本頌揚毛澤東的書，是不可能出版的。雖有上述的問題，但這本回憶錄依然具有參考價值。他筆下的毛澤東，是個有理想、刻苦學習，勇於實踐的青年。我們重新整理這本書，相信讀者會有所收穫。

　　前幾年，《毛澤東自傳》等早期傳記曾被多家出版社整理出版，引起很大的社會反響。有的學者不以為然，認為毛澤東的早期傳記不成熟，有很多錯誤。不如去讀《西行漫記》。我認為，歷史的形成有個過程。從早期的史料到經過史家的整理編撰，成為正史。但是不能因為有了正史，就把原始史料棄之不理。相反，原始史料中有很多真實樸素的成份，在修正史時為尊者諱，被刪除了。如果你想了解一個真實的歷史人物，這些早期的素材還是很有價值。恰如一塊璞玉，雖有瑕疵，但卻天然，這就是我們整理早期毛澤東傳記的初衷。2012 年，我曾將搜集的有關毛澤東早期傳記和回憶的著作和文章整理成《早年毛澤東》一書，由北京三聯書店出版。現在香港中和出版有限公司有意再版，選擇其中的《毛澤東自傳》、《毛澤東同志的青少年時代和初期革命活動》和《毛澤東和我的乞丐生涯》三本書。這對於海外讀者了解毛澤東的真實歷史，是有益處的。

2017 年 10 月於上海交通大學

目　錄

毛澤東自傳
（埃德加・斯諾著、張宗漢譯）

毛澤東同志的青少年時代和初期革命活動
（蕭三著）

毛澤東和我的乞丐生涯

（蕭瑜著）

毛澤東自傳

埃德加·斯諾　著

張宗漢　譯

延安文明書局

1937

第一章　少年時代

　　我於一八九三年生於湖南湘潭縣韶山沖鄉。我的父親是一個貧農，當他年青的時候，因負債纍纍，便去投軍。他當了一年多的兵。後來他回到我生長的鄉村裡，由於拚命的節省，他靠著做小生意和其他事業賺了一點錢，便設法買回了他的土地。[1]

　　這時，我家已有了十五畝田，成為中農了。在這些田中，每年大約可以收穫六十擔穀。全家五口每年一共消費三十五擔，這樣，每年可以多餘二十五擔。靠了這個剩餘，父親積聚了一點資本，不久又買了七畝田，使我家升到「富」農的地位。這時，我們可以每年在田裡收穫八十四擔穀。[2]

　　當我十歲，我家只有十五畝田的時候，一家五口是：祖父，父親，母親，弟弟和我自己。在我們增加了七畝田之後，祖父逝世，但又添了一個小弟弟。不過我們每年仍有四十五擔穀的剩餘，因此，我家一步步興旺起來了。

---

[1] 毛澤東的父親毛貽昌（1870—1920），字順生。早期毛澤東傳記中記載其父多以字行。

[2] 吳黎平注：「這裡毛澤東同志說他父親成份是富農，韶山的同志說解放後他們對毛澤東同志家的成份定為中農。我想這兩種說法沒有矛盾。問題是時間相隔四、五十年，毛澤東同志家庭的經濟情況變了。按毛澤東同志對斯諾所談情況，他的父親，可以說是富農成份，我清楚記得他說的是『富農』，我譯為『Rich Peasant』。談了之後，斯諾照此寫成文字，黃華同志譯成中文給毛澤東同志審查時，他也未改動。韶山的同志把毛澤東同志家裡的成份定為中農，當然是根據臨解放時的情況。」（《毛澤東一九三六年同斯諾的談話》，人民出版社 1979 年版，第 5 頁。）另據李湘文著《毛澤東家世》：1950 年韶山農村劃分階級成份，鄉農會曾寫信給毛澤東，毛委託兒子毛岸青轉達口信，家庭成份可劃為富農。（人民出版社 1996 年版，第 46 頁。）

這時，父親還是一個中農，他開始做販賣糧食的生意，並賺了一點錢。在他成為「富」農之後，他大部分時間多半花在這個生意上。他雇了一個長工並把自己的兒子和妻子都放在田裡做工。我在六歲時便開始做耕種的工作了。父親的生意並不是開店營業的。他不過把貧農的穀購買過來，運到城市商人那裡，以較高的價格出賣。在冬天磨米的時候，他另雇一個短工在家裡工作，所以在那時他要養活七口。我家吃得很節省，但總是吃飽的。

我八歲起，就在本鄉的一個小學校裡讀書，一直到十三歲時候。每天清早和晚上，我在田裡作工。白天就讀《四書》。我的塾師管教甚嚴。[1]他很嚴厲，時常責打學生，因此，我在十三歲時，便從校中逃出。逃出以後，我不敢回家，恐怕捱打，於是向城上的方向走去，我以為那個城是在一個山谷的裡面。我飄流了三天之後，家裡才找到了我。這時我才知道，我的旅行不過繞來繞去地兜圈子而已，一共走的路程不過距家約八里。

但，回家之後，出乎我的意料之外，情形反而好了一點。父親比較能體諒我了，而塾師也較前來得溫和。我這次反抗行為的結果，給我的印象極深。這是我第一次成功的「罷工」。

我剛認識幾個字的時候，父親就開始要我記家賬了。他要我學習打算盤。因為父親一定要我這樣做，我開始在晚間計算賬目。他是一個很兇的監工。他最恨我的懶惰，如果沒有賬記，他便要我到田間做工。他的脾氣很壞，時常責打我和我的弟弟們。他一個錢也不給我們，給我們吃最粗礪的東西。每月初一和十五，他總給工人們吃雞蛋和白米飯，但很少給過肉。對於我，既沒有蛋也沒有肉。

---

[1] 毛澤東的私塾老師即其堂兄毛宇居。私塾在韶山井灣里。毛宇居後來曾負責編修毛氏族譜，建國後任湖南省文史館館員，1964 年去世，享年 83 歲。

　　我的母親是一個慈祥的婦人，慷慨而仁愛，不論甚麼都肯施捨。[1]
她很憐惜窮人，在荒年，她常常施米給那些跑來乞討的人。不過在父親
的面前，她就不能這樣做了。他不贊成做好事。家中因了這個問題吵鬧
時常。

　　我家有「兩個黨」。一個是父親，是執政黨。反對黨是我、我的母親
和弟弟所組成的，有時甚至工人也在內。不過，在反對黨的「聯合戰線」
之中，意見並不一致。母親主張一種間接進攻的政策。她不贊成任何情
感作用的顯示，和公開反抗執政黨的企圖。她說這不合乎中國的道理。

　　但當我十三歲時，我找到了一種有力的理由和父親辯論，我引據經
典，站在父親自己的立場上和他辯論。父親常喜責我不孝和懶惰。我則
引用經書上的話來和他相對，說為上的應該慈愛。至於說我的懶惰，我
的辯解是大人應較年青的人多做工作，而父親的年紀既然比我大上三倍，
他應該做更多的工作。並且我說我到了他那樣大的時候，我一定比他更
出力地工作。

　　這個老人繼續「積聚財物」，在那個小村裡可以說是大富了。他自己
不再買田，但是他向別人押來很多的田。他的資本增加了二三千元。

　　我的不滿增加起來了。辯證的鬥爭在我們的家庭中不斷地發展著。
（在說明的時候毛很幽默地引用這些政治術語，他一面笑一面追述這些事
件——史諾。）有一件事，我特別地記得。當我在十三歲左右時，有一天
我的父親請了許多客人到家中來。在他們的面前，我們兩人發生了爭執。
父親當眾罵我，說我懶惰無用。這使我大發其火。我咒罵他，離開了家。
我的母親在後面追我，惡勸我回去。我的父親也追我，同時罵我，命令
我回去。我走到一個池塘的旁邊，對他威脅，如果他再走近一點，我便

---

[1]　毛澤東的母親文素勤（1867—1919）。排行第七，小名文七妹。早期毛澤東傳記中多稱其
　　為文其美，係音誤。

跳下去。在這個情形之下，雙方互相提出要求，以期停止內戰，我的父親一定要我賠不是，並且要磕頭賠禮，我同意如果他答應不打我，我可以屈膝一下跪。這樣結束了這場戰事。從這一次事件中，我明白了當我以公開反抗來保衛我的權利時，我的父親就客氣一點，當我怯懦屈服時，他罵打得更厲害。

回想到這一點，我以為我父親的死硬派結果使他失敗。我漸漸地仇恨他了，我們成立了一個真正的聯合戰線來反對他。這對於我也許很有益處，這使我盡力工作，使我小心地記賬，讓他沒有把柄來批評我。

我的父親讀過兩年書，能夠記賬，我的母親則完全不識字。兩人都出身農家。我是家庭中的「學者」。我熟讀經書，但我不歡喜那些東西。我所歡喜讀的是中國古代的羅曼史，尤其是關於造反的故事。在我年青時，我不顧教師的告誡，讀了《岳飛傳》、《水滸傳》、《反唐》[1]、《三國》和《西遊記》等書，而教師則深惡這些不正經的書，說它是害人的。我總是在學校裡讀這些書的，當教師走過面前時，就用一本經書來掩蓋著。我的同學大多都是如此。我們讀了許多故事，差不多能夠背誦出來，並且一再地談論它們。關於這類故事，我們較本村的老年人還知道得多，他們也歡喜故事，我們便交換地講聽。我想我深受這些書的影響，在那種易受感動的年齡時讀它們。

最後我在十三歲離開小學，開始在田中做長時間的工作，幫雇工的忙，白天完全做著大人的工作，晚上代父親記賬。然而我還繼續求學，找到甚麼書便讀，除了經書以外。這使要我讀經書的父親十分生氣，尤其是當他因對方在中國舊式法庭中引用了一句適當的經書而使他官司打

---

[1]　《西行漫記》中，譯者將《岳飛傳》譯為《精忠傳》，即清人錢彩著《說岳全傳》，全名為《精忠演義說本岳王全傳》。《反唐》譯為《隋唐》，即清人褚人獲著《隋唐演義》。（三聯書店1979年版，第108頁。）

敗以後。在深夜，我常把我的窗門遮蓋起來，所以我的父親看不見燈光。我這樣讀了一本我很歡喜的書，叫做《盛世危言》。[1] 該書的作者們都是主張改革的老學者，他們以為中國積弱的原因是由於缺少西洋的工具：鐵器、電話、電報、輪船等，想將它們介紹到中國來。我的父親認為讀這一類的書是浪費時間的。他要我讀可以助他打贏官司的如同經書那類的實際東西！

我繼續讀中國文學中的舊羅曼小說。有一天，我在這些故事中偶然發現一件特殊的事，即這些故事中沒有耕種田地的鄉下人。一切人物都是武士、官吏、或學者，從未有過一個農民英雄。這件事使我奇怪了兩年，以後我便進行分析這些故事的內容。我發現這些故事都是讚美人民的統治者的武士，他們用不著在土地上工作，因為他們佔有土地，顯然地是叫農民替他們工作。

在少年與中年時期，我的父親在宗教上是一個懷疑主義者，但母親則篤信神佛。她給與她的孩子們以宗教教育，我們都因父親是一個沒有信仰的人，而感覺難過。九歲的時候，我便板起面孔討論我的父親對母親欠缺禮貌的問題了。自那個時候以及以後，我們都想了許多辦法來改變他的心，但沒有效果。他只是責罵我們。因為他向我們進攻得太厲害了，我們退而想新的計劃。但他無論如何不與神佛發生關係。

我的讀書漸漸地影響我，我自己愈來愈懷疑。我的母親注意到我這一點，因為我們於信仰鬼神的漠不關心而責備我，但我的父親則不說甚麼。有一天他出去收賬，在路上遇見一隻老虎。老虎因不及提防而馬上驚逃，我的父親卻格外地害怕，後來他回想老虎神秘的逃走，感覺很奇怪。他開始想他是不是沒有開罪菩薩。自那時候起，他對於菩薩比較恭

---

[1]　鄭觀應著，1893 年出版。書中的主張和政治觀點曾對戊戌變法起到先導作用。

敬起來，有時他偶然燒香。但是當我在另一意義上墮落的程度增高時，這位老人並不管。他只有在困難的時候才向神禱告。

《盛世危言》繼續動引我求學的慾望。我開始厭恨我在田裡的工作。這自然是我的父親所反對的。我們發生爭執，最後我脫離家庭。我到一個失業的法律學生家裡去，在那裡讀了半年書。以後，我在一位老學究面前攻讀經書，又讀了許多時事文章和其他的書。

在這時候，湖南發生一個影響我的整個人生的事件。在我們小私塾的房屋外面，我們一班學生看見從長沙回來的許多豆商。我們問他們何以大家都離開長沙。他們說是城中發生了一個大叛變，並告訴我們這回事。

那年有一個大饑荒，在長沙有好多萬人沒有東西吃。嗷嗷待哺的老百姓舉了一個代表團見巡撫，請求救濟，但他傲慢地回答他們：「你們為甚麼沒有糧食？城裡多得很，我向來沒有缺少過。」當他們聽到巡撫的回答，他們都很發怒。他們召集民眾大會，舉行了一次示威運動。他們進攻滿清衙門，砍下作為衙門象徵的旗杆，並驅走巡撫。以後，那布政使騎著馬出來，告訴老百姓，政府要設法救濟他們。他說出這話顯然是誠懇的，但皇帝（或許是慈禧太后吧）不歡喜他，責備他與「暴徒」發生密切關係。他被撤職。一個新巡撫來了，馬上下令通緝叛黨的領袖。他們中許多人被砍頭，他們的頭懸掛在柱子上，以警告來日的「叛徒」。[1]

這件事，我們在私塾裡討論了數日之久。它給予我一個深刻的印象。許多學生都同情「造反的傢伙」，但只是站在旁觀者的立場。他們不認識

---

[1] 吳黎平注：「這裡說的一九一〇年的長沙搶米風潮的具體情節和事實有些出入。飢民群眾攻打巡撫衙門時，湖南巡撫岑春蓂為群眾的勢力嚇倒，把巡撫的職務交給了湖南布政使莊賡良。莊在未上台時表示同情群眾，所以曾受到群眾的歡迎，但是他在當上了代理巡撫後立即反過臉來，嚴厲地鎮壓群眾。群眾風潮繼續發展，清朝政府下令把岑、莊二人都撤職，另調官員擔任湖南巡撫。」（《毛澤東一九三六年同斯諾的談話》，人民出版社 1979 年版，第 12 頁。）

這對於他們的人生有甚麼關係。他們不過把這事當作一個刺激的事件，感覺興趣而已。然而我永不忘記它。我感覺得這些叛徒都是與我的家人一樣，於是我深恨這樣對待他們是太不公平了。

此後不久，哥老會的會員和一個地主發生衝突。他在法庭上控告他們，因為他是一個很有勢力的地主，容易促成一個於他有利的判決。哥老會會員失敗了。但是他們並不屈服，他們向這個地主和政府反抗，他們退到一個山上去，在那裡他們建築了他們的要塞。官兵被派去打他們，那地主說出一個謠言，說他們揭竿造反的時候，殺死了一個孩童。叛徒的領袖叫做「磨刀石彭」。叛徒最後戰敗，彭被迫逃亡。結果也被捕砍頭。而在我們這般學生的眼光中，他是一位英雄，因為大家都對造反表示同情。[1]

第二年，新穀還沒有成熟，冬米已吃完的時候，我們一村缺少糧食。窮人向富戶要求幫助，他們發動一個「吃米不給錢」的運動。我的父親是一個米商，將許多米由我們的一村運到城中去，雖然本村糧食缺少。他有一船米被窮人劫去了，他怒髮衝冠。我對他不表同情。同時，我想村人的方法也是錯誤的。

這個時候對我另有一個影響，即某一個小學校有一個「激烈」的教員。他所以激烈，因為他反對神佛，想把神佛消取。他教人民把廟宇改為學校。他成為一個被大家議論的人。我欽慕他，並與他的意見相同。

這些事件相連地發生，給予一個已經反叛的青年頭腦以一個永久的印象。在這個時期，我起始有了一些政治意識，尤其是我讀了一個談到瓜分中國的小冊子。我甚至現在還能記得這小冊的開頭第一句：「嗚呼，中國將亡矣！」他講到日本的佔領高麗與台灣，中國的失去安南、緬甸等。我讀了這本書之後，我為我的祖國的將來擔心，起始認識大家都有

---

[1] 《西行漫記》中稱其為「彭鐵匠」。

救國的責任。

我的父親想要我在一個與他有關係的錢店做學徒。最初我不反對，以為這也許很有趣的。但大約在這個時候，我聽到一個有趣的新學校。於是不顧我的父親反對，立志進那個學校。這學校是在我外公的縣城裡。[1] 我的一個老表是那裡的一個學生，他告訴了我這個新「近代」學校的變遷情形。那裡經書是不大被注意的，西方的「新知識」教授得很多。教育方法又是很「激進」的。

我與我的老表進那學校，註了冊。我自稱為湘鄉人，因為我知道那學校只收湘鄉籍的學生。但後來我發現各地人都可以進，我才把我的真籍貫說出來。我付了十四吊銅板，以作我五個月的膳宿費以及我讀書需要的各物件之用。我的父親因他的朋友勸他說這個「高等」教育可以增加我的賺錢本領，最後讓我入學。這是我第一次遠離家鄉，離家有五十里。我是十六歲了。

在這個新學校，我能夠讀自然科學和新西學課程。另一件值得注意的事是教員中的一位是日本留學生，他戴上一個假辮子。假辮是很容易看出來的，每個人笑他，稱他是「假洋鬼子」。

我以前沒有看見過那麼許多兒童在一起。他們大多為地主的兒子，穿著奢侈的衣服；很少農民能夠將他們的子弟送到那樣的一個學校。我穿得比旁的學生都蹩腳。我只有一套清潔的襖褲。長袍學生不穿，只是教員穿，除了「洋鬼子們」以外，沒有人穿西裝。許多有錢的學生都輕視我，因為平常我穿破爛的襖褲。但在他們中我有朋友兩個，而且是我的好同志。這二人中之一現在是個作家，住在蘇聯。[2]

因為我不是湘鄉人，又不為人所喜。做一個湘鄉人是很重要的。湘

---

[1]　即湘鄉縣東山高等小學堂。

[2]　即蕭子暲（蕭三）。

鄉分為上區、中區、與下區，上區的學生與下區的學生常常打架，完全
是因為鄉土觀念。雙方好像是要你死我活似的。在這戰爭中我採取中立
地位，因為我不是那一區的人。結果三地份的人都看不起我。我精神上
感覺得不舒服。

　　我在這學校裡有很大的進步，教員都歡喜我，尤其是教經書的，因為
我古文作得不錯。然而我志不在經書，我讀我的老表給我的關於康有為
改革運動的兩本書。一本是梁啟超編的《新民叢報》。這兩本書我讀而又
讀，一直等到我能背誦。我崇拜康有為和梁啟超，我很感激我的老表。[1]

　　許多學生不歡喜假洋鬼子，因為他的假辮，但我歡喜聽他談到日本。
他教音樂和英文。有一個歌是日本歌，叫做《黃海之戰》。我記到當中幾
句很美的句子：

> 麻雀唱歌，夜鶯跳舞，
> 春天的綠色田野何等地可愛。
> 石榴花紅，楊柳葉青，
> 正是一幅新鮮的圖畫。[2]

　　我在那個時候，我感覺日本的美，她戰勝俄國，我感覺到她值得驕
傲，她很有能力。我沒有想到還有一個野蠻的日本——我們今日所知道的
日本。

　　這一切是我從假洋鬼子那裡學到的。

　　我又記到在這個時候新皇宣統已統治了兩年了。而我才最初聽到皇

---

[1] 即表兄文運昌（1884—1961），當時是湘鄉縣立師範學校的學生。

[2] 斯諾注：「這首歌唱的顯然是日俄戰爭終了，締結樸茨茅斯條約之後日本歡慶春節的情
　　況。」（《西行漫記》，三聯書店 1979 年版，第 114 頁。）

帝與慈禧太后都死去的消息。那時我還沒有成為一個反君主的人。實在
地我認為皇帝以及大多官吏都是誠實的、良好的、和聰明的人。他們只
需要康有為的改革。我因讀中國古代著名君主——堯、舜、秦始皇、漢
武帝的史實而為之心醉，讀了許多關於他們的書。我在一篇講到美洲革
命的文章裡最初聽到美國，那文裡有這樣一句：「八年之苦戰後，華盛頓
勝利而造成其國家。」在一本《世界大英雄傳》的書裡，我又讀到，拿破
崙、俄國喀德琳女皇 [1]、彼得大帝、惠靈登 [2]、葛拉德斯吞 [3]、盧梭、孟德斯
鳩、及林肯。

　　我起始想到長沙去，那是大城市，湖南的省會，離我的家一百四十
里，我聽到說這城市是很大的，有許許多多的人，許多的學校，巡撫衙門
就在那裡。這是一個偉大的地方！這個時候我很想到那裡去，進一個湘
鄉人辦的學校。那年冬季我請高小的一位教員介紹我前去。他答應了，
我於是走到長沙，十分地興奮，一半由於怕不能進去，幾乎不敢希望真
入那個偉大的學校。而使我驚異的，我被錄取了。但是政局轉變得很快，
我在那裡只讀了半年。

第二章　動亂中的中年時代

　　當我在長沙的中學讀書時，我第一次讀到報紙，報名《民力》[4]，是
民族主義派的革命的報紙，裡面有反抗滿清的廣州起義及在湘人領導下

[1]　即俄國沙皇葉卡德琳娜二世。
[2]　即英國威靈頓公爵（1769—1852），滑鐵盧戰役中擊敗拿破崙的聯軍統帥。
[3]　即格萊斯頓（1809—1898），19 世紀後期英國首相，在任期間先後佔領阿富汗和埃及。
[4]　即同盟會創辦的《民立報》。

七十二烈士就難的情形[1]。我讀了以後，極為感動，同時看到了《民力》裡面充滿了刺激的材料，同時我也知道了孫中山和同盟會的會綱。這時長沙正在第一次革命的前夜。我激動異常，就寫了一篇文章，貼在學校的牆壁上。這是我第一次發表政見，可是有點糊裡糊塗。我還沒有放棄對於康有為和梁啟超的崇拜，我不很明了他們和新領袖的區別。所以在我的文章中，我主張應將孫中山由日本召回就任新政府的總統，並以康有為任總理，梁啟超任外交部長！

　　其時「反對外資」建築川漢鐵路的運動開始，成立議會的要求也普遍地展開，但結果皇帝只是下詔組織咨議會。於是同學們越來越激動了。他們以反對留辮的方法來表示他們反滿的情緒。我和一個朋友毅然剪去辮髮，但答應跟著剪的一般人卻不履行他們的諾言。因此我和我的朋友就在暗中攻擊他們，並強力剪去他們的髮辮，結果有十個人做了我們剪刀下的犧牲。這樣，在短期內，我從嘲笑假洋鬼子的假髮辮進步到要求普遍的剪髮了。政治觀念是如何地可以轉變一個人的觀點啊！

　　關於蓄辮我和一個法律學校的朋友發生爭論，各人執持了相反的理論。這法科學生引用經書上，「身體髮膚，受之父母，不敢毀傷」等話來辯論。可是我和反對蓄辮的人們在反滿的政治基礎上造成了相反的理論，使他開口不得。

　　武漢起義（一九一一年十月）[2]之後，湖南宣佈戒嚴。政局在急遽地變動。一天有個革命黨[3]得了校長允許到一個中學裡面作煽動的演講。當場有六七個學生起來聲援他，痛斥滿清並號召大家起來建立民國。每一

---

[1]　1911 年 4 月 27 日領導廣州同盟會起義的領導人是長沙人黃興。起義失敗後 72 烈士被葬於黃花崗。

[2]　即辛亥革命的武昌起義。

[3]　按《西行漫記》第 116 頁，這個革命黨人是黎元洪屬下的一個官員。此後毛澤東參加了駐長沙的起義新軍，當一名列兵。

個人都專心一志地聽著。

聽過這個演講四五天之後，我決心加入革命軍，決定和幾個朋友到漢口去，同時我們向同學募了一些錢。聽說漢口非常潮濕，必需穿雨鞋，我就向駐紮城外的一個軍隊朋友那裡去借。我被衛兵攔住，這個地方已經變成十分活躍了，士兵們第一次領到子彈，他們大批地在開到街中去。

當時，叛軍正在沿著粵漢路進窺長沙，戰爭已經開始。在城外發生十次大戰。同時城內也起了叛亂，城門被中國的勞工們衝了下來。我靠了其中一個勞工的幫助，重新回進城中。然後站在一塊高地上觀戰，直等到最後看到衙門上飄起了寫著「漢」字的白旗。我回到自己的學校，那裡已在軍隊的看守下了。

第二天，一個都督政府成立，但新都督和副都督並未做得長。一般地主和商人不滿意他們。不到幾天後，我去訪問一個朋友時，看見他們的屍首橫陳街上。作為地主和軍閥們的代表，譚延闓打倒了他們。[1]

現在有許多學生參加軍隊了。學生軍已經組成，不過我不喜歡學生軍，以為他們的基礎太複雜。決定還是參加正規軍，來幫助完成革命。清帝尚未遜位，這正是奮鬥的時候。

我的餉銀是七元一月──不過，已經多於目下我在紅軍的餉銀了──其中我每月要用去兩元吃飯。我還要買水，因為兵士都要從城外挑水進來，而我是學生，不屑做挑水的工作。

此外多餘的餉銀都用在報紙上，我變成它們的熱心讀者了。在革命的報紙中，有一個《湘江日報》。其中討論到社會主義，我從這上面首次

---

[1]　譚延闓（1880—1930），字祖庵，湖南茶陵人，清光緒進士，授翰林院編修。原主張君主立憲，後又以地主官僚的代表身份，投機於辛亥革命。武昌起義後，湖南同盟會負責人率領新軍響應，焦達峰、陳作新被舉為正副都督。譚在這個新政府中任民政都長；十多天後，他殺害焦陳，自己當了都督。

知道這個名詞。我也和其他學生士兵們討論社會主義，其實是「社會改良主義」。

　　我同隊中有一個湖南礦工，和一個鐵匠，我極喜歡他們。剩下來的都是平庸之輩，而且有一個是流氓。我又勸了兩個學生參加軍隊。我和隊長及一般弟兄都合得來。我能寫，懂得一點經書，他們很佩服我的「博學」。我能夠幫助他們做寫家信之類的事情。

　　革命的結果還沒有決定。滿清還沒有完全放棄政權，國民黨內部又發生了爭奪領導權的鬥爭。在湖南聽說戰事是不可避免的了。當時有許多軍隊都組織起來反對滿清和袁世凱。湘軍就是其中之一。可是，正當湘人準備起事的時候，孫中山和袁世凱成立了協定，預計的戰事停止，南北「統一」，而南京政府解散。我以為革命已經過去，決定繼續求學。我已經做過半年兵士了。

　　我開始留心報紙上的廣告——彼時有許多學校開辦，而且都用廣告來吸收新生。我並沒有特別的標準來判斷學校；我不知道自己到底要做甚麼。一個警官學校的廣告吸引了我的目光，於是就去報名。但是，在受試以前，我看到一個製皂「學校」的廣告。不收學費，供給膳宿而且還可以有一點津貼。這個廣告是動人的。它指出製造肥皂有偉大的社會利益，可以富國富民。我變換了進警官學校的念頭，決定做一個製皂工程師。我又在這裡交納一元報名費。

　　這時，我有一個朋友做了法科學生，他慫恿我進他的學校。我又讀了這法律學校的動人廣告，裡面保證了許多了不得的事情。它答應在三年之內教完一切關於法律的學科，保證學成可以立即做官。我的朋友不斷地對我稱讚這個學校，直到我最後寫信回家，詳述廣告上的保證並請家人寄學費給我。我將自己的前途畫成一幅光明燦爛的圖畫給家人看，將自己畫成一個法律學家和大官。於是我付去一元向法律學校報名，同

時等待父母的回音。

　　但其中忽然又有了變動。這回是一個商業學校的廣告。另一個朋友勸我，以為國家正在作經濟戰爭，目前最急切需要的，就是能夠建立國家經濟的經濟學家。他的理論得勝了，我再花一元到商業中學報名。我真的去註冊而且錄取了。不過，這時我還繼續留心廣告，有一天看到廣告，描寫一個高等商業公立學校的優美。它是政府開辦的，課程繁多，聽說裡面教員都是極能幹的人。我斷定還是到那裡學成商業專家比較好，出了一塊錢去註冊，隨後將我的意思寫信告訴父親。他很高興。父親很知道有了商業智慧的好處。我進了這個學校而且留在那裡——有一個月。

　　我發現在這新學校中的困難就是一大半課程都是用英文教的，而我和一般同學一樣，英文程度很壞，簡直只認識字母。此外還有一個困難，就是校中沒有英文教員。我討厭這種情形，就在月底退學，並繼續閱讀廣告。

　　我在學業上的第二次冒險是在省立第一中學，我花了一塊錢報名，應了入學考試，以第一名被錄取。這是一個大學校，有許多學生，畢業的也很多。校中有一個國文教員十分地幫我，因為我有文學的傾向。這位先生借了一本《御批通鑑輯覽》給我，其中有乾隆的詔諭和批評。[1]

　　這時，一個政府辦的刊物在長沙出版。這是一個巨大的烽火，我們學生覺得它非常有意味。不久，譚延闓被袁世凱趕走了。現在袁執掌著民國的政務，同時準備他的登基。

　　我不喜歡第一中學。它的課程太少而規則繁瑣。並且，在我讀過《御批通鑑輯覽》以後，我斷定還是單獨求學的好。六個月後，我離開學校。

---

[1]　據李銳《早年毛澤東》（遼寧人民出版社 1993 年版，第 21 頁）考證，這位國文教員是胡汝霖（1865—1949）。晚年曾任湖南大學教授。

自己訂立了一個讀書的計劃，規定每天在湖南省立圖書館中閱書。我十分地有規律和專心，在這個方式下費去的半年，我以為對我是極端可寶的。早上圖書館一開門我就進去。在中午只化去買兩個米餅來吃的時間，這就算是我每日的午餐。每天我留在圖書館裡一直讀到閉館的時候。

在這自修的時期內，我讀了許多書籍，讀到世界歷史和世界地理。在那裡我以極大的興趣第一次閱讀了世界的輿圖[1]。我讀了亞當·斯密士的《原富》和達爾文的《物種原始》[2]和約翰·斯陶德·密爾[3]所著的一本關於倫理學的書。我讀了盧騷[4]的著作，斯賓塞的《邏輯學》和孟德斯鳩所著的一本關於法學的書。我將古希臘的詩歌，羅曼史，神話和枯燥的俄、美、英、法等國的史地混合起來。

那時，我住在湘鄉縣同鄉會館裡。那裡還有許多士兵——都是「退伍」或被解散的人，沒有事做，也沒有錢。會館中的學生和兵士總是在吵架，有一夜他們之間爆發了武力的衝突。兵士們攻打學生並且要殺死他們。我逃到廁所裡去躲避，一直等到打完。

這時我沒有錢用；因為家裡不給我金錢，除非我進學校，又因為會館不能再住下去，我開始尋找新的託身之所。同時，我懇切地考慮了我的「職業」，並以為我最適宜於教書。於是我又開始留心廣告了。現在我注意到湖南師範學校的一個動人的廣告，我高興地讀了它的優點：不收學費，膳宿費很便宜。兩個朋友也勸我進去。其實是他們要我幫他們預備入學論文。我將自己的意志寫信給家裡，得到他們的同意。我代兩個朋友做了論文，自己做了一篇。結果一齊錄取——實際

---

[1]　即世界地圖。

[2]　即《物種起源》。

[3]　英國哲學家、邏輯學家。他的著作曾被嚴復譯成中文。

[4]　即盧梭。

上，是我被取了三次。那時我並不以為槍替 [1] 是一件不好的事；這僅僅是一種友誼。

在這個師範學校中，我做了五年學生，並且居然拒絕了此後一切廣告的引誘。最後我真的畢業了。在湖南師範學校中，我的生活上發生許多事件。在這一時期，我的政治觀念開始確定並且在校中初次得到了社會行動的經驗。

新校中有許多規則，只有極少幾條我是同意的。例如，我反對自然科學中的必修課程。我希望專攻社會科學。自然科學在我並無特別興趣，我不讀它們，於是這些課程的分數大都很壞。我最討厭的就是必修的靜物描生。我以為這是透底的愚笨。我總想畫簡單的東西，快快畫完就離開課室。記得有一次畫一幅「半日半山」（是蘇東坡的一句名詩）[2]，我用一條直線和上邊半圓圈來代表。還有一次，在圖畫考試時，我畫了一個橢圓就算數了。我稱之為雞蛋。結果圖畫得到四十分，不及格。幸虧我的社會科學的分數都非常好，這樣和其他課程的壞分數扯平。

這裡有個國文教員，綽號「袁大鬍」[3]。他揶揄我的文章，説是報人的東西。他看不起我的模範梁啟超，以為他只是半通。我只得改變我的風格，攻讀韓愈的文章，和熟記經史中的典故。所以，謝謝袁大鬍，必要時我現在還可以做一篇清通的古文。

教員中給我最強烈的印象的就是一個英國留學生楊昌濟 [4]，過後我和他非常友好。他教倫理學。他是一個觀念主義者，同時是一個品格高尚的人。在他的影響之下，我寫了一篇文章，題目叫「心力」。那時我也是

---

[1] 吳黎平譯為：「自己頂替朋友作文」。

[2] 此處有誤，各譯本均作唐朝詩人李白的名句「半壁見海日」。

[3] 即袁仲謙（1868—1932）。

[4] 楊昌濟（1871—1920），湖南長沙人，早年留學日本、英國。1914 年回國後任湖南第一師範教員、北京大學倫理學教授等職。其女楊開慧與毛澤東結婚，成為毛的岳父。

一個觀念主義者，我的文章大受楊教授的讚賞。給我這篇文章一百分。

　　另外有一個教員常給我看舊的《民報》，我總是十分高興地讀它。從這上面我愈加清楚同盟會的活動和會綱了。一天讀《民報》，看到一篇記述兩個中國學生漫遊中國的文章，並說他們已達大香爐[1]。這使我大為感動。我要學他們的榜樣，不過我沒有錢，想我還是先遊歷湖南。

　　次夏，我開始以步行遊湘省，走了五個縣城。有一個學生，叫蕭瑜，陪伴著我。我們不名一文地走了這五縣。鄉下人給我們吃飯和睡覺的地方；不論我們到達甚麼地方，總是受到歡迎和善遇。這個和我一起旅行的傢伙，蕭瑜後來變成了一個南京國民黨的職員，在一個以前做過湖南師範學校校長，後來變成南京高級官吏的人手下，並被委做故宮博物院的管理。後來蕭被人告發盜賣故宮中最寶貴的東西，並且在一九三四年帶了這個款子潛逃。現在他避居大連。

　　我感覺自己需要幾個親密的同道，一天我在長沙報紙上登了一個廣告，邀請熱心於愛國工作的青年前來和我接觸。我指明要堅強不屈，願意為國犧牲的青年。廣告發出後，我得到三個半答覆。一是羅章龍，他後來加入共產黨隨後又背叛黨。其餘答覆是兩個青年的，後來變成極端的反動分子。「半」個回答是一個不加可否的青年的。他叫李立三。李聽完我所講的一切話，然後一聲不響地走開，過後我們的相識並未進而成為友誼。[2]

　　但是，漸漸地我在我的四周建立了一群青年，這樣造成了日後一個團體的核心，這個團體後來對於中國的命運和國事有極大的影響。這是

---

[1] 中國無此地名，吳黎平譯為「西康省的打箭爐」，即今四川康定。

[2] 1915年秋，毛澤東發出「徵友啟事」，署名二十八畫生（毛澤東三字的繁體共二十八畫）。意欲結交對學問、時政感興趣，能耐艱苦，有決心，直至能為國犧牲的朋友。「啟事」最後引用《詩·小雅·伐木》中「嚶其鳴矣，求其友聲」句。啟事寄發長沙部分學校，應徵者有李立三、羅章龍等五六人。

一組嚴肅的青年，他們沒有時間去討論瑣細的事情。他所説的和所做的每一件事都得有一個宗旨。他們沒有時間談戀愛或「羅曼史」，他們以為在這種國家急迫需要知識的時候，危急之秋，是不能討論女人或私事。我對於女人並無興趣。我的父母在我十六歲時就給我娶了一個二十歲的女人，不過我並沒有和她一起住過——此後也未有過。我不以她為我的妻子，那時根本也不去想她。[1] 除了不談女人——普通在這時期的青年的生活中極為重要——以外，我的同伴連日常生活中的瑣事都不談的。記得有一次在一個青年的家裡，他和我談起買肉的事情，並且當面叫傭人來和他商量，叫他去買。我動怒了。以後就不和他來往。我和朋友只談大事，只談修身齊家治國平天下的事！

　　我們又是熱心的體育家，在寒假中，我們在田野裡，山上山下，沿著城牆，跨越溪流地行走。天雨時我們就脱去衣服，名之為雨淋浴。陽光灼爍時，我也剝去衣服，名之為日光浴。春風和暖時，我們又算是一種新運動，叫「浴風」，在已經結霜的天氣，我們還露宿田陌間，或是在十一月，我們還在寒溪中游泳。凡此種種，都算是「體格訓練」。也許這對我的身體大有裨益，後來我是何等的依靠它！在我屢次橫越華南，和從江西到西北的長征的時候。

　　我和其他城鎮裡許多學生和友人建立了廣大的通信關係。漸漸地我開始了解一個有著更密切聯絡的組織的必要。在一九一七年，我和幾個友人成立了「新民學會」。會員約七八十，其中有許多人，後來在中國共產黨和中國革命史中成了有名的人物。會員的大部，在一九二七年清黨時期都被殺了。同時在中國其他部分，像這類的激進團體都由那時在中國政治下佔有勢力的戰鬥青年紛紛組織起來。

---

[1]　即毛澤東的髮妻羅一姑（1889—1910）。因為是家庭包辦婚姻，所以毛本人不同意。

　　這許多團體大半都是在陳獨秀主編的《新青年》的影響下組織起來的。我在師範學校讀書時，就開始閱讀這本雜誌了。並且十分崇拜陳獨秀和胡適所做的文章。他們成了我的模範，代替了我已經厭棄的康有為和梁啟超。

　　在這個時期，我的頭腦是自由主義，民主改良主義及空想社會主義的有趣的混合物，我模糊地景仰「十九世紀的民主主義」，烏托邦主義和舊式的自由主義，但是我堅決地反對軍閥和帝國主義。

　　我於一九一三年入師範學校，一九一八年畢業。

　　在師範學校讀書的幾年，我一共用了一百六十元——連所有學費在內！在這個數目裡面，一定有三分之一是用在報紙上面的，因為經常訂閱書報費每月約須一元，此外我還時常向報攤購買書籍和雜誌。父親責備我，說是浪費。他說這是在廢紙上花錢。不過我已經養成了讀報的習慣，而且從一九一一到一九二七，當我和中國最初的紅軍中堅分子爬上井崗山時，我從未停止閱讀北平、上海和湖南的日報。

　　我在學校的末一年，母親去世了，這樣，更打斷我回家的心向。是夏，我決定到北平——那時叫北京——去。當時，許多湖南學生都計劃到法國去工讀，在大戰時，法國就是用這個方法來招募中國青年的。在去國以前，這般青年預備先在北平讀法文。我幫助他們實現這個計劃，在這一群留學生中，有許多是湖南師範學校的學生，後來大半都變成了著名的激進分子。我陪了幾個湖南學生到北京去，不過，雖然我幫助他們實現這個計劃，並且他們受新民學會的幫助，但我本人並沒有到歐洲去。我認為我對於本國還未能充分了解，而且我以為在中國可以更有益地化去我的時間：

　　北平在我看來非常浪費，我是向朋友借錢去北平的，所以一到就得找事。那時，從前師範學校的倫理教員楊昌濟在北京大學做教授。我就

去求他幫我找事，他將我介紹給北大的圖書館長。這人就是李大釗，後來變成中國共產黨的創立人，結果被張作霖處決。李大釗給我工作做，叫我做圖書館佐理員，薪俸是每月八塊大洋。

　　我的職位如此之低，以致人們都不曾和我來往。我的工作之一就是登記來館讀報的人名，不過這般人大半都不把我放在眼裡。在這許多人名之中，我認為有幾個新文化運動著名的領袖，是我十分景仰的人。想和他們討論關於政治和文化的事情，不過他們都是極忙的人，沒有時間來傾聽一個南邊口音的圖書館佐理員所講的話。

　　但是，我並不因此而喪氣，我仍然參加哲學研究會，和新聞學研究會，想藉此能聽大學裡的課程。在我服務北大時所遇的人中，有兩個現在是南京的高級官吏 [1]，一個是中國蘇維埃政府的副主席，還有個加入共產黨隨後又成了所謂「第三黨」的黨員，再有一個則後來加入加里福尼亞的三 K 黨。在這裡我也遇到了楊開慧而且發生戀愛，後來結了婚。她是我的好友楊教授的女兒。

　　我對於政治的興趣繼續增高，同時我的頭腦愈來愈激烈。至於所以會如此的背景則上面已經講過了。不過，當時我還在彷徨，還「在找出路」。我讀了幾本無政府主義的小冊子，很受影響。我和一個常來看我的北大學生 [2] 時時討論無政府主義和它在中國的可能性。

　　我自己在北平的生活是十分困苦的。我住在一個叫三眼井的地方 [3]，和另外七個人合住一個小房間，我們全體擠在炕上，連呼吸的地方都沒有。每逢我翻身都得預先警告身旁的人。不過在公園和故宮的宮址我看

---

[1]　這裡沒有譯全，據《西行漫記》第 127 頁，「南京的高級官吏」指陳公博、段錫朋，「蘇維埃副主席」指張國燾，「第三黨」指譚平山，「三 K 黨」指康白情。

[2]　即朱謙之。

[3]　今景山東街三眼井吉安東夾道 7 號。

到了北國的早春，在堅冰還蓋著北海的時候，我看到了怒放的梅花。北京的樹木引起了我無窮的欣賞。

　　一九一九年我初到上海去，和準備赴法的學生一起。我只有到天津的車票，也不知道怎樣可以走下去。不過，中國有句老話，「天無絕人之路」，一位同學借了十塊錢給我，使我能買票到浦口。旅途中，我在曲阜下車訪孔子墓。我去看了孔子和門徒濯足的溪水，聖人幼時所居的小村，我看見孔子的手植的樹。我又訪問顏回的住處和孟子的生地。在旅途中，我還登遊過泰山，就是馮玉祥將軍退隱時寫愛國詩的地方。

　　不過當我到達浦口以後，又是一文不名了，而且車票也沒有。沒人有錢借給我，不知道怎樣才可以離開這個地方。不過最倒霉的就是一個賊偷去了我僅有的一雙鞋子！啊呀！怎麼辦呢？可是「天無絕人之路」，我的運氣非常好。在車站外面，我碰到一個湖南的老友，他借給我足夠買一雙鞋子和到上海車票的錢。到了上海後，我知道有一大筆款子幫助學生留法，並且可以資助我回湖南。

　　回轉長沙以後，我就在政治上作更直接的活動了。自五四運動以來，我的大部分時間都用在學生政治活動上，我是湖南學生報紙《湘江評論》的編者，這個報紙對於華南的學生運動有很大的影響。在長沙，我幫助成立「文化書社」，這是一個研究新文化和政治趨向的團體。這個社和新民學會都激烈反對當時的湖南都督大混蛋張敬堯。新民學會更是厲害，領導了一次學生大罷課來反對張要求將他撤換，同時派遣代表到北京和西南去煽動反對張敬堯，當時孫中山在西南活動，張為報復起見，就禁止《湘江評論》出版。

　　這件事過後，我代表新民學會到北平去，並在那裡組織了一個反軍閥的運動，新民學會將反張的鬥爭擴大而為普遍地反軍閥的運動了。在北平我做了一個新聞社的社長，來推動反軍閥工作。在湖南，這個運動

得到了相當的成功。張敬堯被譚延闓打倒，並在湖南成立了一個新政府。這時，學會中開始分成兩派，左翼右翼——左翼主張來一個社會、經濟及政治的徹底改革。

一九一九年，我第二次到上海。在那裡我又一度碰到陳獨秀[1]。我和他第一次相見是在北京當我在北大的時候；他給我的影響也許比那裡任何人所給我的都大。那時，我也見過胡適，訪問他，要他援助湖南的學生鬥爭。在上海我和陳獨秀討論我們的計劃，組織一個湖南建設協會。隨後我回長沙，開始組織這個協會。我在那裡得到一個教員的位置，同時，繼續我在新民學會裡的活動，那時學會有一個湖南獨立的計劃。

一九二〇年冬，我將工人第一次政治地組織起來，並開始在馬克思主義理論及蘇聯革命史的影響上領導他們。我第二次到北平時，我讀了許多關於蘇聯的事情同時熱烈地尋找當時中國所能見到的一點共產主義書籍。三本書特別深印在我的腦子裡，並且建立了我對於馬克思主義的信仰，我一旦接受它是歷史的正確解釋後，此後絲毫沒有過搖動。這幾本書是《共產黨宣言》，第一本以中文印的馬克思主義書籍[2]；考資基[3]的《階級鬥爭》，和吉古柏[4]的《社會主義史》。一九二〇夏，我在理論上和某種程度的行動上，變成了馬克思主義者並且自此以後，我自認為是一個馬克思主義者。同年我與楊開慧結婚。

---

[1]　應為 1920 年 6 月。

[2]　陳望道譯本。

[3]　今譯考茨基（1854—1938），德國社會民主黨和第二國際領導人之一。

[4]　今譯柯卡普。

第三章　共黨的展開

一九二〇年夏，我赴滬參加會議[1]，共產黨就在這個會議上成立。在中國共產黨的組織中，陳獨秀和李大釗佔著領導的地位，無疑地，他們都是中國知識界中最燦爛的領袖。我在李大釗手下做圖書館佐理員時，已經很快地傾向馬克思主義了，而陳獨秀對於引導我的興趣到這方面來，也大有幫助。我第二次赴滬時，我曾和陳獨秀討論我所讀過的馬克思主義書籍，陳本人信仰的堅定不移，在這也許是我一生極重要的時期，給我以深刻的印象。

在這個歷史的上海第一次會議中，除我以外，只有一個湖南人[2]。參加會議的一共十二人。[3] 是年十月，共產黨第一省支部在湖南組織起來了，我是其中的一員。當時在其他省縣中也有組織成立……同時，在法國，許多工讀生組織了一個中國共產黨，與中國的組織幾乎同時成立……在德國也有一個中國共產黨組織起來，不過較遲：黨員中有朱德。在莫斯科和日本也有支部成立。

到了一九二二年五月，湖南支部已經在礦工、鐵路工人、公務人員、印刷工人及造幣廠工人中組織了二十個以上的工會，當時我是支部的書記。是冬，猛烈的勞工運動開始。那時共產黨的工作，主要是集中在學生和工人之間，在農民中的工作極少。多數大礦山和實際上全部學生都

---

[1]　記載有誤。《西行漫記》第 132 頁記載為：「1921 年 5 月，我到上海出席共產黨成立大會。」

[2]　何叔衡（1870—1935），毛澤東的老朋友，和他一起創辦了新民學會。1935 年 2 月在福建被國民黨殺害。

[3]　出席中國共產黨第一次全國代表大會的代表還有：董必武、陳潭秋、李達、李漢俊、劉仁靜、王燼美、鄧恩銘、陳公博、張國燾、周佛海、包惠僧，共十三人。但據董必武、李達同志回憶，包惠僧不是作為正式代表參加會議的。

已組織起來。在學生和工人的戰線上都有許多鬥爭。一九二二年冬，湖南趙省長下令處決兩個工人 [1]，結果引起了一個廣大的激動，開始反對他。在這兩個被殺的工人中，有一個是右翼勞工運動的領袖。右翼運動的基礎是工業學校的學生，而且是反對我們的，不過在這一次和許多次其他的鬥爭中，我們援助它。在工會中，無政府主義者也有相當勢力，當時各工會已經組織到全湘勞工組合裡面。可是，我們和他們妥協，並且用協議的方法阻止了他們許多次鹵莽而無用的舉動。

　　我被派到上海來幫助組織反趙運動。是冬（一九二二年）[2] 共產黨在上海召開第二次會議。我心中想去參加，可是我忘掉開會地點的地名，找不到任何同志而失去參加的機會。我回轉湖南，並竭力推動工會的工作。是春，發生許多次罷工，為了爭取較高的工資，較好的待遇，和爭取工會的承認。多數罷工都是勝利的。五月一日，湖南發動了一次總罷工，這件事指出了中國勞工運動空前力量的成功。

　　共產黨第三次大會是一九二三年在廣州召開的，通過了那歷史的決議案：參加國民黨，和它合作，並組織聯合戰線以反對北方軍閥。我跑到上海去，並在黨中央委員會中工作。次春（一九二四年）我到廣州去，並參加國民黨第一次大會。三月間回滬，將我在共產黨執行部的工作和我在上海國民黨執行部中的工作合併起來。當時部中還有的幾個人，就是汪精衛和胡漢民，我和他們一起工作，調整共產黨和國民黨的步驟。是夏黃埔軍官學校成立。加倫（現在叫伐西里，布留契爾將軍，任蘇維埃遠東紅軍總司令之職）擔任顧問，還有其他從蘇聯來到的蘇維埃顧問。國共的合作開始採取一個全國規模的革命運動。是年冬，我回湖南休養。在上海時，我生了病，可是回到湖南後，我組成了本省偉大農民運動的核心。

---

[1]　1922 年 1 月，湖南省長趙恆惕下令殺害工人領袖黃愛、龐人銓，引起各界抗議活動。
[2]　應為 1922 年 7 月。

　　在以前我還未充分了解農民中階級鬥爭的程度，可是在五卅慘案（一九二五）以後，和在隨之而來的政治活動的大浪中，湖南農民變成十分地活動了。我利用我所休養的家庭，發動一個農村組織運動，在僅僅幾個月內，我們組織了二十個以上的農民協會，同時引起了地主的怨毒，要求將我逮捕。趙省長派兵來抓我，我逃到廣州。到達廣州時，黃埔學生剛打敗了兩個著名的軍閥[1]，全城和國民黨都充滿了樂觀的空氣。孫中山先生在北平逝世後，蔣介石先生被任為總司令，汪精衛任政府主席。

　　我成了《政治週刊》的主編，這是一個國民黨的刊物，後來曾極力攻擊國民黨右翼。我同時又成了訓練農民運動組織者的負責人。並開了一個課程來訓練他們，請的有二十一個省份的代表，包括從內蒙古來的學生。在我到廣州後不久，我成了國民黨宣傳部的部長。[2]

　　我寫作越來越多了，同時在共產黨農民工作中負有特殊責任。根據我的研究和在組織湖南農民的工作中所得經驗，我寫了二本小冊子，一本叫《中國社會各階層的分析》，另一本叫《趙恆惕的階級基礎和我們當前的任務》。在第一本小冊中，我主張在共產黨領導下實施激進的土地政策和猛烈地組織農民，陳獨秀反對這個意見，並拒絕以共產黨中央機關出版。後來，它在廣州的《農民月刊》和《中國青年》上發表。至於第二本書則是以小冊子的形式在湖南出版的。這時我開始不滿意陳的右翼機會主義政策，我們漸漸遠離了，雖然我們之間的鬥爭一直到一九二七年才達到頂點。

　　我繼續在廣州國民黨中工作，直到一九二六年三月為止。一九二六

---

[1]　指滇系軍閥楊希閔和桂系軍閥劉震寰。

[2]　1924 年 1 月毛澤東出席了孫中山先生在廣州召開的有共產黨人參加的國民黨第一次全國代表大會，並被選為國民黨中央執行委員會候補委員。1925 年 10 月毛澤東到廣州擔任國民黨中央宣傳部代理部長。

年春，在國民黨左右翼和解而國共兩黨也重行合作以後，我回到上海，是年五月國民黨在蔣介石先生領導下開第二次大會。在上海我指導著共產黨的農民部，並被派到湖南作農民運動的視察員。同時，在國共合作之下，於一九二六年秋開始這歷史的北伐。

今日之下，我想假若當時農民運動能更徹底地組織和武裝起來作反地主的階級鬥爭，那末現在的情勢就要大大地不同了。

可是陳獨秀十分不同意我的見解。他不了解農民在革命中的任務，並將當時農民的前途估計過低，因此，在大革命的危機前夜所召開的第五次大會不能通過一個適當的土地政策。我的意見，迅速加強土地鬥爭，竟不加以討論；因為黨的中央委員會也為陳獨秀所把持，拒絕將它提出考慮。大會將「地主」定為擁有五百畝以上的人——要在這種基礎上發展階級鬥爭是全然不適合和不切實際的，而且忽視了中國土地經濟的特質——這樣就撇開了土地問題。不過，在大會過後，一個全中國農民協會組織起來，我成了它的第一任主席。

到了一九二七年春，農民運動在湖北、江西、福建，尤其是湖南，發展成為一個驚人的軍事力量，雖然共產黨的態度對它很冷淡。高級官吏和軍事長官開始要求鎮壓它，說農民協會是「流氓協會」[1]，它的行動和它的要求都是非分的。陳獨秀將我調開湖南，因為那裡發生了幾個事件，他要我負責，並且猛烈反對我的觀念。

四月間，南京和上海開始了反共的運動。在廣州也發生同樣的情形。五月二十一日，湖南發生了一次暴動，有幾十個農人和工人被殺[2]。此後不久國共就分裂了。

許多共產黨領袖現在都奉命離開武漢，到蘇聯或上海或其他安全的

---

[1] 《西行漫記》譯為「痞子會」。

[2] 即許克祥發動的「馬日事變」。

地方去。我奉命到四川，我請求陳獨秀派我到湖南去，任省委員會的書記，但是十天之後，陳命我速回，責備我組織一個反對當時統治湖南的人的運動[1]。黨裡的事務現在是一塌糊塗了。幾乎每個人都反對陳獨秀的領導和他的機會主義路線，而國共合作的解體不久也使他沒落。

一九二七年八月一日，賀龍和葉挺的部隊，與朱德合作，領導了歷史的南昌暴動，並組成了後來變成紅軍的第一個部隊。一星期後，八月七日，黨的中央委員會召集了一次特別會議，罷免陳獨秀書記之職。自一九二四年在廣州召開的第三次大會起，我一直是黨的政治部中的人員，並促成了這次決議（罷免陳獨秀）。黨採取了一個新路線，放棄所有合作的希望。開始了久長的公開的爭奪政權的鬥爭。

我被派到長沙去組織一個運動，就是後來叫做秋收暴動的。我在那裡的計劃是要實現五點：共產黨省黨部完全與國民黨脫離；組織農工革命黨；沒收大中小地主的財產；脫離國民黨在湖南建立共產黨政權；組織蘇維埃。當時第五點為共產國際所反對，直到後來才進展成為一個口號。

到了九月，靠了湖南的農民協會，我已經組成一個普遍的暴動，並成立農工軍第一隊。我的部隊有三個主要的來源——農民本身，漢陽的礦工和國民黨中叛變的軍隊。這個早期的革命軍隊叫做「第一農工軍第一師」[2]，是經過省委會的批准後組織起來的，但是湖南委員會的和我部隊的總綱領為黨的中央委員會所反對，不過，它好像只採取一種觀望的政策並未作切實的反對。

當我正在組織軍隊而僕僕往返於安源礦工及農民自衛軍之間時，我被幾個民團捕獲。那時常有大批赤化嫌疑犯被槍斃。他們命令將我解到

---

[1]　吳黎平譯為：「指責我組織暴動反對當時在武漢掌兵權的唐生智。」

[2]　應為「工農革命軍第一軍第一師」。

民團總部，要在那裡殺死我。不過，我曾向一個同志借了幾十塊錢，我想用它賄賂護送兵來放掉我。那些士兵都是雇傭的兵，他們並沒有特殊的興趣看我被殺，所以他們同意釋放我，但是那個解送我的副官不肯答應。因此我決定還是逃走，但是一直到我距民團總部二百碼的地方才有機會。在這個地點，我掙脫了，跑到田野裡去。我逃到一塊高地，在一個池塘的上面，四周都是很長的草，我就躲在那裡一直到日落。士兵們追趕我並且強迫幾個農民一同搜尋。好幾次，他們走到非常近的地方，有一兩次近得我幾乎可以碰到他們，可是不知怎樣地沒有發現我，雖然有七八次我拋卻希望，覺得一定再要被捕了。最後，到了薄暮的時候，他們不搜尋了。我立即爬越山嶺，走了整夜。我沒有鞋子，我的腳傷得很厲害。在路上我碰到一個農民，他和我很要好，給我住宿隨後又領我到鄰縣去。我身上還有七塊錢，拿它來買了一雙鞋子，一把傘和食物。當我最後安抵農民自衛軍的時候，我的衣袋中只有兩個銅元了。

隨著第一師的成立，我成了它的前線敵委會[1]的主席，一個武漢軍校的學生成了它的指揮員，不過他多少是因了他部下的態度而不得不就任這個職位的；隨後不久就棄職加入國民黨。現在他在蔣介石手下，供職南京。[2]

這個小小的軍隊，領導著農民暴動，向湘南移動。它衝破了成千成萬的軍隊作了許多次戰事，吃了許多次敗仗。當時的軍紀很壞，政治訓練的水準很低，而官兵中有許多動搖分子。所以「開小差」的人很多。在第一屆司令逃走後，軍隊改組，剩下來的隊伍，約有一團人換了一個新的司令。後來他也叛變了。但是在最初的團體中有許多人還是忠誠到底，到今天還在軍隊中。當這一小隊人最後爬上井崗山（一個近乎不毛的山

---

[1] 《西行漫記》譯為「前敵委員會」。

[2] 指余灑度，當時任一師師長，不久叛變。

寨，以前為盜匪盤據）時，他們的數目只有一千左右了。

因為秋收暴動的計劃沒有被中央委員會批准，又因為部隊受了嚴重的損失，同時從城市的觀點看來這個運動好像一定要失敗的，現在中央委員會堅決地排斥我了。將我從政治部和前線委員會中革出。湖南的省委會也攻擊我，稱我們為「劫掠運動」[1]。可是我們依然帶著我們的軍隊，留在井崗山上，一面確切覺得我們在執行正確的路線，而以後的事實也充分證明了我們的正確。新的兵士添加進來，這一師又補充起來了。我成為它的司令。

從一九二七年冬到一九二八年秋，第一師以井崗山為根據地。在一九二七年十一月，最初的蘇維埃，成立於茶陵，在江西湖南省邊境上，同時第一屆蘇維埃政府也選舉出來。在這個蘇維埃，及以後幾年中，我們依據了遲緩但是有規律的發展，建立了一個民主的綱領，伴隨著一個溫和的政策。這使井崗山備受黨中「盲動主義者」譴責，他們要實施一個恐怖政策，劫掠和殺戮地主並焚燒他們的財產以摧毀他們的膽量。第一師的前敵黨委會拒絕採用這種策略，於是被一般盲動者戴上了「改良主義者」的帽子。我備受他們的攻擊，因為不實行一個更「激烈」的政策。

一九二七年冬，兩個以前盤據井崗山附近的盜魁加入了紅軍。這使我們的力量增加三團左右。這兩個人雖然以前是盜匪，曾率領部下投效國民革命軍，現在更準備與反動勢力鬥爭。當我留在井崗山上的時候，他們始終是忠實的共產主義者，執行黨的一切命令，可是到後來，到他們單獨留在井崗山時，他們又回復了昔日的強盜脾氣，結果被農民殺死，[2]

---

[1] 《西行漫記》譯為「槍桿子運動」。

[2] 即王佐、袁文才，當時井崗山地區農民軍的首領。1927 年毛澤東率領紅軍到達井崗山地區後，他們接受了改編，成為紅軍幹部。1930 年 2 月，他們遭誣陷被錯殺於永新。

因為那時他們已經組織起來，已經蘇維埃化，能夠保衛自己了。

一九二八年五月，朱德來到井崗山，我們的力量合併起來了。我們共同擬了一個計劃要建立一個六縣的蘇維埃區，我們穩定和加強湘贛粵三省接境區域的共產黨政權，並以此為根據地逐漸發展到更廣大的區域中去。這種策略與黨中央的辦法相反，他們有著迅速擴展的妄想。在軍隊本身，朱德和我不得不與兩種傾向搏鬥：第一，要想立即進攻長沙，這我們以為是「冒險主義」；第二，要想退到廣東省境之南，這我們以為是「退卻主義」。當時我們的見解，以為我們的主要工作有二：平均地權和建立蘇維埃政體。我們要武裝群眾以加速這種過程。我們的政策要實現自由貿易和善遇被俘的敵軍，一句話，就是民主的中庸。

一九二八年秋，一個代表會議在井崗山召開，到會的有井崗山以北的蘇區代表。當時各蘇區的黨員對於上述的政策還存在著幾種不同的意見，在這次會議上，這種異點徹底地表示出來了。一小部分人以為在這種基礎上，我們的前途是非常有限的，但是大多數人卻信仰這個政策，當決議提出來，宣佈蘇維埃運動一定會勝利的時候，很容易地就通過了。不過黨中央還沒有對這個運動批准。一直到一九二八年冬，中國共產黨第六次大會，在莫斯科召開的決議錄的報告達到井崗山時，才得到批准。

關於在那個會上所採取的新路線，我和朱德是完全同意的。從那時起，黨的領袖和在鄉村中從事蘇維埃運動的領袖間的爭點完全消除，而黨的調和與一致又重新建立起來了。

第六次大會的決議案綜括了一九二五至一九二七年的革命的經驗，南昌、廣州和秋收暴動的經驗，決定應該著重土地革命運動。這時，紅軍開始在中國其他部分出現。賀龍在西南，徐海東在東面，開始建立他們自己的農工紅軍。同時，在一九二七年冬，在鄰近福建的江西省東北

境上，也發動了一個運動，後來並由此發展成為一個強大的蘇維埃根據地。在廣州暴動失敗之後，有一些紅軍都跑到海陸豐去並在那裡成立了一個蘇維埃 [1]，但因為它信奉盲動主義，很快地就被破壞了。一部分部隊從那個區域裡出來，與朱德和我取得聯絡。

當我們在井崗山上「對冒險主義鬥爭」的時期中，我們擊敗了兩次軍隊奪山的企圖。井崗山證明了是我們所建立的這一種流動部隊的絕好根據地。那裡有很好的天然防禦，並出產足夠的收成來供給一個小小的部隊。它的周圍有五百里，直徑約八十里。在當地，它的名字是另外一個，叫大小五鎮 [2]（真正的井崗山是附近的一個山）。

山上的情況，因來了這樣多的軍隊，變得十分惡劣了。軍隊沒有冬季制服，食糧也極度稀少。有幾個月，我們簡直靠南瓜過日子，士兵們喊出一個他們自己的口號：「打倒資本主義，吃盡南瓜！」——因為在士兵看來，資本主義就是地主和地主的南瓜。留下彭德懷在井崗山，我和朱德衝破了軍隊的封鎖，一九二九年一月，我們在這個久經戰陣的山上所造的第一個居留地就算是終結了。

現在紅軍開始在江西一帶作戰，並且順利地迅速發展起來了。我們在銅鼓建立了一個蘇維埃，並和當地的紅軍聯合起來。我們分出軍力，繼續佔領三縣並建立了蘇維埃。因為在紅軍到達之先，那裡已經有了武裝的群眾運動，這樣，保證了我們的勝利，並且使我們能在一個穩定的基礎上很快地加強了蘇維埃政權。

---

[1]　據《西行漫記》第 144 頁：「一九二七年冬天，方志敏和邵式平在鄰接福建的江西東北部邊界，也開展了一個運動，後來發展成為強大的蘇維埃根據地。廣州起義失敗以後，彭湃率領一部分忠心耿耿的部隊到海陸豐去，那裡成立了一個蘇維埃，由於它執行盲動主義的政策，很快就被摧毀。它的一部分軍隊在古大存指揮下從那個地區突圍，同朱德和我取得了聯繫，後來成為紅軍第十一軍的核心。」

[2]　應為大小五井。

第四章　超人的忠勇和忍耐心

　　紅軍的情況在物質和政治兩方面，都開始有進步了，但其中還有許多惡劣傾向。例如，「游擊主義」就是一個弱點，這反映了訓練的缺乏，民主政治的誇大觀念和組織的鬆懈等等。還有另一個傾向不得不與之搏鬥的，就是「流氓性」——不喜歡在政府的嚴重工作中安身，喜歡變動和新的事變[1]。還有一種是軍閥主義的殘餘，有些官長虐待甚至毆打弟兄並且隨意反對自己個人所討厭的人，而對其餘的表示好感。

　　許多這些弱點在一九二九年十二月在閩西的一個會議召開後，都一一克服了[2]。會議討論了各種改進的理想，消除許多誤解並採用新的計劃，這樣奠定了紅軍中崇高的意識領導的基礎。在這以前，這些上面提過的傾向是非常嚴重的，並且為黨中托派和軍事領袖所利用以削弱這些運動的力量。同時，進行了一個對托派的猛烈鬥爭，有好幾人被剝奪了他們在黨中和軍隊中的官職。我們發現了他們在戰時常領導紅軍陷入艱難的地位，企圖毀壞紅軍；在幾次敗仗以後，他們的計劃是十分明顯了。經驗顯示了他們的錯誤，將他們從負責的職務中革除，並且在這個會議後它們就失勢了。

　　福建會議開闢了建立江西蘇維埃政權的道路。次年，贛南全部淪於紅軍手中。一九三〇年二月七日，一個重要的地方會議在贛南召開，討論蘇維埃以後的綱領。到會的有黨軍政的地方代表。會中，土地政策經過長時間的討論，而對「機會主義」（為反對重新分配土地的人所領導）的鬥爭是克服了。大會決議實施土地分配和成立蘇維埃。當時，紅軍只是成立了地方蘇維埃和縣蘇維埃。在大會上，大家決議建立江西省蘇維埃

---

[1]　即毛澤東在《關於糾正黨內的錯誤思想》中批評的「流寇主義」。

[2]　即古田會議。

政府於瑞金。對於這個新的綱領，農民報以熱烈的援助。

　　漸漸地，紅軍對群眾的工作進步了，軍紀加嚴而組織群眾的新技術也在發展起來。早在井崗山時，紅軍已經對戰鬥員訂下了三條簡單的規則：即服從命令；不沒收任何貧農的財產；將一切沒收地主的物品立即交給政府處置。在一九二九年的會議後，對於取得農民幫助的工作異常努力，在上述的三條之外，另加了八條規則：當你離開一個人家，將一切門板（睡覺用）放到原處；歸還你所睡的草褥並將它捲好；對老百姓要謙和並隨時加以幫助；歸還一切借用的物品；賠償一切損壞的物件；和農民以誠相等；購買一切物品須付錢；講衛生，尤其是要在距離人家很遠的地方設立廁所。[1]

　　這八點的施行，愈來愈見成功，到今天還是紅軍士兵的規律，要他們記憶並時時復誦。另有三種任務要教給紅軍，當作它基本宗旨的：第一，誓死與敵人鬥爭；第二，武裝群眾；第三，捐錢幫助戰爭。[2]

　　除開這種運動的政治基礎不算，紅軍的戰術也進步了，這是順利的軍事發展的原因。在井崗山時，我們有四個口號，都是游擊戰術的主要方法，紅軍就是靠了它發展起來的。這些四個字一條的口號，「敵進我退」，「敵停我擾」，「敵避我攻」，「敵退我追」。[3] 最初為許多人所反對，他們不主張採用這種戰術，可是許多經驗證明了它們的正確。凡是紅軍脫離了這種戰術的時候，普通總是失敗的。紅軍的人數很少，較敵人少一二十倍；它的資源和軍需是有限的；所以只有巧妙地把計策和游擊戰術聯合起來才有希望戰勝有著廣大富庶根據地的敵人。

---

[1] 這就是紅軍的「三大紀律八項注意」。1947 年 10 月 10 日中國人民解放軍總部重新頒佈時對內容和文字做了修訂。見《毛澤東選集》第 4 卷。

[2] 紅軍的三大任務，簡稱作戰、擴紅和籌款。

[3] 應為「敵進我退，敵駐我擾，敵疲我打，敵退我追」。

　　紅軍戰術中最重要的就是，能在攻擊時集中它的主力，而隨後能加以迅速的分散。這就是說，要避免陣地戰，而在運動中要用盡各種方法和敵人的部隊接觸並且擊潰它。根據這種方策，雖然許多有經驗的軍人不贊成，紅軍發展了這種神奇的運動戰，和迅速而有力的「速戰」。

　　在一般的發展蘇維埃區域，紅軍是偏於一種「波浪式」的發展的，而非不平衡的前進，即以「跳躍」獲得的前進，並不鞏固所佔領的土地。這種政策是切乎實際的，正和上述的戰術一樣，是從多年的集體的軍事政治的經驗而來的。這些戰術受當時中國共產黨書記李立三的嚴厲批判，他說紅軍的方法是一種「新的右傾機會主義的傾向」。李立三希望攻擊而不要防禦，前進而不要鞏固後方；對大城市加以驚人的攻擊，伴隨著暴動和極端主義。當時，李立三路線把持了蘇維埃區以外的黨部，並且勢力很大，並在某種程度上強迫紅軍接受這種路線，不顧在戰地中官長的判斷。其結果為進攻長沙，和進攻南昌。可是在這幾次冒險中紅軍並沒有停止游擊隊的活動和打開它的後方讓敵人進來。

　　一九二九年秋，紅軍移到贛北，攻擊和佔領了許多城市並擊退敵軍多次。當紅軍距南昌極近時，它突然折向西面進取長沙。在這次行軍中，他們和彭德懷的部隊會合。彭已經佔領過一次長沙，不過終因受強大優勢敵人的包圍而退卻。彭是一九二九年四月退出長沙的，此後，即在贛南一帶活動，結果大大地增加了他的軍隊。一九三〇年四月他在瑞金重與朱德和我會合，並在一個會議後，決定他應該在湘贛邊區活動，而朱德和我則移到福建去。一九三〇年六月，我們重新建立了聯絡。並開始第二次進攻長沙。我們的軍隊都合併為第一方面軍，以朱德為總司令，我為政治委員。在這種領導下，我們到達了長沙城外。

　　這時，中國農工革命委員會組織起來[1]，我被選為主席。當時紅軍在湖南的勢力很廣大，在江西也差不多。我的名字流傳於湖南農民之間；因為捕獲到我有十萬重賞，不論生死，還有朱德和其他共產黨。我在湘潭的土地（靠了這個地租，我在大革命時代曾用以組織湖南的農民暴動），現在為政府沒收了。我的妻、妹以及我兩個兄弟的妻子和我自己的兒子都被拘捕起來。我的妻和妹被處決。其餘的後來都釋放了。

　　紅軍的威信在農民中天天增高了，而且竟達到我的家鄉湘潭；因為我聽說當地的農民都相信我不久就要回轉家鄉，並有一天，一架飛機飛過時，他們斷定這就是我。他們警告耕種我的土地的人，說我已經回來視察我的舊田莊，看看有沒有樹木被砍倒。假若樹木砍倒的話，他們說，我要向蔣介石先生索償！

　　不過第二次進攻長沙失敗了。大批援軍開來，城中駐紮了大軍，此外，在九月間，新的軍隊源源開來攻擊紅軍。在這次圍攻中，只發生了一次主要的戰爭，此役我們消滅敵軍兩旅。不過，我們並沒有能攻下長沙城，在幾週後，我們就退回江西去了。

　　這次失敗，幫助我們毀壞李立三「路線」，並拯救了紅軍使它沒有向武漢進攻，這是當時李所要求的。當時紅軍的主要工作是招募新兵，開闢新的蘇維埃區，尤其是，鞏固整個已經陷落紅軍手中的區域的蘇維埃政權。因為這一類計劃如進攻長沙等並非急務而且含有機會主義的原素。不過，在第一次佔領後而且作為暫時的舉動，不想守住這個城和建立一個政權，它的影響可以說是有益的，因為革命運動所引起反應是非常大的。所謂錯誤是關於戰略一方面的，就是在後方的蘇維埃政權還沒有鞏固時，企圖以長沙為根據地。

---

[1]　應為「中華蘇維埃共和國執行委員會」。

但李立三將當時紅軍的戰鬥力量和民族政治背景的革命因素估計過高。他深信革命已接近成功而且不久就可以取得全國的政權。這種信仰更因受了當時的久長而疲竭的內戰的鼓勵，它使前途好像大大地偏護李立三。可是紅軍的意見以為敵人正在準備大舉進攻蘇維埃，只要內戰一停止；而且現在不適於艱險的「盲動主義」和冒險。

在湖南事件之後，紅軍回到江西。尤其是佔領吉安之後，在軍隊中，李立三主義被克服了，李本人的錯誤已經證明，不久他更失去在黨中的勢力（李現在莫斯科「研究」）。不過，在李立三主義確定地埋葬以前，在軍隊中有一個很危險的時期。一部分軍隊傾向李的路線，並要求與其他軍隊脫離。不過，這一部分的指揮員——彭德懷猛烈地與這種傾向搏鬥，並能維持他部下的統一和對高級指揮的忠誠。但有一些軍隊公開叛亂了，並逮捕江西蘇維埃的主席，逮捕許多官吏並根據李立三路線政治地攻擊我。這件事在富田發生，就叫富田事變。[1] 富田較近吉安——當時蘇維埃區的中心，這件事產生了一種激動，許多人都以為革命的前途，全要看這次鬥爭的結局如何了。但，因了黨部的健全，紅軍部隊的忠誠和農民的支助，這次叛變很快也就鎮壓下去了。為首的被捕，其餘叛徒都經繳械消滅。我們的路線重新加強，堅決地鎮壓李立三路線，結果，以後的蘇維埃運動獲得了重大的進展。

現在政府 [2] 徹底感覺到江西蘇維埃的革命潛力之大了，在一九三〇年

---

[1] 中共中央黨史研究室著《中國共產黨歷史》上卷，對「富田事變」作了新的歷史結論。指出：「在中央指導下進行的這場肅反鬥爭，不僅在中央革命根據地進行，在其他根據地也進行了。各根據地的情況雖有不同，但都程度不等地犯了擴大化的錯誤，給革命事業造成嚴重危害。……在這場肅反鬥爭中，被錯殺的同志表現了至死忠誠於黨，忠誠於共產主義事業的高尚革命精神，後來，他們陸續得到平反昭雪，並受到黨的尊重和紀念。」（人民出版社 1991 年版，第 307 頁。）

[2] 指南京國民黨政權。

底開始對紅軍的第一次的圍剿。敵軍總共有十萬人，開始包圍紅區，分五路進犯。當時紅軍共動員四萬人來對付這些軍隊。靠了巧妙地利用計策戰術，我們克服了第一次圍剿，獲到了絕大的勝利。依據了迅速集中和迅速分散的戰術，我們以主力分別攻擊各個部隊。讓敵軍深入蘇維埃領土，然後以超越的人數對隔離的部隊突然加以攻擊，佔據了優勢的陣地，我們暫時可以包圍敵人，這樣反轉了數量上還佔優勢的敵軍的戰略利益。一九三一年一月間，第一次圍剿完全失敗。我相信假若紅軍在這以前沒有能得到以下的三個條件，勝利是不可能的。三個條件是：在集中指揮下的我們力量的鞏固，李立三路線的清算，和黨部對肅清紅軍及蘇區中的 AB 團及反革命分子的勝利。

休息了只有四個月。第二次圍剿開始了，由現任軍政部長何應欽作最高指揮。他的軍力超過二十萬，分七路進攻蘇區。一時蘇區的情勢好像很危險。因為蘇維埃政權非常弱小，資源有限，而且敵軍的物力幾乎各方面都遠勝蘇區。但紅軍仍舊抱定了前此得勝的同一戰略應付這一次進攻。讓敵軍的縱隊深入蘇區後，我們的主力突然集中在敵軍第七路，打敗好幾團，並摧毀了它主要的進攻的力量。在我們攻擊以後，馬上接二連三地依次擊敗了第三、第六和第七路。第四路不戰而退，第五路一部分被毀。在十四日之內，紅軍作戰七次[1]，行軍八日，以決定的勝利結束。隨著六路的潰崩或退卻，第一路，蔡廷鍇是指揮之一，沒有大打就退了。

三個月後，以三個最有能力的指揮為輔，蔣介石先生率領三十萬人作「赤區的最後一次的清剿」。蔣企圖以狂風驟雨的方法掃蕩「赤匪」。他開始以每天八十里的行軍進入蘇維埃領土的心臟。這恰恰給予了紅軍

---

[1]　應為十五天內紅軍作戰五次。

所最擅長的戰鬥的條件，它立即證明了蔣的戰術嚴重錯誤。以僅有三萬人的主力，靠了一串燦爛的戰略，我們的部隊，在五日之內攻擊了五個不同的縱隊。在第一戰，紅軍俘獲許多部隊和大量軍火，大炮和軍需品。到了九月，第三次圍剿已經失敗，十月間蔣撤回他的軍隊。

現在，紅軍進入了一個較為平和及成長的時期，很快地擴展起來了。一九三一年十二月，第一次蘇維埃大會召開，建立了蘇維埃中央政府，以我為主席。朱德被選為紅軍總司令。同月，寧都暴動發生，萬餘政府軍叛變而加入紅軍……[1]

現在，紅軍開始它自己的攻勢，進擊了好幾個城市，從一九三二年起一直到長征西北為止，我個人的時間幾乎全部限於蘇維埃政府的工作，軍事指揮交給朱德和其他人。[2]

一九三三年四月，第四次圍剿開始，也許是最艱險的一次。在第一戰，敵軍兩師被繳械，兩個師長及三萬人被俘。另一師，當時最精銳的一師，接著被消滅，幾乎全部被繳械，師長重傷。這些接戰證明了決定的特點，第四次圍剿不久就結束了。

到了第五次，最後一次圍剿，蔣動員了近百萬的人並採用了一個新的戰略和戰術。在第四次圍剿時，蔣已經採用德國顧問的建議開始利用封鎖和堡壘制度。到了第五次圍剿，他把全部信賴都放在這上面。用他的軍隊來實施嚴厲的封鎖和整個地包圍蘇區，他謹慎地推進，一面建造汽車路、堡壘和壕溝，避免主力和紅軍接觸，並且僅僅在堡壘的後面作戰。只是完全在飛機大炮和機關槍的掩護上，作短短的推進。

---

[1] 即趙博生、董振堂領導的寧都起義，國民黨第 28 路軍兩萬餘人加入紅軍，改編為紅一方面軍第 5 軍團。

[2] 1932 年 10 月中共蘇區中央局寧都會議後，奉行「左」傾機會主義路線的中央領導人排斥了毛澤東的領導。此後一直到 1935 年 1 月的遵義會議期間，毛澤東被排斥在中央決策層之外。

這時期，我們鑄了兩個大錯。第一是在一九三三年閩變時未曾與蔡廷鍇的軍隊密切聯合。第二是採取了單是防衛的錯誤戰略，放棄以前用計誘敵的策略。這是一個嚴重的錯誤——要想與佔優勢的軍隊作陣地戰，在這方面，無論在技術上或精神上，紅軍都非所長。

因了這些錯誤的結果，和新策略，加以在數量上、技術上遠勝紅軍的軍隊，紅軍不得不於一九三四年，企圖改變它在江西的生存條件，因為它很快地惡化起來了。而當時民族政治的情勢也影響了我們移到西北去活動的決議，在日本侵略滿洲和上海之後，蘇維埃政府早在一九三二年二月就和日本正式宣戰了。自然，這種宣戰，在當時是不能發生效力的，跟著我們又發表宣言號召中國各軍結成聯合戰線以抵抗日本帝國主義。早在一九三三年，蘇維埃政府就宣佈它情願根據三個條件和任何軍隊合作，這三個條件是：停止內戰和對蘇維埃及紅軍的攻擊；保障群眾結社集會言論的自由和民主的權利；武裝人民對日作戰。

這個第五次也是最後一次圍剿開始於一九三三年十月。一九三四年一月，第二次全國蘇維埃大會在蘇維埃首都——瑞金召開，對過去革命所有的成就加以檢討。會中我作一個長報告，並且會中選出了今日蘇維埃中央政府全體人員，如今日存在著的。不久長征的準備開始了，這是在一九三四年十月著手的，恰在發動第五次圍剿一年之後。

一九三五年一月，紅軍主力抵黃河 [1]。接下去四個月，紅軍幾乎一直在流動之中，並發生了最激烈的戰爭。經過許多許多困難，跨越幾個最高最險的山道，經過兇惡土番所居的地方，經過無限的草原，經過嚴寒和酷熱，經過風雪和暴雨，後面追著全部國軍的一半，經過所有這些天然的障礙，沿途和廣東、湖南、廣西、貴州、雲南、西康、四川、甘肅

---

[1]　應為貴州遵義。

和陝西的地方軍隊作戰，最後，在一九三五年十月，紅軍到達了陝西，並建立了在中國的偉大的西北根據地。

這次紅軍光榮的進軍和勝利地到達陝西，第一是因為共產黨的正確領導，第二是因為蘇維埃人民基本組織的偉大技巧、英勇、堅決和幾乎是超人的忍耐力和革命的熱忱。中國的共產黨在以前，現在和將來將永遠忠誠於馬列主義並對每一個機會主義鬥爭。這種決心解釋了它的不可克服性和它的最後勝利的必然。它的不可克服性的另一理由，就是在革命組織中的人材的特別精幹英勇和忠誠。許多、許多優秀的同志，許多獻身於革命的人，在一個宗旨下工作，同時也造成了紅軍和蘇維埃運動，而那些未來的，將要達到它的最後勝利。

現在我們正企圖在中國建立一個民族統一聯合戰線，召請真心抗日的各黨各派各軍來參加我們的民族解放的共同工作。要想和日本帝國主義搏鬥及拯救自己的國家，這種戰線是必須的，同時在中國建立徹底的民主的政府也是必需的。今後我的工作和目標，與黨的紅軍的工作及目標相同，必須向這種成功做去。

附　錄

毛澤東夫人賀子珍女士小傳及朱德、彭德懷、林彪、徐向前、蕭克、徐海東、周恩來、葉劍英、劉伯誠、林祖涵、徐特立、張聞天、吳亮平、廖承志、李伯釗、陳慧清、丁玲等剪影

毛澤東夫人賀子珍女士小傳

在外表看起來，毛澤東夫人賀子珍女士簡直是一個弱不禁風的少婦。其實，她的性格是非常潑辣的。很少有人看見她穿長衣服，十年來總是穿著一套紅軍的制服，皮帶上掛著手槍；她曾與中央政府的剿共軍隊對過陣，在前線上運傷兵。到後方去，調護病人，組織女軍，而且，在北上戰役中曾受過傷，甚至幾乎送了性命。

自與毛澤東同居以來，九年之中終日是奔走勞碌，七年之中生過五個孩子，但這些孩子全送給了人家，她自己一個也不要。

紅軍由江西總退卻時，到處竄逃，直到陝境，步行二萬五千里。她的身體上先後炸傷廿幾處，到現在，身上還找得到纍纍的創痕。

她現在二十七歲，但反抗的火焰毫未消滅。在這八千英里的退卻中，她受盡了人間的痛苦。受傷以後，先教人抬著走，以後換人背著，用騾馬馱著，到最後人和馬全沒有了，便只好步行。而同時又生產了一個小孩，她真是受盡痛苦的人了。

在紅軍中大家都叫她「女司令」。本為江西永新縣雲山人，是一個小地主的女兒，她父親也曾當過一任縣長。

她曾進過教會小學，她妹妹嫁給毛澤東的弟弟澤覃。澤覃為國軍所殺，而她的妹妹也至今生死不明。[1]

她由小學校出來後，就在本縣參加婦女運動，一九二七加入共產黨。是年八月一日至廿日之南昌女共軍抵抗國軍一役，即由她領導。[2]

她同毛澤東是在民國十七年結婚的。她在共軍中曾先後擔任政治教

---

[1] 毛澤覃1935年在江西瑞金堅持游擊戰爭期間犧牲。其妻賀怡隱蔽起來，國共合作後找到黨組織繼續工作，1950年因車禍去世。

[2] 不確，賀子珍參加了1927年秋收起義中的永新暴動。

授、看護、婦女組織的領袖；而在戰時，她又是軍人。——總之，隨時隨地，她全有工作。

朱　德

第八路軍總指揮朱德，已有五十多歲了，而面目還像四十歲人那樣健壯，説話完全是四川口音。「半生軍閥，半生紅軍。」他自己笑著自道。對於紅軍的作戰，他認為沒有甚麼秘訣，只是政治認識透到每個戰士和群眾基礎工作得到許多便利。他在一個辦公室中穿士兵衣服，戴眼鏡，滿臉鬍子的人，這位是朱總指揮。這時我們的內心，真是無限的慚愧。可是這實在也難怪，他們沒有符號，沒有領章，更沒有一般高級長官的派頭，額上既不刻字，你説只是個不相識的人，如何分辨出誰是長官，誰是士兵，雖説善於識別人的新聞記者，到此也技窮了。他開始和我們談話，同樣沒有甚麼寒暄和客套，要談他所要談的話。很緩慢而很有力，態度是沉著而剛彥，言語間很少含有理論，好像一句話的出發點，都根據著事實上的體會或經驗。

彭德懷

第八路軍副總指揮彭德懷，年約四十左右，湖南人。他雖以善戰著名，但樣子看起來卻很像普通的農民，隨便的在街上走著，向士兵詢問日常的生活，用手拍著他們的肩膀好像一個老叔父模樣，士兵們對他也並不怎樣恭敬或畏懼，但是彼此間卻有種家庭似的愛流露著。彭德懷有歡喜嗑西瓜子的嗜好，往往在那裡和人家談話，邊談邊嗑，一嗑便幾小時不停。吃美國橘子，也是一樣，雖然在太原買起來相當貴，但拿到他手裡，他會接二連三地一面吃一面忙著剝皮。同時還用「消滅它！消滅

它！」的口吻，不斷地鼓勵人家。

　　一身舊灰布軍裝，戴著一頂有黨徽軍帽的人，正坐在辦公桌前，翻閱電報公事，他就是彭德懷，八路軍的副總指揮，服裝簡樸，與他們的勤務兵是一樣，也許還趕不上勤務兵的整潔，室內的佈置，是四壁滿懸軍用地圖，中央兩張方桌拼成的辦公桌，一幅滿沾墨跡油跡的白布覆著，文具極簡單，大概只敷他們每個人使用，坐的是幾條長木凳，此外再沒有甚麼了。

林　彪

　　中國人民抗日軍政大學校長，是三十歲，一說廿九歲剛過不遠的人。穿一件灰布大衣，中等身材，冬瓜臉，兩眼閃爍有力，說話聲音沉著而不多言，不過無論意見與用詞上，他的立場很堅決，一點不放鬆。他像女人，也許因為他的態度比較溫文，而他又主持過紅軍大學這類「文」事。

徐向前

　　山西五台人，性緩，善說話，像一位小學校長，他跟蕭克一樣注重實幹，對於此次晉北的軍事活動都頗有力。他們認為為抗敵而死，使民眾獲得幸福，這很值得的。徐向前已有卅多歲，瘦而長。

蕭　克

　　湖南人，性最活潑，好像一位數理教員。他是一個廿九歲的青年人，一個瘦瘦的，濃眉，闊嘴，大眼睛，圓鼻頭，一個白白的面孔，濃眉小嘴，蕭克頭上有幾個疤，好像是被炸的戰績。穿中山裝，素來不歡喜用武裝帶。走路動作，都帶孩子氣。常常和人手攜手或肩搭肩，但假如有人問

起他軍事上的問題，他會很認真地答覆。

徐海東

他是以窯工出身的軍事人物，說起話來非常真摯。他的家鄉在湖北黃陂北鄉徐家橋，離河南邊境很近。他小時就在這些地方混熟了，對他以後在鄂豫皖邊區的活動，很有關係。

周恩來

浙江人，眉清目秀，氣宇軒昂，頗有政治家風度。他有一雙精神而樸質的眼睛，黑而粗的鬍髮雖然已經剃得精光，但他皮膚中所藏濃黑的髮根，還很清晰的表露在外面，穿的灰布衣，士兵式的小皮帶，腳纏綁腿。口音夾雜著長江流域的各省的土音，如果照普通談話的口音判斷，很有些像江西人。

葉劍英

年約三十左右，精幹結實，身材相當瘦長，穿學生裝，戴八角帽，他的風度很有幾分西洋人的味道，廣東東江人的口音還多少有幾分存留在口邊。民國十六年廣州暴動的基幹，是那時張發奎的教導團，而葉劍英是張發奎最相信的參謀長，同時亦為策劃與指揮廣州暴動之最中心人物，張發奎事前對葉竟毫不疑惑，倚為腹心，則葉之政治軍事技巧，不能不稱為相當老練。他常穿著學生服，很安閒的在路上走著，誰都看不出他是作戰異常果斷的舊任紅軍參謀長。

劉伯誠

他是紅軍總參謀長，每個紅色戰鬥員都知道他的利害，在莫斯科曾經令伏洛希洛夫敬佩過。個子很高，在四川人中，要算是「高」等人物，但身體卻很瘦，血色也不好。他的有名，不在到了紅軍以後，西南一帶，對「劉瞎子」的威風，很少人不知道的。他作戰打壞了一隻眼睛，身上受過九次槍傷，流血過多，所以看起來外表不很健康，然而他的精神很好，大渡河也是他打先鋒，行軍時飛機炸彈還光顧了他一次，幸而不利害。

林祖涵

他已是一個老革命黨了，國民黨未和共產黨分家以前的第一二兩次代表大會內，他都曾被選為中央執行委員，清共以後，他就一直在共產黨內，未曾分離過。現在年紀已經很老。

徐特立

他也已經是年近古稀的老人了，但卻公然從江西走到陝北，這真是了不得的事件。

張聞天

他是中國共產黨書記，筆名叫洛甫，一般人只知道他的筆名，原來的姓名反而不用了。他戴著不深的近視眼鏡，談風輕鬆精利，不像是曾經歷過千山萬水的人物。

吳亮平

他是共產黨宣傳部長，小小個子清秀的面龐，雖然吃過了不少苦頭，卻還保留著書生面目。他的外國語文很漂亮，蘇區對外英語廣播，就是他擔任，他說話很清晰明白，有系統，並有和平而堅定的見解。美國記者施諾（Snow）入陝北，就是他給毛澤東作翻譯。他是一位很漂亮的宣傳家。

廖承志

他是廖仲愷先生的哲嗣，何香凝先生的愛子，他會好幾種外國文字、會畫、會唱、會寫、會交際，而且會吃苦，真是紅軍中多才多藝的人物。一九三二年原在上海被捕，釋出後，即往蘇區，紅色中華日報現改為新中華日報的，就是他主編。

李伯釗

她是一個很有趣的女職員，四川重慶人，父親作過縣知事，是老同盟會員。她小時在四川讀書，中學時就受了革命的影響，尤其是五卅運動的刺激。張聞天、惲代英是當時她的教師，從他們那裡，她接受了新學說。一九二五年到上海做青年工人的工作，北伐到了武漢，準備上海暴動未成，而她便被捕了。出獄後，她被派去莫斯科，入中山大學讀書，一直住了六年，並在那裡同楊尚昆結婚，一九三〇年回國，一到哈爾濱，又被捕起來，釋放後回到上海，入煙草工廠活動，繼在瑞金紅色中華報作編輯，以後又與危拱之合辦高爾基戲劇學校，一直到一九三四年十月參加長征，入西康曾三過草地，有一次險些淹死。她現在仍從事戲劇工作，曾寫過很多劇本。

陳慧清

今年二十八歲，生在香港，家裡很貧苦，父親是個金屬機器工人，還有個妹妹。她十四歲便入工廠作工，十七歲時（一九二五）參加香港大罷工，一九二七年廣州暴動失敗後，又回到香港，入南華襪廠。一九三一年和鄧發結婚，鄧為政治保衛局局長，她也在那裡工作。一九三四年參加長征北上。現在她在雲陽鎮附近作婦女工作，和鄧發分手已經一年了。

丁玲

作家丁玲，她的歷史已經誰都知道，用不著多說。去年秋天她由西安過三原到陝北，先在軍隊裡服務過很長的時間，今年二月到延安以後就在延安沒有走，現在已組織戰地服務團到山西去服務了。她的面是胖胖的，幾乎成一個圓形，身體也肥胖，所以一身灰布軍服要漲破似的捆在她身上，紅星的帽子壓在頭髮上，兩個酒渦時常在笑。

譯後記
——毛澤東到底是個怎樣人？

「毛澤東到底是個怎樣人？」人們對他所驚奇和懷疑的，因為他能作一般人所不能作不願作的事情，他肯下工夫作那艱苦而又平凡的事情，一經成功，事情便不平凡了，人也不平凡了。其實他和平常人是沒有甚麼兩樣的。

真的，毛澤東先生，所言所行，都是很平凡的，例如：革命不愛錢，

作大事不作大官，像這類的話，一般人喊得震天響亮，但革命牌子掛不上幾天，竟作了大官，發了大財了，而沒聽得說毛先生是怎樣發財的。他是布衣一身，窮得磅硬，只有他與士卒共甘苦，他為人民謀幸福，所以才得到人民的愛戴和擁護。

他的政策，並不是如一般淺見的人所詛咒的一樣，正相反而且是很平凡的，主張：大家作工，大家吃飯，以為想著有飯吃，就得作工，能以作工，自然會有飯吃，這和孫中山先生的「各盡其能各取所需」是一樣的道理。

近數十年來，因為天災人禍，內憂外患，弄得老百姓飢寒交迫，死亡流離，很少有人注意到這嚴重的問題的，只有富而不仁的人們，更加緊了他們的剝削術，集天下之財富於一身。

實在這問題太嚴重了，然而用平凡的方法：問題怎樣來的，還怎樣回去，把他分析一下，一經活用，便有辦法：大地主把土地還給農民，資本家把財產散給窮人，富人也去做他應做的工作，窮人更加緊了他的勞動，合起手來，大家有工作，大家有飯吃，自然而然的民無所爭，天下太平。

孫中山先生，曾採用其長，以救中國，中國本無大富，只不過是大貧小貧，將私有和「無有」的制度，折衷一下，也就是我們窮人弱小民族的我們，求救人自救的方法，而毛先生更是在艱苦卓絕的環境中領導著執行著，已經走上光明的大道，怎奈那些強盜們帝國主義者國家，生怕睡獅醒了，因而從中挑撥離間，而好吃懶做的封建殘餘們，也迷蒙著眼睛，扭回頭來，狂吠狂咬，幫助人家殺害自家，竟把這平凡的事情，功敗垂成。

先前，人們不明真相，對「殺人放火」的毛澤東，老實害怕他，及至二萬五千里的長征成功了人們倒不害怕了，反懷疑他們「怎過來的」！最近平型關一戰，他們的為民的汗馬功勞，才活鮮鮮的擲在中華民族的面

前，而接受到從未有過的熱烈的歡迎，每個人都刮目相看，嘖嘖稱讚，然而他們用的方法並不神秘，依舊是平凡的就是：和民眾打成一片，說民眾願說的話，辦民眾願辦的事，訓練民眾所需要的武力，民眾愛戴他們，而說是自己的軍隊領袖，而樂為之效命。

　　常理說老百姓拿錢養兵，兵保護老百姓，這是不可變易的，軍閥們和政客們，時時刻刻為自己打算盤，反忘掉主人——老百姓，塌台顯眼，還不是應該？不能愛國保民的軍隊，要他甚麼用！

　　現在，大眾們對於毛澤東先生已經公認而愛戴了。國事又回復到民十五的時期而重新做起，攜起手來，還是自家，除去心腹病，一致打鬼子了。看吧，民族解放，將要隨著中日之戰而成功呢。

宗　漢

一九三七，九，十四

毛澤東同志的青少年時代和初期革命活動

蕭三　著

毛澤東同志的青少年時代

·修訂本·　蕭三編述

人民出版社

1949

毛澤東同志的兒童時代

農家子

湖南省，湘潭縣上七都，青吉鄉，韶山沖有十里路長。在這南國風光、山青水秀的沖裡，有一些稀稀落落的房屋[1]。住著毛、孫、李、鄒、彭、郭幾姓人，也有少數姓龐、姓蔣與姓鍾的。他們大都是務農為生，忠厚樸實善良的老百姓。

韶山這座山並不高，但是樹木青青很是秀麗。它是南嶽山七十二峰之一。據傳說舜皇帝曾經到過這裡，虞舜的音樂叫「韶樂」，所以虞舜到過的山就叫「韶山」。

韶山沖有「上南岸」和「下南岸」(又叫上下「南院」)，在下南岸的前面有一條通湘潭和湘鄉縣城的路 (湘潭七都和潭鄉二都四都接界)。上南岸前面是橋頭灣。一條小溪從橋頭灣經過石橋 (這裡有小舖子，賣油鹽雜貨豬肉……)，彎彎曲曲圍繞著韶山和上下南岸，緩緩地流過去。在這山環水抱的上南岸，有一棟樸素的瓦房，一進兩橫，住著兩家人，一家姓鄒，一家姓毛，當屋正中為界，各住一半。公曆一千八百九十三年——清光緒十九年，陰曆癸巳十一月十九日在這所屋子裡誕生了毛澤東同志——今天中國人民英明偉大的領袖、導師，我們的毛主席。

毛主席的父親毛順生公，本是一個貧農。身材高大，晚年蓄有鬍子，

---

[1]　蕭三原注：「湖南一般的鄉村，不似他省村落之連楣接屋一大片。」

體格和個性都很健強。他自處勤儉，為人精明，善於經管家務。少年時代因負債過多，只好出外當兵。後來回到家鄉，做些小買賣等，克勤克儉，積下了一點錢，就把自己的十五畝田地買回來了。毛家這時五口人：澤東同志的祖父、父親、母親、他自己和弟弟澤民。父親將每年食用的剩餘積成資本，又買了七畝田。祖父去世了，添了弟弟澤覃，還是五口人。現在剩餘更多了，家產漸漸發展起來了，加之父親作些販運穀米和販豬的生意，於是由中農成為了富農。[1]

六歲就開始勞動

父親順生公用自己大部分的時間和精力作販運穀米和豬的生意——由本鄉運到湘潭、長沙等大城市去出賣。家裡就雇一個長工耕田。農忙之際，如插秧、踹田、秋收打稻，有時還雇幾個零工。此外許多的事就叫自己妻室和兒子勞動。在冬天磨米忙的時候，又臨時雇一個短工，所以這時候吃飯的便是七個。吃的很節省，但總是夠飽的。

毛澤東同志在六歲的時候，便開始在田地裡勞動了。到十三歲時，他白天要在田裡做一個成年所作的工作，晚上還要幫父親記賬，因為這時候，他已經是全家「最有學問」的人了，即是說識字最多。但他吃的只有糙米飯和蔬菜，逢每月初一、十五，家裡給雇工們吃點雞蛋和魚之類（很少吃肉），他和母親及弟弟是沒有份的。

從小就耕種田地，從小就受了勞動的鍛煉，毛澤東同志所以深深的

---

[1] 蕭三原注：「照湖南農家的計算，『一身一口，七擔二斗』。因此五口人每年食用需要三十五六擔穀子。每一畝田可收四擔穀子（每擔一百斤），十五畝田可收六十擔，除消費外，可餘二十四五擔。二十二畝田能收八十四擔，除食用外，可餘約五十擔。據說：順生公財產多時不再買田，只給別人進押佃錢或租佃，他取利息，這樣他的資本又增加了二三千元。」

知道中國農民生活的痛苦與要求。毛澤東同志自己就是農民出身。

一位賢良的母親

澤東同志的母親姓文，湘鄉四都唐家坨人，中等身材，方正的面龐，和善的眼睛，是一個具備著溫良恭儉讓五德的女人，她常可憐窮人，肯給人幫助，每逢荒年旱月，她背著丈夫，把米施捨給飢餓的人們。她的賢良在鄉下是有名的，同時她的治家節儉也是有名的。[1] 人們説：毛家外有順生公之經營，內有文氏之節儉，所以建立了可觀的家務。她除撫養兒輩外，要做一般農婦做的一切事情——做飯、拾柴、紡棉、縫補、漿洗……。

澤東同志非常之愛母親，孝母親，對母親是一貫非常溫順，體貼入微的。母親的一切美德，對澤東同志的影響最大、最深。

傳説著兩個這樣的故事：

有一年，秋收時節，農人們把稻穀打了下來，都攤在坪裡曬著。忽然天下起雨來了。大家忙著收穀子。幼年的毛澤東同志且不收自己家裡的穀子，而先幫助一家作佃戶的去收。父親生氣了，澤東同志説：人家家裡很苦，還要還租，損失一點就不得了；我們自己家裡的自然不大要緊些……。

一個冬天，澤東同志離家去學校讀書。路上他遇著一個窮苦的青年，在風雪的冷天裡還只穿著一件單衣，凍得打顫。澤東同志和他談了幾句話之後，就脫下了自己的一件夾衣給了他。及至假期回家，家裡檢查他的衣服時，發現少了一件，質問澤東同志，澤東同志照實的説了出來。

---

[1] 蕭三原注：「鄉間知道的一些瑣事，例如過年時家裡殺了一口豬，母親將豬血作湯待客。裡面放些南粉條，可以吃到正月底二月初。」

一個誠實的孩子

毛澤東同志從小就很忠厚誠實，從小作事就很踏實。他父親叫他和他弟弟去收田裡的拖泥豆。弟弟調皮，選豆子長得稀的地方撿。豆稀，撿起來容易些，面積也寬些。澤東同志卻不圖鋪張表面，而踏踏實實地作。他撿那塊長得密密的地方，老老實實，一顆一顆地摘撿。這樣時間要花得多，但面積卻比較小。父親來了，隨便一看，竟稱讚弟弟而責備哥哥，但澤東同志不以為意。

也是姓毛的一個鄉人，把自己的豬賣給了澤東同志的父親。說好了價，也交了些錢，但是沒有立即趕豬回家。過了十來天，豬價又漲了，父親叫澤東同志把豬趕回來。澤東同志到了鄰家，鄰人說：「豬價漲了；我又餵了十多天，現在我是不賣了。」澤東同志說：「是呀！你又餵了十多天，還是說好了那些錢，你當然不賣了。」澤東同志空手回到家裡……。

韶山沖的人們到現在還都傳說著這些故事。「潤之（毛澤東同志的號）先生從小就是很講禮性（講理）的」——他們說。

從小就好學

毛澤東同志八歲時開始念書，一直到十三歲才離開那個私塾。當時私塾裡所教的經書，對於兒童是枯燥無味到了極點的。那時的教授法，也是大家所知道的：死記背誦，但是書裡面說的是甚麼，先生並不講，講也不易講得清楚，小學生們大都是莫明其妙，有的完全不懂，有的似乎可懂。只有在許多時間之後，理解力發達了才漸漸懂得，懂得了，那是相當有味的。澤東同志直到現在作報告及演說時，常常幽默地引孔子孟子四書五經上的話。那是用新的觀點，藉舊的辭句和歷史事實，來解釋新的事物，因為中國人特別是和他同輩，及較長的知

識者，都知道那些經典，所以聽了覺得特別中肯有趣。再則毛澤東同志對於中國歷史知識是非常豐富的。小的時候，他就反對讀死書，他不喜歡經書，而喜歡中國流行的許多小說：《精忠傳》啦，《說唐》啦，《西遊記》啦，《封神演義》啦，稍晚就是《水滸傳》啦，《三國演義》啦，等等。在私塾時他把小說藏在經書底下偷著讀，老師走過的時候，就用經書蓋住。他雖不喜歡那些經書，但讀了就能記得，能背出來，所以有工夫看小說；先生要他背誦經書他就背，因此雖偶然知道他在看那些雜書，也沒有辦法責備他。小說裡的故事人物，澤東同志都記得非常熟，小時便常向別人講述，和大家談論。後來那些讀物，對他的影響也很大。直到現在，毛澤東同志時常引中外文藝作品裡和歷史中的某些故事人物，來說明新的問題，使聽者更加了解，更加體會得深刻。同時他用唯物辯證法和歷史唯物論底觀點與方法，來分析各種文藝作品與作家，非常精闢，為許多專門的文藝理論批評者所不及，這也可見他是如何地博而深！是呀，毛澤東同志是提倡「中外古今化的」[1]。

　　十三歲的那一年，澤東同志走出了私塾，整天在田地裡工作，夜晚則幫助他父親記賬，這樣當然很忙，也當然疲倦。但他還是繼續讀書！在夜晚記賬後，讀所有可能找到的書。他父親不高興：一來，兒子讀的不是經史；再則要節省燈油呀。澤東同志就用藍布被單子蓋住窗戶，使父親看不見燈光。在這間非常簡陋的屋子（樓房——披廈）裡，在豆子大的桐油或菜油燈光下面，他讀了他所能找到的許多書。

　　有一次他找到了一冊《盛世危言》——那是當時的一些有心人士，認為中國這樣貧弱，是由於科學不如西洋發達。他們提倡「格物」，就是說，

---

[1]　即古為今用，洋為中用。

要研究物理學（但用經書《大學》上「格物致知」這個古典術語），中國要修鐵路輪船……要設電報電話……這是當時所謂「學策論」或「時務文章」一類的書，澤東同志很喜歡它；比四書五經現實的多，由於這一部書引起澤東同志再前進求學的志願。於是他離開了家庭，到一個學新學的（法政學生）家裡讀了半年書[1]。又從一位老學者（毛家唯一的秀才毛麓鐘）讀了些史經子集，也讀了些時務文章和一些新書。

有這樣一個故事：有一次澤東同志在野外放牛。他讓牛吃草，自己卻在大樹蔭下的草地上，悠閒地看書。他看得那樣入神，忘記了一切。牛自由的走進了別人家的菜園，把青菜吃了一大半，澤東同志還不知道。等鄰人發覺後，鬧了一場大亂子。

毛澤東同志從小就是這樣好學，這樣喜歡讀書的。他從小就體會了「開卷有益」這句古話，那時所能找到的書，也都讀遍了。他的求知慾一向是很強的。讀過了的書都深深地印入了他的腦筋裡，一直到現在他都記得，因此和人談話時常是「引經據典」的。他從小就有很強的記憶力、理解力和分析力。一直到現在，他這種讀書報的習慣是沒有改變的，真有「手不釋卷」之概。無論甚麼時候，甚麼環境，都是如此。就是在井崗山上的時候，他在處理軍政事務之外，總是讀書。幾乎沒有看見過他出來散散步、玩玩的。許多和他在一道工作多年的同志們都異口同聲這樣欽敬地說：

——毛主席是一個好學的人！

---

[1] 毛澤東在《西行漫記》中說：「我到一個失業的法科學生家裡，在那裡讀了半年書。」據尹高朝著《毛澤東和他的二十四位老師》（中央文獻出版社 2001 年版，第 99 頁）考證，此人為烏龜井私塾的毛岱鐘，長沙法政學堂畢業生。毛在那裡就讀的時間是 1909 年秋。

從小就和被壓迫者在一道

　　毛澤東同志繼續閱讀中國的舊小説，他尤其喜歡讀一些反抗統治階級壓迫的故事（他後來的評論：《水滸》是中國第一部好的長篇小説；《聊齋志異》是第一種好的短篇小説集，作者蒲松齡反對貪官污吏，主張自由戀愛，雖然讚美妾婢制及小腳等等，那是為時代所限，他不敢公開反對舊制度，故藉狐鬼説教，但究竟是一部社會小説。魯迅將這部書列入怪異小説一類，當是他在未接受馬克思主義時的看法……是錯了）。有一天大約是十五六歲時，去東山學校（見後）的路上，澤東同志忽然發現了一個問題：為甚麼那些小説故事裡面的人物，只有君王將相，聖賢君子，英雄豪傑……而卻沒有他經常所見所接觸的耕田的農人呢？這事使他奇怪了很久——整整一年多到兩年。後來澤東同志發現了：原來舊小説裡面的人物都是一些統治者、壓迫者、剝削者——他們自己不耕種，佔了土地叫農民替他們勞動。

　　讀者注意：這是一個有重大意義的發現！從這裡可以看出毛澤東同志自小便和廣大勞苦群眾在一道，為群眾設想，同情於群眾。他自己就是下層群眾裡面出來的人呵，他和民眾有很深的淵源。直到現在他領導黨政軍民，諄諄教育幹部們以群眾觀點，不斷的反三覆四，苦口婆心的説，要時時刻刻事事物物都為群眾利益著想，只有人民群眾是最可靠的，群眾力量的泉源是無窮盡的，「人民，只有人民，才是創造世界的動力」（論聯合政府）[1]。以及説領導和解決一切問題的方法時，他有兩句名言：「從群眾中來，到群眾中去」，而在軍事戰略上制出「群眾戰」[2] 與「人民戰

---

[1]　正式發表的《論聯合政府》這句話為：「人民，只有人民，才是創造世界歷史的動力。」
[2]　毛澤東在《關心群眾生活，注意工作方法》一文中寫道：「革命戰爭是群眾的戰爭，只有動員群眾才能進行戰爭，只有依靠群眾才能進行戰爭。」

爭」一些原則……所有這些未始不都是在小時候就伏下了根的。

　　一個大荒年，毛澤東同志和一群小學生在私塾外面看見許多米商從長沙回到鄉下來，小孩子們問米商們為甚麼都離開了長沙。米商告訴了他們一件事變——鬧饑荒呀！長沙一個地方就餓死了成千成萬的人。災民們推出代表到撫台衙門去請求救濟。但撫台的回答是：「為甚麼你們沒有飯吃呢，城裡米多的很，你們看我每天都是吃的飽飽的」；災民們聽到巡撫這樣的答覆，騷動起來了。他們聚眾結隊去攻打衙門，砍斷了衙門口的旗杆子——官廳統治的標誌，趕走了巡撫。後來布政司一位大員叫莊賡良的人，騎馬出來，曉諭人民說，官府正在想法救災……於是災民暫時散了，可是滿清皇帝卻革了那個姓莊的職，說他「勾結亂黨」，接著來了一個新巡撫，他立即下令逮捕事變的為首者，把他梟首示眾……。

　　小學生們聽了這個故事，議論了好多天，大多數對造反的都表示同情，但只是採取旁觀的態度，毛澤東同志那時便覺得，那些造反的都是像自己的家鄉一樣的人，所以對統治者對他們的處置，很抱不平，很是痛恨。

　　又一次澤東同志本鄉的哥老會（也是農民）和個地主發生衝突，地主到官府告了狀。地主有錢有勢，自然官司打贏了，但是哥老會不服，跑到一個山裡，建起堡寨來。官兵去打他們，那個地主還造謠說，哥老會決定造反的時候殺死了一個小孩子祭旗……。哥老會的反叛，最後被鎮壓下去了。為頭的一個鐵匠跑了，但後來又被抓了回來，殺了頭。澤東同志和他的小同學們都同情這次叛亂，都稱讚那個為首的鐵匠是英雄。

　　第二年青黃不接的時候，鄉下異常缺米，農人沒有飯吃，富人都把米囤積起來，不肯平價糶出。窮人們就發起「吃大戶」的運動，成千成百捱餓的男的女的老的少的，都跑到富戶家去，打開倉庫，倒出穀子，就在他家裡磨成米就用他的大鍋煮飯吃。吃了這家又吃那家。

素來作穀米生意的澤東同志的父親，在這時候，仍然把本鄉的糧食挑到城裡去賣，有一批穀米被窮人們扣留了，父親非常生氣，澤東同志不贊成父親這種辦法，他站在窮苦人這方面。

父親這個家長對兒輩非常嚴厲，對妻室也不體貼。母親不贊成這種治家的辦法，但不直接公開反抗，只是從容勸說，或消極抵抗，父親有時自己一個人吃好的菜，不給母親吃，最後給一點點，但母親自尊心重，連那一點點也不吃了，這種和類似這種的不平現象對於幼年的澤東同志是大的刺激。這也種下了他對於封建家庭壓迫制度的根吧，雖然那時候說不出「封建」、「家長制度」這些名詞。

韶山沖本地出了一個「維新派」（或「急進派」）的教員，這人姓李名漱清，現在當有八十來歲了，那時他反對迷信，打菩薩，辦學堂，勸人用廟產興學。鄉人都反對他。毛澤東同志卻稱讚他，贊同他的意見，但澤東同志在八九歲的時候卻曾信神，因為他的母親是非常信神的。他父親不信神，他還和母親討論過，如何勸父親也信起來。……後來讀了一些新書，他對神開始懷疑了，到這時候，他幾乎完全不信神了。

這一連串的事情給予了幼年的毛澤東同志以非常深的印象。他對於統治階級的行事，對於統治者用以愚民的神，都存著反抗的心思了。他同情被統治者，和被壓迫者在一道。

在這時期毛澤東同志開始有了某種程度的政治意識。

但他是倔強的

毛澤東同志的父親因事生氣，打兩個兒子。毛澤東同志站著不動，挨了父親的打也不哭；弟弟就跑，跑到遠點的地方就罵。

父親對待家人非常嚴厲，壓迫了、剝削了兒子的勞動之後，還經常

無理由地責備他懶惰，說他不孝……。澤東同志起來反抗，經驗使他明白了；當他用公開反抗的方法來保衛自己的權利時，他父親就客氣一點；當他怯懦屈服時，父親就打罵的更兇，這也可見澤東同志自小就不平凡，就頑強得也不平凡，自小就很有辦法，有鬥爭、自衛的辦法。

　　澤東同志十歲的時候就進行了他的自衛鬥爭，本來八歲時他開始在本鄉一個私塾讀書，但早上和晚間仍需要在田裡勞動，誰都知道，教私塾的先生是最喜歡打人的，「棍子底下出好人」——舊日的父兄師長就憑這個「理論」來「教育」兒童，澤東同志的這位老師當然不是例外的。打板子，打手心，打頭、腳……罰跪香——跪在有棱角的「錢板子」（攔銅錢用的）上、砂石上，一根香燃完了才許起身……這些是最普遍的體罰或肉刑了，但是毛澤東同志反抗了。這一次他作的是消極的抵抗——逃學，出走，他怕挨先生的打，逃出學校；又怕挨父親的打，不敢回家。他只朝著一個想像的城市的方向走去。誰知走了三天，還只是在一個山谷裡兜圈子，離家不過八里路遠，終於被家裡找回去了。但回家之後，出乎他意料之外，情形好了些；父親不像從前那樣暴戾了，塾師也溫和多了，這一次反抗行為的結果，給予澤東同志小小的心靈以非常深的印象，他的「罷工」鬥爭勝利了——他自己後來對人笑述說。澤東同志幼年時代的另一次鬥爭，那就是他十三歲的時候，引經據典和他父親辯論，以及拿脫離家庭和自殺相威脅，使得父親的暴力政策歸於失敗。一次他父親當著許多客人罵他「好吃懶作」，這個罪名對澤東同志顯然是不真實的，冤枉的；他小小年紀就和大人一樣勞動了，怎麼是「懶作」呢？吃的是糙米飯和油鹽很少的蔬菜，僅為了不餓肚子，不消說吃豬肉，就連雞蛋、鹹魚都沒有得吃，怎麼說是「好吃」呢？澤東同志蒙這罪名，越想越生氣。他據實反駁了父親幾句，聲言要離開家裡，而且往外就跑，慈愛的母親出來追他，勸他回去。父親也趕來命令他回去，但同時還是罵他。他已

經走到房子前面兩個水塘中間的路上，看見父親來勢很兇，於是他說，如果父親再追上來打他，他就跳到水裡去……結果，講和了；這一面，他向父親磕頭請罪；那一面，父親不再打他了，客人散了。他隨著母親回到家裡。父親進去了，躺在床上，母親領著他走進房裡去，叫他對父親跪下，但他只跪下一隻腳，母親在他旁邊用手壓他的肩膀，叫他雙膝跪下去。一場風暴才算平息；從此澤東同志更加懂了：只有反抗，只有鬥爭，才有勝利！

所謂引經據典和父親鬥爭，那就是他父親經常責備他懶惰和不孝……他就據理力爭，為自己辯護，關於「懶惰」，澤東同志說，年紀大些的，應該比年紀小的多作工，父親的年紀既然有自己的三倍大，因此應多工作些，而他到了父親那樣大的時候，一定比父親更出力作工；關於「不孝」，他說：經書上講的，父慈子孝，父慈在先，就是說，必父慈而後子孝。

我們想，他父親聽了這話以後一定又氣又愛。因為他送兒子去讀書，就正是希望兒子將來可以成為秀才，能引證經書，幫助他打贏官司，曾經有一次他和人起訴訟，對方引了一句適當的經典，使得他失敗了，又據說是，有一次有人因訟事去請毛家接個唯一的秀才，秀才還沒有接到，對方就讓步了。父親於是說：「真要讀書！」現在兒子居然也引起經書來了──可喜；但這一次又是自己輸了──未免嘔氣吧。

根據我們所聽到的關於澤東同志的父親的身世，我們現在應該肯定，他父親其實是一個勤儉起家的勞動者，務生產者，而決不是一般遊手好閒，好吃懶作的「二流子」。那種勤勞生產的精神並不可厚非。雖然作米生意賺錢一事，不曾得到兒子的同情，這也可見澤東同志自小便不主張作損人利己的事，甚至是最小的，舊社會上一般認為是正當的。

澤東同志反對他父親的專制，反對他父親弄錢的辦法。父親教他寫

公賬的時候如何「揩油」，他也不贊成。父親常在夏天月亮底下教兒子們打算盤，要他們學會用兩隻手同時打。兄弟澤民同志那時在家裡就真是被壓迫的一個了；父親交他或多或少的錢叫他去作農業或商業的生產，限定要交多少錢回來……澤民同志長大後，也真正成了會管家的人，鄉人叫他為「程咬金」，在革命政權下澤民同志長於作財政經濟的工作。我們想，倒也是他父親教育之所賜吧，至於澤東同志後來研究陝甘寧邊區財經工作，寫出了有名的《財政、經濟問題》[1] 一本書，那更是經過詳細周密的調查研究工作所寫成的有關國家經濟建設之理論與實際的大著了。

澤東同志反對他父親的專制，自然同情於在父權下受壓迫的母親。家裡雇的長工，自然也是被壓迫與被剝削的。澤東同志和嚴厲刻薄的父親鬥爭的方法之一，便是聯合母親、兄弟、長工，結成「統一戰線」以和壓迫者對抗，同時澤東同志自己努力勞動，小心記賬，這樣父親也就沒有指摘他的口實了。

年十四五而志於救國

毛澤東同志繼續貪讀他所能找到的書。一天他讀了一本論中國有被列強瓜分之危險的小冊子，那裡面講到日本佔領高麗、台灣，中國又失去了安南、緬甸等事。（到現在他還記得書中第一頁第一句是：「嗚呼，中國其云亡矣！」）讀了這本書之後他很為祖國憂傷，認為每個中國人都有救中國的職責。毛澤東同志在這時期開始決定自己的志願。

就由於這個志願和求知慾，促成了毛澤東同志不顧父母親的反對

---

[1] 即毛澤東 1942 年 12 月寫的《經濟問題與財政問題》，曾收入解放區出版的《毛澤東選集》中。建國後選其第一章，收入《毛澤東選集》第 3 卷，題為《抗日時期的經濟問題和財政問題》。

不去湘潭縣城米店當學徒，而去湘鄉縣一個「新學堂」受新教育。於是一十六歲的毛澤東同志第一次離開了家鄉韶山沖來到離家五十里路遠的東台山下。

從湘鄉縣「望春門」出城步下石梯，坐上渡船，過一道河，走著很不整齊的石塊鋪成的路，就看見前面右邊一座樹木蔥蔥非常秀麗的山——「東台山」。離「龍城」[1]三四里地，在山麓底下不遠，有一所整潔堂皇的房屋，圍著一道圓的、用燒磚砌成的高牆，前後有兩道各兩扇很厚的黑漆大門，這就是「東山書院」。這時改為「湘鄉縣東山高等小學堂」。幾年之後，改名為「湘鄉第二聯合城鎮鄉立高級小學校」。

黃昏時候，圓錐形的台山和尖尖的白色的七層寶塔的影子，倒插在圍繞著校舍的「水池」裡。

幾個小同學和新來的毛澤東同志站在石橋上，靠著石欄桿說話，一面看操場上一些同學在打鞦韆，跨木馬，跑的跑，笑的笑……。

已經好幾天了，在一群小學生中間，在出進「東齊」、「西齊」（自修室）和教室、寢室的時候，同學們看到澤東同志一副明朗的面孔，和善有神的眼光，苗條的身材，穿著青大布的短褂子和褲子。他不像別的學生們穿得那麼闊氣：有時是袍子，白的綠的絲腰帶，從青馬褂後面靠左一點露出幾寸來，青緞子薄皮底的鞋子，有時是時髦的學生裝……不，澤東同志只有一套比較體面，粗布的衣服，聽他的口音不是湘鄉人。他說，家本在湘潭，但母親是湘鄉人，外祖父家姓文，這次就和文表弟[2]一道來的……大家都認得這姓文的同學，他去年就來了，綽號「筆刻子」。說到這裡有幾個人笑了。笑「筆刻子」那股寒酸氣，也笑毛澤東同志穿著破爛和不時髦，又有這麼一個表兄弟……再則毛澤東同志既不是湘鄉人，自

---

[1] 蕭三原注：「湘鄉縣城的街道是用鵝卵石鋪的，象徵龍鱗，故又名龍城。」

[2] 即文運昌。

然不屬於湘鄉的上、中、下任何一里（縣以下分里，等於區鄉）。上里人和下里人常常鬥爭，毛澤東同志總是守中立。於是三方面的人都不當他作自己人。為了這事，他精神上曾感覺痛苦，但有極少數的同學和他很好。那就是處境也貧苦，穿著也不闊綽而認真求學上進的，再則是說話的口音和大多數湘鄉人稍為不同。譬如說「我」，而不說湘鄉人說：「卯」（用新文字拼較正確——nnga）。

毛澤東同志說話慢慢的，態度很謙虛誠懇大方。在學校裡他進步很快，教員們都歡喜他，特別是教經學和國文的教員們，因為他的古文寫的很好。

在東山學堂裡毛澤東同志也是自己找書讀的時候多，有人送給一兩種書：一種是說康有為的維新運動、戊戌變法的；一種是梁啟超《新民叢報》，他就讀了又讀，差不多都能背誦得出來，那時候他非常崇拜康梁。

有一次也是黃昏時，遊戲完了，到了上自修的時間，搖鈴了，一群小學生經過操場蜂擁而入自修室去。一個同學和毛澤東同志一起也向著學校第二道大門走，他看見那個小朋友 [1] 手裡有本書。

——你那是甚麼書？

——《世界英雄豪傑傳》。

——借給我讀一讀……

過了幾天，他很客氣的，像犯了錯誤似的還書給那個小朋友：

——對不住，我把書弄髒了！

那個同學打開一看，整冊書都用墨筆打了許多圈點，圈得最密的是華盛頓、拿破崙、彼得大帝、迦德鄰女皇、惠靈呑、格蘭斯頓、盧梭、孟德斯鳩和林肯那些人的傳記。毛澤東同志說：

---

[1]　即蕭三本人。

　　——中國也要有這樣的人物，我們應該講求富國強兵之道，才不致蹈安南、高麗、印度的覆轍。你知道，中國有句古話：「前車之覆，後車之鑒」。而且我們每個國民都應該努力，顧炎武說的好：「天下興亡，匹夫有責」。

　　停一會，他又說：

　　——中國積弱不振，要使他富強，獨立起來，要有很長的時間，但是時間長，不要緊，你看，——他翻開書裡面的一頁，指著說——華盛頓經過了八年艱苦戰爭之後，才得到勝利，建立了美國……。

毛澤東同志的青年時代

一　捲入辛亥革命運動的漩渦

他的第一次政治行動

毛澤東同志在東山學校只住了一年。他開始想到更遠更大的地方——長沙去，他還是「走湘鄉路線」，請東山的一個教員介紹他到長沙省城裡一個為湘鄉人辦的中學去投考。他由家裡步行到了湘潭縣城（在這裡曾經去考一個高等小學，那學校的校長說，他太高了，不收），然後擠在湘江小火輪的統艙（即三等艙）裡去到長沙。他心裡興奮極了，長沙城裡非常熱鬧，街上的人非常多。他只害怕不能進那個「駐省湘鄉中學」。但是出乎他意料之外，很順利地被學校錄取了。

那是辛亥革命的那一年，公曆一千九百一一年。澤東同志到長沙時，自立和找出路的精神很強，進步很大。但是他還是和從前一樣的自處樸素，待人謙和、注意。

在長沙毛澤東同志第一次看到一種報紙——《民力》報（同盟會于右任主編的）。那裡面載著廣州黃花崗七十二烈士為反抗滿清起義而犧牲了的故事。領導這次起義的是長沙人黃興，號克強。毛澤東同志讀了之後非常感動。同時他知道了孫文和同盟會的綱領。他很興奮，寫了一篇文章，貼在學校的牆壁上。這是毛澤東同志第一次大膽獨立地發表自己的政見。但那時他的思想是混雜的，他主張：從日本召回孫中山來作新政

府的總統，康有為作內閣（國務）總理，梁啟超作外交部長……自然，他那時候還並不知道康梁和孫中山主張的區別，只是混沌地意識到，講維新、幹革命的人們應該聯合，團結起來以反對滿清的專制獨裁。

　　反對「鐵路國有」（其實是將路權賣給外國人）的運動開始發動了。直隸、湖南、湖北、四川、廣東各省鬧的最激烈，人民要求立憲的運動也早已很普遍地展開了。（在全國各地組織起了很多立憲團體：梁啟超組織東京政聞社，號召實行國會制度，建設責任政府，要求清朝實行立憲，上海有立憲公會，湖北有憲政預備會，湖南有憲政分會，廣東有自治會，朱福鋭、張謇組織預備立憲公會，不斷向清朝政府請願，要求實行立憲。一九〇六年滿清政府只得頒佈預備立憲的上諭，規定九年後實行立憲政治。一九〇七年各省設立「咨議局」，但規定它的宗旨只是「遵諭旨採各省之輿論，指陳各省利害，籌劃地方治安」，這當然不是民意機關，人民都不滿意。）學校裡的同學們愈來愈激烈了。大多用剪去髮辮的方式以表示排滿的情緒。毛澤東同志和一個朋友首先自己剪去辮子，並且把別人的辮子也剪了去，一共剪了十多個人的，那些人原先也是約好了都要剪辮的，但後來又翻悔了，所以就用強迫手段剪。

　　那是辛亥革命的前夜。「驅除韃虜，復興中華」的口號已普遍地印在人們的心裡。革命黨人的活動加緊了。人民要求革命已很迫切了。少年熱情的毛澤東同志立即捲入了這一革命運動的漩渦。

幹革命──當兵去！

　　一九一一年十月十日，陰曆辛亥年八月十九日武昌起義（原定陰曆十月初一日──慈禧太后滿壽日──起義，因革命黨人的名單被滿清偵探偷去了，開始有被捕被殺的，於是改為八月十九日起事）之後，長沙城裡形勢緊張。城門口、大街照壁上許多地方都貼出了湖南巡撫余城格的告示，

宣佈戒嚴。但是革命黨人仍然在城內外各處秘密活動——有的在學校裡演說，鼓動排滿興漢；有的在城外運動新軍反正……。

一天湘鄉駐省中學的校長允許一個革命黨人來到學校，作了一篇激烈的演說。當時就有幾個學生起來，擁護他的說話，痛斥滿清，主張建立民主共和國。會場裡的人一個個緊張的氣都不出了。

毛澤東同志聽了這次演說之後，非常激動，他心裡想，自己對革命不能袖手旁觀非參加不可，但又想要幹革命，最好是去當兵。於是決定到湖南都督黎元洪部下當革命軍去。他從同學那裡募到了一些路費，又約好了幾個朋友一道去武漢。聽說那邊的街道潮濕，非穿油鞋不可，他就向駐紮在長沙城外的新軍裡面一個朋友去借。但他到達兵營時，哨兵攔住了他。原來，在新軍四十九標和五十標裡面，已經有同盟會和哥老會的人在活動。黃興是他們的一個領導者，但這時不在湖南（這種舊形式的民眾組織——會黨和新軍是當時革命活動的主要地盤）。湖南哥老會紅幫的頭子焦達峰和陳作新在湖南的新軍裡已經做了工作，運動這兩標人反正，響應武漢。毛澤東同志去到那裡的時候，新軍正領到了子彈，大批開進長沙城來。毛澤東同志立即回進城來——城門雖然閉了，但沒有閂。他進了城，便站到一個高的地方觀看。

那是陰曆九月初一，一個星期日的早上。新軍由城外協操坪向長沙城的小吳門開來。放了一排槍。一隊人往荷花池去打軍裝局；大隊就從小吳門進了城，直奔撫台衙門。撫台衙門的衛隊也沒有抵抗。平日威風十足的「撫台大人」余城格被迫投降，但終於在後牆挖了一個洞跑了。一會，巡撫衙門掛起了很大的白布旗子，旗的正中有用墨筆寫一個大「漢」字（還是逼迫余城格寫的）。漸漸城內各學校各機關，各商店也都扯起或大或小的白旗了。有的上面寫個「漢」字，有的沒有寫。毛澤東同志回到湘鄉中學的時候，校門上已經掛起了白旗，門口站了幾個兵士。這樣，

湖南就向滿清宣告獨立了，光復了。到了下午就聽說焦達峰和陳作新被舉為湖南的正副都督。這天天氣陰霾，人人個個心情緊張，但過了一會之後，立即感覺得輕鬆愉快——革命原來是這樣「容易」的！

　　革命剛才開始，清朝還沒有被推翻，還要打仗。長沙城裡這時很是活躍。一面派兵去援助武漢，一面添招新兵。熱心的青年學生們成立了學生軍，毛澤東同志參加革命軍的志願沒有改變。但認為學生軍的基礎不好，他不去，而決定參加正式軍隊，切切實實地幫助完成革命。因為他想要革命成功，就必需打仗，當兵是幹革命最好的方法。（從這裡我們現在也看得出，毛澤東同志在那時候就已經隱約地認識到了：革命非搞軍事，非有武力是不成的。）

　　毛澤東同志這時只有十八歲，但是他的身材已相當高大。如果那個湘潭高小的校長嫌他太高了，不收他；那麼現在當兵卻高得好。收下了，入伍了。他入伍的這一連新兵駐紮在審判廳裡面（審判廳也還沒有開始辦公）。大家住在那裡，除照常操練操練和作其他一些雜事——當連排長搬住房的時候，兵士們要替他們抬床鋪板，背被包、網籃之類的東西——之外，每天要到長沙城外白沙井去挑一擔泉水回來，給大家煮飯及長官們泡茶用，這種水通常叫作「沙水」，有一首對聯，上行是：「常德德山山有德」，下行是：「長沙沙水水無沙」。

　　由審判廳去白沙井，路是不近的；一擔水也不輕，毛澤東同志挑不起，也有點不想挑它。他就向那些專門挑沙水進城來出賣的人買。每擔水一百文銅錢。澤東同志挑著空桶走出「營房」，在就近街上買了水，倒滿兩桶，再挑回家，倒也不很困難。他這樣時常買水，和那每天賣水給他的幾個人也搞熟了。

　　在隊伍裡毛澤東同志和所有的士兵以及官長都相處的很好。他們有要寄信回家或給朋友的，就找澤東同志幫忙寫，他都不推辭，耐心地幫

助大家,他又和同班排的弟兄們時常談話,問他們的家世狀況……他們大都是誠實質樸的農民,也有挖煤的工人、鐵匠等手工業者,澤東同志很喜歡他們。兵士們也都認澤東同志是自己的好朋友。只有個別的人習慣很壞。內中有一個新兵簡直是個痞子,大家都討厭他,很多人怕他。但毛澤東同志對付這個流氓卻有辦法,他始終不敢欺侮澤東同志,有時甚至自居下風。

開始贊成社會主義

那時候新軍裡每個月給每個兵士發七塊錢的餉銀。別人得了餉,就上街吃、喝、玩去了;有的就寄一部分錢回家去。毛澤東同志關了那七元的餉,除了吃飯要用兩元以及買沙水要費一點錢之外,卻別的甚麼也不花,只是自己訂下幾份報紙,每天一有工夫就讀它。

還是在入伍之前,在湘鄉中學的時候,澤東同志就喜歡看報,以後漸漸地簡直成了「報癖」。每張報的四面,他一個字也不漏的看完,報紙上也有新聞,也有政論,也有各種各樣的文章,他覺得,真是五花八門,美不勝收;從報紙上可以得到許多的知識。特別是從這時起他就注意研究時事和社會問題。(這種愛報紙的習慣,他後來,一直到現在都是如此。在井崗山時代,他曾特派隊伍到城市郵局或豪紳家裡去專找報紙,不要任何別的東西;在長征時,得一份報,他可以看幾個鐘點。在電訊聯絡缺乏的時期,他從報紙上了解國際國內政治軍隊形勢……,現在他對黨報的重視更是大家都知道的了。)

有一次,毛澤東同志在報紙上讀到了談社會主義的文章。此外還看到了幾種論社會主義的小冊子。這在當時是非常微小的、點滴的關於社會主義的介紹。作者大概也只是道聽途說地轉述的一點,或者只是從外國文翻譯了一些詞句,所論當然至不詳盡。但對新鮮事物極富感覺和勇

於承認真理的毛澤東同志讀了之後，滿心歡喜，非常贊成。他立即和學生及兵士們談論它，認為是救人救世的最好的道理。這對他後來自覺地研究和相信科學的社會主義——馬克思主義，不無影響，也未始不是一個根源。本來，他離開東山學校已經有一二年了，但還時常和舊日的同學們通信。現在他興奮的很，把社會主義的道理寫信告訴舊同學們。（記得後來只有一個姓毛名生炳的同學回了他的信，表示贊成。那毛生炳也是一個窮家子弟，讀書用功，但因為其貌不揚，紈絝子弟的同學們是常常譏笑他和看他不起的，但澤東同志卻和他好。）

且說武昌起義後，長沙首先響應，接著江西、陝西、山西、雲南、江蘇、浙江、廣東、廣西、福建、山東、四川、貴州、甘肅、新疆先後獨立。不到一個月，革命軍佔了十七省。統治了中國二百六十八年的滿清朝廷很快就倒了。但當時它還想作最後的掙扎，企圖用再度讓步的辦法，來緩和革命——頒佈憲法十九條，對君權大加限制，任命袁世凱組織內閣，作內閣總理大臣，誰知這個大地主大買辦反動派的首領袁世凱，憑著他所掌握的北洋軍隊的實力，一面取得了清朝全部權力；一面派兵反攻武漢，佔領漢陽，給幼弱的革命軍以重大的打擊，但立即又停止了軍事行動。這樣，武漢是穩住了。原擬固守南京的張勳也被打垮了。革命方面在上海召集的各省都督府聯合會議到了武漢，現在來到南京，成立「中華民國臨時政府」，舉孫文為臨時大總統。

由於當時中國的工人階級還很弱小的，沒有成為獨立的政治力量；農民、手工業者、小資產階級及資產階級知識分子、一切革命的民眾，都散漫無組織，自覺程度還很不夠；主持、參加以及附和革命的人民，階層不同，目的不同。相同的只有一個目標：反滿。除此之外，利害極不一致；而且矛盾百出——一句話，革命方面的陣容是非常軟弱的。由於這種種原因，革命的果實竟落到了地主階級、買辦階級、舊軍閥、舊官

僚的手中去了。這些階層的代表袁世凱用自己的權術，竊取了一切（湖南的都督也換了譚延闓，起義有功的焦達峰和陳作新都被陰謀暗殺了）。參加及附和革命的各種上層人物都和袁世凱妥協起來，都認為革命已經成功，主張南北議和，中國「統一」。條件完全照袁世凱的意思；清帝退位，孫中山把大總統讓給袁世凱，南京政府宣佈解散，中華民國的首都還是在北京……本來孫中山是不贊成這些辦法的，但那時很多革命黨人也都存著升官發財的思想，贊成無原則的妥協調和與「統一」，孫中山那時簡直孤立了，後來他曾說：「辛亥革命是失敗了」。是的，這次革命是流產了。

好啦，南北議和成功了，中國「統一」了。既議和就不要打仗了，既不打仗，還當兵作甚麼呢？毛澤東同志想到這裡就決定退伍，他把此意一說，連排長們都挽留他，並且說，當兵能有出路，意思是說，能升官發財的。但毛澤東同志不願再留，結果，還是離開了兵營，開展他此後繼續求學、自修的生活和初步的社會活動。

而在這半年的兵士生活中，毛澤東同志實地了解和學得了不少的東西。

二　他是怎樣刻苦自學的

漂泊在長沙城

走出兵營，毛澤東同志決定繼續求學，他開始留心報紙上各種各色的廣告，由警官學校、肥皂製造學校、法政學校到商業學校……他天真的先後繳納過五六次的報名費，每次每校一元。那些廣告曾的確使一般青年著迷！朋友的慫恿也起著作用。因此毛澤東同志在那時候，一時想成為「製皂工程師」，可以富國利民；一時——法律家和法官，一時——經濟學家，以便為國家建設經濟……。在已經考取了甲種商業學校之後，

又看見了高等商業學校的廣告，那是省立的，功課好，教員好……於是一面報名，一面寫信給他父親。父親是一向就贊成兒子經商的，小時就曾打算送他去米店作學徒，接了信後當然高興同意了。但那高等商業學校的一大半課程都是用英文教，教科書也是英文原本（那時候這樣作是時髦的）。毛澤東同志和許多被錄取了的同學一樣，英文程度並不高（我們可以想見，那時學校當局招收學生之隨便，只要有人考，不管各科程度如何，都收，因為辦學校的只是圖名與利，入學的只是為了文憑而來），在那裡住了一個月就走了。

再繼續看廣告。又花了一元錢向省立第一中學報名。去考了，過天去看榜；考取了第一名。同時同他去考由他「槍替」（代寫文章）的也考取了。校長符定一先生和教員們特別歡迎這個考第一名的新生──毛澤東同志；但懷疑他的文章不是自己作的，乃再舉行面試，結果證明，他自己寫的文章的確很好。於是大家對毛澤東同志非常稱讚，要他一定入校。毛澤東同志也就果然進了這第一中學。但這裡的課程對他是很有限制而膚淺的，學校規則又頗煩瑣，不能使他滿足，因此在這校住了半年他又走了。

但這第一中學有位國文教員對毛澤東同志很有幫助（他好文學，所以和這位教員頗接近），他從這位教員處借了一部《御批通鑑輯覽》來自己看，覺得很有趣味。也由於看這部書，他覺得自己讀書，自己研究，比進學校更有益處。於是他定了一個完全自修的讀書計劃，每天到湖南省立圖書館裡去讀書。

要求學還是靠自修

長沙城裡亭台並不很高，站在台上也望不了多遠，但有樓，現改為圖書館。樓上放置各種中外書籍，樓下大廳為閱覽室。這裡有花園，院內有不大的金魚池。這是湖南第一個圖書館，這時開辦不久，每天去看書

的也不多。但每天一開門，就有一個青年人，個子高高的，穿著樸樸素素的，不急不緩地走進館裡來。他取到了書，就伏在閱覽室的桌前無聲的看，簡直就不休息，一直到館要關門的時候才出去，天天如此，風雨無間，這就是毛澤東同志。他在這裡非常專心地用功讀書，整天內就只在中午時候出去買幾個包子充飢，也算是他休息的時間。一到了圖書館「就像牛進了菜園」（澤東同志自己回憶這個時候情景的話），甚麼書都找來讀：世界歷史、世界地理、亞當斯密的《原富》、達爾文的《物種原始論》、穆勒的《名學》、斯賓賽爾的《群學肄言》[1]、孟德斯鳩的《法意》[2]、和盧梭的著作，以及古代希臘、羅馬的文藝作品……總之，凡是當時從外國文譯成中文的名著，他差不多都讀遍了。

毛澤東同志白天去圖書館看書，晚上回「湘鄉會館」住宿。這樣勤謹而貧苦的生活又過了半年多。在這期間之內，無疑的他又得到了許多學問。

但是他沒有錢用了。不進學校，不謀職業，在家裡看來，這是不正規的，因此不給他接濟了。會館也不能住下去了，得另找棲身之處。同時他認真的考慮了一下自己的前途，認為自己最適宜於教書。一天看到報上一個廣告：

「湖南省立第一師範學校招生！」

「不收學膳費！」

「畢業之後為教育服務」，「教育是立國之本」，等等等等。毛澤東同志很高興。兩個朋友都勸他去考，也因為希望他為他們「槍替」。寫信去家裡，回信贊成。去考了。自己寫了論文之外，還替朋友寫了兩篇。結果三個都考取了，後來毛澤東同志笑說：他考取了三通。

---

[1] 即斯賓塞著《邏輯》。
[2] 即《法的精神》。

學習抓住中心

　　長沙城南門外妙高峰（這裡有一個中學）下面偏南一點，新建設了一座西式的樓房，規模頗大，堪稱堂皇。鐵欄桿牆，外面臨街築有一條不很寬的馬路，——這便是湖南省立第一師範學校。（它的前身是城南書院，後改為中路師範學堂，此時改為現名。）在五四運動及大革命時代，這第一師範在湖南起著北京大學在北中國的作用。湖南學生界，文化教育界許多社會政治活動，大都是第一師範倡頭的。第一師範的學生參加社會政治的很多。他們也作學生運動，也作工人運動，他們之中很多加入了共產黨，成為了中國革命運動中優秀的領導人物。這些和毛澤東同志都是分不開的。中國人民的領袖——毛澤東同志曾在這學校住了五年，直到畢業。在這裡他求得了學問，取得了初步社會活動的經驗。在這裡他的政治觀念開始確定了。在這時期顯出來他是一個天才的組織家，是一個群眾的領袖。在這時期他團結了同學同志，便成為革命運動的骨幹。

　　毛澤東同志考入第一師範時，編入戊班，即第五班。入學以後，他仍是非常好學的。但還是以自修為主，經常讀書不倦。同學們很快就都佩服他的天才，他的嚴肅治學的精神，他的樸實、誠懇、謙虛的態度。他的作文一出，全校哄動，教員把它貼在學監室的對面走廊上，課餘時那裡圍滿了人，在讀著傳觀的文章。但毛澤東同志並不自恃聰明，或者驕傲自滿。相反，他的求知慾望非常之強，肯用苦功。晚上學校規定的自修時間短了，他就在寢室裡繼續讀書。學校吹號，熄燈了，他就自備一盞燈，下面用一節竹筒墊起，坐在床上看書，有時通宵不眠。（有一次不知怎的失火了，燃燒了蚊帳、火延到上面一層鋪，因學校的鋪是上下兩層的，這幾乎惹起了一場風波，第二天學校行政方面掛牌，記他大過一次，但是他滿不在乎。）

毛澤東同志在學校裡雖然也照例上課，但他有自己的讀書計劃。他注重自修。當抓住一個中心問題時，就專門研究它，一切別的甚麼功課就不管了。他喜歡社會科學，根本不理其他不切實用的功課，例如考試圖畫，他畫一個橢圓說是雞蛋，就交卷了……他的主意是：只要一二門功課考取一百分，其餘縱是得零分，但平均能得六十分，可以及格就得了。有一個時期毛澤東同志專門研究中國歷史，把所有關於中國歷史的書，無論新的舊的都找了來，於是繼續不斷一本一本的研究。在教室內上課的時候，不管講台上教員在講甚麼，他總是看他自己帶來的書，為了「顧全大局」和教員的面子，他把講的教科書擺在上面，下面蓋著他自己要讀的書。有時候就簡直不上課，因為學校當局規定要學的一些亂七八糟的功課，並不切合實用，這破壞著他的讀書計劃。曾有一次，他為了要讀完一部書，向學監請假，說是病了不能上課……在醫務所讀完那部書之後，他出來銷假，說：病好了。當學監王某一天對他說：「你多自修是可以的，但不上課就不行呵，這破壞校規呵。」澤東同志說：「上那些無用的課就破壞我的學習計劃，我不能夠。」又說：「好的，一定要我上課，我就要向教員提問題，教員答不出，就請他滾蛋！那時候莫怪我為難了他們呵！」……王學監也沒有法子勉強他了，因為當時的確有些教員的學問是很淺薄的。

（在任何環境內能自己讀書的習慣，澤東同志是養成了的。他曾故意蹲在人們來往嘈雜的城門口看書，以鍛煉在鬧中求靜的本領。）

學校行政方面不歡喜毛澤東同志之破壞校規，但又愛他之有才能。有幾次行政方面為顧及自己的「威信」，討論開除他出校的問題。這時一個很有威望和信仰的教員楊昌濟先生說道：「毛澤東是一個特別學生，你們不懂得他，不能拿尋常校規來論！」

有一次校方又要開除他，教國文的袁吉六先生，大鬍子，出來擔保，

又得以留下。袁先生很器重毛澤東同志，但起初不稱讚他「梁啟超式」的
文章，説那只是半通，要他攻韓愈等唐宋八大家⋯⋯。

　　第三次學校要開除他而沒有實行，是因為有名的數學教員王立庵
先生給保住了。毛澤東同志那時並不喜學數學，考試時甚至交過白卷
子，但王先生仍是器重他的。學校放假期間澤東同志不回家去，留在
長沙城時，還曾在王家住過，也並不是向他學數學，王先生卻供給他
食住。

學問，學問，好學要好問

　　楊昌濟（號懷中）先生對毛澤東同志和許多同學，影響很大。楊先生
是長沙人，在第一師範教倫理學、論理學、心理學、教育學、哲學，他
曾在日本留學六年，又在英國留學四年，但始終不離中國的理學傳統，
喜講周、程、朱、張，喜講康德、斯賓賽爾和盧梭的「愛彌兒」⋯⋯，
楊先生並不善於辭令，也不裝腔作勢，但他能得聽講者很大的注意與尊
敬，大家都佩服他的道德、學問。他的講學的精神，使得在他的周圍，
形成了認真思想、認真求學的學生之一群──毛澤東同志、蔡和森同
志（澤東同志在第一師範時的至友，湘鄉人，家貧好學，後去法國，在
勤工儉學生及華工中組織共產主義的團體，回國後在中共中央作宣傳工
作，成為中國革命一個優秀的領導者，一九三〇年在廣州犧牲了）[1]、陳
昌同志（號章甫，瀏陽人，長於演説，後入共產黨，在大革命失敗後犧

---

[1]　蔡和森（1895—1931）又名蔡林彬，湖南湘鄉永豐鎮（今屬雙峰縣）人。早年在湖南省立
　　第一師範學校與毛澤東同學，並一起發起組織新民學會。1919 年赴法國勤工儉學，1921
　　年回國。曾任中共中央機關刊物《嚮導》週報主編、中央宣傳部部長、中央委員、中央政
　　治局委員。1931 年在廣州犧牲。

牲了）[1] 等每逢星期日，就到楊先生的家裡去講學問道。楊先生是誨人不倦的，也很器重毛、蔡、陳等幾個學生。楊先生曾説：「沒有哲學思想的人便很庸俗。」……他對他們講中國及西洋的哲學，講青年的前途，人們應有人生觀、世界觀或宇宙觀……他的哲學的基礎雖是唯心論，但那時對毛澤東同志等的影響頗大。澤東同志曾有一次作一篇文章，題目是「心之力」，大得楊先生的稱讚，評了一百分。

在第一師範時毛澤東同志的求知慾是非常發達的。除在校自修及找本校的教員問學外，長沙城裡不時有所謂名流學者從外省來的，澤東同志常一個人去拜訪他們，向他們虛心請教，想從他們得到一些新的知識。訪問回來之後，他又常常向同學們談論他對於被訪者的印象，並加以自己對他們的批判。

長沙城裡曾有人舉辦過「船山學社」，每星期日設座講學，講王船山的種種，澤東同志也去聽講。

他常對人說，學問二字連起來成一個名詞是很有意義的。我們不但要好學，而且要好問。

日浴、風浴、雨浴及其他

楊懷中先生對同學的影響不僅在講學上，而且在生活規則或規則生活上。他廢止朝食，行深呼吸，主靜坐，作體操，成年行冷水浴，冬天也不間斷。青年熱情的毛澤東、蔡和森等同學也模仿他，大概有一年多二年他們都不曾吃早飯。以後更進一步，每天只吃一頓。一個暑假期內，

---

[1]　陳昌（1894—1930），字章甫，湖南瀏陽人。新民學會會員，中共黨員。湖南省立第一師範學校學生，與毛澤東同學。1915 年畢業後，任長沙縣正美小學教師。1917 年在一師附小任教。後從事工人運動，1926 年任水口山鉛鋅礦工會主任。1927 年大革命失敗後，繼續堅持鬥爭。1929 年去上海，被派往湘西賀龍部工作，途經澧縣時被捕，1930 年在長沙就義。

毛、蔡和張昆弟同志[1]（益陽人，號芝圃，後來在共產黨內作工人運動，大革命失敗後犧牲了）三人住在長沙對河嶽麓山上的愛晚亭讀書、休養，每天吃新蠶豆一頓，既廢朝食，也不晚餐。在那裡他們每天清早在山上打坐，然後下來去塘裡或河裡洗冷水澡。這樣繼續到假期滿後回校，到冬天十一月裡還不停止。毛澤東同志等更擴大浴的範圍。在太陽下面，在大風裡，在大雨底下，赤著身體讓曬、讓吹、讓淋。澤東同志叫這作「日浴」、「風浴」、「雨浴」。那時他們也常去水陸洲——湘江游泳。凡此一切，目的在鍛煉身體。他們又常去山中「練嗓子」——對著樹木大聲講話，朗誦唐詩；在長沙城牆上天心閣一帶對著風大聲叫喊……

在愛晚亭住的時候，毛澤東同志等只各有一條面巾、一把雨傘和隨身的衣服。澤東同志常著的是一件「土地袍子」（灰布的長袍子）。

夜裡他們露宿，睡草上，彼此離得遠遠的，怕空氣不好……。

回學校裡他們就在操場裡露宿，直到打霜以後。

長沙的夏天是很熱的。有些人們很早就到嶽麓山去遊息。幾個人上山來了，走進一座廟裡去休息休息。他們看見在露天底下，在一條長板凳上睡著一個人，從頭到腳都是報紙包著。遊人來了，吵醒了他。他動了一動，翻過身從報紙包裡出來，起身去了。這就是毛澤東同志。在露天下睡，空氣好些，不熱些。為甚麼用報紙將自己全身包起來呢？因為山上蚊子多的很，他卻沒有蚊帳抵禦它們咬。

在山上他們一天早晚就是體操、靜坐、讀書、看報、談論、思考問題。

---

[1] 張昆弟（1894—1932），湖南益陽人。省立第一師範學校學生，新民學會會員。1919年赴法勤工儉學，1921年冬回國，1922年加入中國共產黨，參加領導過京漢鐵路工人大罷工。1928年出席中國共產黨在莫斯科召開的「六大」，1931年，以中央工運特派員身份到湘鄂西蘇區，曾任紅五軍團政治部主任。1932年犧牲於洪湖地區。

遊學

一個夏天，毛澤東同志利用暑假期間，遊歷湖南各縣。他從長沙動身，徒步遊歷了寧鄉、平江、瀏陽等五個縣。身邊一個錢也不帶，走遍許多地方。遇了政府機關、學校、商家，他就作一首對聯送去，然後人們給他吃飯或打發幾個錢，天黑了就留他住宿。這在舊社會叫做「遊學」。沒有出路的讀書人，又不肯從事體力勞動作生產的事，就靠寫字作對聯送人，「打秋風」以糊口。毛澤東同志卻用這個辦法來遊歷鄉土，考察農民生活，了解各處風俗習慣——這是他這個舉動的現實主義的一面。他因為看了一份報紙上記載著兩個中國學生周遊全中國，到達了打箭爐……的故事，羨慕得很，也想這樣作，但是他沒有旅費（盤纏），於是用變相的行乞辦法，先遊湖南。——我們說，這是毛澤東同志青年時代浪漫蒂克的一面。

又一個夏天，毛澤東同志和蔡和森同志同道去湘陰、益陽、岳州——周遊洞庭湖。他們兩人由長沙嶽麓山出發，走雲灣寺，只帶一把雨傘，傘把上纏一條手巾，腳上一雙草鞋，也沒有包袱。走時蔡和森同志對母、妹（即蔡暢同志）說：「三兩天就回來」。事實上過了一個多兩個月才回家。路上毛澤東同志寫了許多篇通訊，寄《湖南通俗報》，用很深刻、明白、曉暢而又俏皮的文字，暴露社會上各種現象。有一篇通訊述他們在湘陰參觀過一個女學校，那裡的校長、教員都是一些五十歲以上的鬍子先生……澤東同志寫了一句幽默諷刺的話說：「鬍子之作用大矣哉！」

他們回到嶽麓山蔡家時，都是一身污黑。洗臉吃飯之後，他們告訴蔡伯母（和森同志之母）說，在路上是到一處吃一處。遇著寺廟，就進去和和尚談天。給人家送字。農民有的害怕他們，見他們又不像送字的遊學先生，又不像大叫化子，有的甚至使狗咬他們。有開明一點的，知道他們是遊學送字的，但也有的說，他們是算八字的……沿途他們了解農

村狀況，如何收租和送租的，貧農的痛苦等等！和農民談話後，有的就
給他們飯吃，但害怕的還是多。他們有時就露宿，吃山楂子、薔薇葉等
東西（現在我們知道，這些東西含有很多「維他命」）。

政治頭腦，善於分析、總結、概括的頭腦

上面我們已經說過毛澤東同志對於報紙的愛好，自從他到了長沙——
不，自從有了報紙，他就是一個最忠實的「報人」。在第一師範的自修室
裡，樓上樓下，燈光之下，人們都是咿唔念書的時候，你只要到那時學校
裡設在一頭的閱報室去，總可以遇到毛澤東同志在那裡看報。他注意的
是國內外政治軍事……形勢。

第一師範學校的後面有操場（前面街對面有另一個操場），有不高的
山丘。出學校的大門，往左還不遠，有修好不久的粵漢鐵路的一段——
長株路。晚飯過後，學生們常到山上或者順著鐵路去散步，看火車開過
去。有時他們往前面走到湘江的邊岸，看水陸洲，看打魚的划子、渡船
……。在散步的時候，毛澤東同志對同伴們說述中國以及世界的新聞，
有條有理，了如指掌。

那是第一次帝國主義世界大戰的年代，毛澤東同志就好像是給同學
們作每週以來國際國內軍事政治的時事報告：奧國的太子怎樣被殺死，
威廉第二怎樣出兵，凡爾登如何難攻，英法如何聯盟，美國如何「參戰」
發財，日本如何趁火打劫，提出滅亡中國的二十一條……。「你的腦子真
特別……」同學們驚歎地說——「我們同樣也看了報的，為甚麼我們不如
你分析的清楚呢？」

的確，毛澤東同志的政治頭腦在這時候已經非常的發達了。他給同
學們說時事問題的時候，常常聯繫到中國的歷史以及近年來的中國事變。

第一師範校方訂了長沙和上海的兩份報紙。人數多，報紙少。毛

澤東同志乃自己訂閱一份。把新聞從頭到尾看了之後，他裁下報紙兩邊或四周的白紙條，用繩線釘好。在那些不寬的長長的紙條上，他把在報上所見到的地理名字一個個都寫上，然後對著地圖看。寫的是英文。同學們問他：

——你這是作甚麼呢？

毛澤東同志回答說：

——我學著寫英文。再則，我把世界各國所有城市、港口、海洋、江河、山嶽的名稱記熟。還有，最重要的，報紙是活的歷史，讀它，可以增長許多知識。

有一個時期毛澤東同志是在專門研究地理，和專門研究歷史時一樣的辦法——抓住中心，旁徵博引，不離其宗，一直到有了相當的成績才告一個段落。

三　初步的社會活動

組織家的天才

在湖南第一師範時，毛澤東同志的好學和為人，他的思想、言論、品行，他的自求進步的精神，他的富有自信力和不屈辱而又謙虛、誠懇的態度，他的倜儻、瀟灑、闊達而又非常踏實的作風，引起同學們都對他表示衷心的欽佩。不少人受了他的影響而力求上進，向他看齊。他和同學友好們都以至誠相處，晤談時只及學問文章與乎修身齊家治國平天下的大事，從不涉及私人生活問題。他高高的身材，微微有點弓的背，鄭重的大踏的腳步；有大規模，但按部就班，又無表面鋪張和個人出風頭意思的活動；他的勤勉有恆的博覽精細深入的專研；他的從容的，清楚的談吐，略低著或偏著頭聽別人談話，而自己只「嗯」，「是的」的回答，

在傾聽對方說完之後，他有條有理地給對談者的分析，提出要點，作成結論，他的每句話都很中肯，都能啟發人再往前進，再往遠處大處著想，你有甚麼疑問，只要和他一談，便一切迎刃而解，一如冰釋的明朗化，一切都有了辦法；他的辦法、主意之多，他的異乎尋常人的豐富的創造性，他的無窮盡的毅力、智慧，他的異乎常人的明確和敏捷的判斷力與推測力，他的大刀闊斧而又精細的氣魄與風度……。在第一師範的同學們（以及後來和他同幹革命的老同志們）找不出恰當的語句來形容他的時候，只好用這樣一句半成語來讚美他：

——潤之真是奇人有奇才！

而某些校內和校外的人們就直稱他為「毛才子」。

有一次澤東同志對同學們說：

——世界上的人有兩種：一種是部分才，一種是組織才。前者多而後者少。但每一個人都有他的長處。我們就應該鼓勵發展、運用他的長處，不管那長處是很小的，有限的。我們看人首先就應該看他的長處。

後來在參加及領導革命運動時，澤東同志曾說：

——無論跛子、啞子、聾子、瞎子對革命都有用處。

又後來，他對同志們（組織部的工作人）說：

——對一個同志，首先要看他的相同處——他革命，他信仰馬克思列寧主義……然後看他的不同處——有缺點，思想意識上有毛病……。

能看到並且鼓勵、發展每個人的長處——這是偉大的組織家、革命家毛澤東同志後來成功的秘訣之一（說他的成功，絕不是為了他個人，而是為了解放中國民族中國人民的革命事業）。而對犯了錯誤的或誤入歧途的或尚未覺悟的，無論是黨內同志，或是黨外朋友，甚至曾經是敵人（如俘虜兵等等）——堅持「治病救人」、「與人為善」的寬大政策，尤見毛澤東同志的大仁。

　　從這裡也看得出，毛澤東同志從青年求學時起，到後來領導全黨，領導全中國人民，這個思想就是一貫的。

學生自治會

　　毛澤東同志在第一師範最初所表現的活動力和組織力是他發起、組織了一個學生自治會。這也可說是他的社會活動的開始，他作民主主義運動的開始。

　　當時湖南的教育界（全國各地的教育界也大多如此），學校行政方面每每是非常專制、相當黑暗的。特別是作校長的，他得到這個位置，大都是靠官場的夤緣，自己的鑽、捧、吹、拍而來。到了學校，他首先必引進一批自己的親朋來作職員教員。那些人是不稱職的，但學生們不敢反對。其次，校長總是總攬著學校的經濟權的，從那裡他可以貪污公款，裝入自己的荷包裡去。他於是剝削學生，伙食等等便搞的很壞。再則為校長的既是官方來的人，自然在校內一切都要遵循官方的意旨，於是學生們的一切活動都被禁止，都要受到鎮壓。學生們除了讀死書外，休想有一絲兒自由作校內校外（社會）的各種活動。

　　這種情形第一師範也不是例外。學生們曾為此鬧過好幾次風潮，要求省政府撤換校長，要求社會輿論給予同情、聲援、幫助。幾次風潮中，毛澤東同志都是領導人。他站在學生群眾立場上，毅然的起來擁護群眾的利益，反對專制黑暗腐敗的學校行政。就為了這個，校方曾打算開除他，但懾於同學們的擁護和個別教員的說項，沒有能作到。

　　而毛澤東同志是得到全體同學熱烈的擁護的。他趁著一位比較「開明」和也講「民主」的校長任職的時候，澤東同志在校內發起、組織了一個學生自治會。這在湖南全省各學校是破天荒的事。講「民主」，其實有點沽名釣譽的學校行政首長無法拒絕。學生自治會對學生群眾的作用很

大——校方開行政或教育會議時，必定有學生自治會的代表參加。學校行政管理機關一切措施、決定，都要首先得到學生自治會的同意。學生群眾有要求時，經過學生自治會向校方提出。一時學生的學習問題、生活問題、管理問題等等都得到比較圓滿的解決。可以說，事實上全校那時五百來個同學都在毛澤東同志領導之下，他一有號召，全體同學就都行動起來。

到那時期第一師範學校的生活活躍極了。開成績展覽會啦，體育運動會啦，自由演說辯論會啦，各種專門問題的、學術的研究會啦……熱鬧得很。

開成績展覽會的時候，毛澤東同志寫的文章和字，引起很多人參觀，在批評簿子上，參觀者大都特別提到他，稱讚他。毛澤東同志被派去看守展覽會時，他坐在那裡看自己帶去的書。

領導演說辯論會很出力的是陳昌同志。他很會演說，很會煽動，聲音洪亮、語句有力。這是一個中等身材、白面漂亮、待人和善、日求進步的同學。大革命失敗後被捕，臨犧牲的時候，還作了一篇激昂慷慨的演說，痛罵國民黨反動派劊子手，號召人民繼續奮鬥，聽者大為感動，不愧為一個英勇的共產黨員和壯烈的志士。

學生自治會及其所領導的各種研究會，在第一師範繼續到後來許多年，一直到抗日戰爭初期，還存在著。第一師範（後來改為第一高中，內有師範班），在湖南被稱為「亞高學府」（湖南大學為「最高學府」），在社會政治運動上非常活躍，這些組織起了很大的作用。

第一次「搞軍事」和反軍閥運動

湖南自從譚延闓作了督軍以後，袁世凱想做皇帝，派了一個湯薌銘來作湖南督軍。這湯薌銘曾經參加過同盟會，其實是為滿清作偵探的，

這時來到湖南以後，殺了許多的人，因此湖南人叫他為「湯屠戶」。後
來袁氏稱帝，還給他封了個侯爵。……蔡鍔在雲南起義討袁，孫中山也
派人在長江一帶聯絡活動，民國五年林祖涵（即我們現在的林老伯渠同
志）、林祖梅、林德軒等來湖南作驅湯運動。袁世凱倒台後，湯薌銘自然
得走（按：湯薌銘在抗日戰爭時作了漢奸，現在為民主社會黨員，和張君
勱一道出席蔣介石的豬仔「國民大會」)[1]。一個短時期內湖南的省長是劉
人熙老頭，只作了七十來天就下台了，督軍仍是譚延闓。馮國璋作大總
統的時候，派了傅良佐來作湖南督軍兼省長，這是直系北洋軍閥的人。
是這樣來來去去，兵馬不停，長沙城各學校的校舍就常常有軍隊來強佔，
使得各學校好幾次只得「提前放假」……這次傅良佐的北軍第八師在衡陽
和護國軍打了敗仗之後，向長沙潰退，也是要佔學校的房屋。第一師範
學校在南門外，又是一棟很大很漂亮的西式樓房，一部分潰軍自然想來
佔，學校行政方面完全沒有了辦法，所有的人真是束手無策了。這時毛
澤東同志挺身而出，先把平日喜歡打足球的體育運動員們，如陳紹休（新
民學會會員，瀏陽人，後去法勤工儉學，病死巴黎）等組織起來，保衛學
校，澤東同志和大家把教室裡的桌椅板凳都搬出來，塞住所有的門——這
就是準備作戰時的障礙物。此外還繳了北兵的幾支槍，就這樣實行武裝
保衛學校。大多數膽小的同學們、教職員們都伏在後面寢室的天井裡，
槍聲一響，一個個嚇得不敢動一動。學校辦事人和幾個教員，平日神氣
十足的，這時都俯首帖耳，聽從毛澤東同志的指揮。結果潰兵只對學校
放了幾槍，在南門外沿著鐵路吵喊過去了。毛澤東同志等來到後山上對
著潰兵們大喊，申斥了他們一頓，這棟很漂亮很大的校舍終於沒有被佔

---

[1]　湯薌銘（1885—1975），袁世凱時期任湖南巡按使，袁死後被驅逐出湖南。抗戰時任北平
　　偽維持會會長，後轉赴重慶。1946 年任民主社會黨組織部長。晚年從事佛學研究，病逝
　　於北京。

或被搶。——後來毛澤東同志笑説，他搞軍事，恐怕這才真是第一次哩。[1]

　　民國初年，全國就是一個混亂的局面。二次革命，「護國之役」，雲、貴、兩廣二次獨立，「護法運動」……，北洋軍閥，直系、皖系更迭，上台下台，湖南的局面也隨著混亂起來。都督、督軍、省長，你搶我奪，時常換人，傅良佐走了之後，一個短時期內是譚浩明統治著長沙——湖南。他是陸榮廷的部下，在岳陽一仗敗了下來，他在長沙還出了一張告示説：「岳陽小挫，兵家之常。本帥坐鎮，自有主張。軍民人等，毋得驚惶」。但是當天晚上，火車不斷地往南開，那位「本帥」譚浩明已經走了。於是段祺瑞派的張敬堯來到長沙，作湖南的督軍兼省長。張敬堯這個軍閥對湖南一切進步思想和事業極力壓迫，毛澤東同志的社會政治活動就碰到了這個對頭。由是而有後來的大的「驅張運動」（小的「驅張運動」是反對第一師範腐敗的校長張干[2]，兩個運動的領導者都是毛澤東同志），直至在湖南省，在全中國掀起廣泛的反軍閥運動。

湖南革命運動的核心組織——新民學會

　　一九一七年的夏天，在長沙城的各個學校裡發現一張不大的信紙，上面寫著很美的，不多的幾行文字，第一句是「嚶鳴求友」，下面是徵求有志上進，願為救國救民出力者為同道……——就叫作告青年書吧。書後面簽字的不是姓，也不是名，而是「二十八畫生啟事」（毛澤東三個字共有二十八畫）。

　　這個啟事在長沙的報紙上也登載了出來。

---

[1]　按《毛澤東年譜》，此事在 1917 年 11 月 15 日。

[2]　張干（1884—1967），毛澤東就讀湖南第一師範時任校長。1915 年校方因向學生徵收學費，引起學生反對。毛澤東領導了驅除張干的學潮。後張干被迫辭職。建國後毛澤東曾對張的生活給予照顧。

幾十個熱情的青年，大部分是第一師範的同學，也有幾個其他學校的，響應了這個號召。毛澤東同志的這一「運動」的結果，組織成立了一個新民學會（取「大學之道在新民⋯⋯日日新又日新」及反舊制度、主革新、為人民之意）。

暑假過了，同學們都從家裡回到了學校。是秋高氣爽的時候，楓葉開始脫落的日子，在湘江的對岸，嶽麓山底下，在蔡和森同志的家裡——他家租住的「為癡寄廬」內，集合了二三十人。蔡伯母母女們幫助著作了一頓好飯給大家吃了。在吃飯的前後，人們在屋子裡，在河灘上討論著學會的名稱、宗旨、章程⋯⋯毛澤東同志的主意最多、最好。就在這一天，學會成立了。澤東同志本是發起人，組織者，但他謙虛地謝絕正書記之職，只同意作副書記。[1] 學會的簡章是：「以砥礪品行，研究學術為宗旨」。會規有「不賭博，不狎妓，不懶惰」等條文。這裡重要的是，長沙城裡先進的青年們第一次團結在一個組織裡了。

新民學會，對於後來湖南以及整個中國的命運，有極大的影響，它有過七八十個會員，內中絕大多數後來都成了中國共產主義運動中顯著的活動者，在中國革命史上寫下了不少光輝的頁子，特別是大革命失敗後及內戰期間被反革命殺害的（以大概先後為序）：

向警予同志——湖南漵浦人，中國共產黨內最初的最有能幹的婦女界的領袖，能說、能寫、能作，大革命失敗時在武漢慷慨就義；[2]

郭亮同志——湘潭人，湖南工人領袖，身材矮小，但非常精明能幹，

---

[1]　按《毛澤東年譜》，1918 年 4 月 14 日新民學會成立，推舉蕭子昇為總幹事，毛澤東、陳書農為幹事。不久，蕭子昇去法國，會務由毛澤東負責。

[2]　向警予（1895—1928），女，湖南漵浦人。新民學會會員。1919 年底赴法勤工儉學，1922 年回國，同年加入中國共產黨。出席中共第二、三、四次代表大會，任中央婦女部部長、婦女運動委員會書記等職。1928 年春被捕。在獄中，與敵人進行了頑強鬥爭。同年 5 月 1 日英勇就義。

大革命後在長沙英勇地犧牲了；[1]

　　陳昌同志（見前）；

　　張昆弟同志（見前）；

　　羅學瓚同志——湘潭人，在長沙作工人運動，特別作人力車夫運動，大革命後犧牲了；[2]

　　蔡和森同志（見前）；

　　夏曦同志——益陽人，十年內戰時在紅軍中犧牲了；[3]

　　何叔衡同志——新民學會內和中國共產黨內年齡最老的同志，中央紅軍離開江西開始長征後，被反革命逮捕，他拒捕致被打死；以及還有許多為人民解放事業而犧牲了的會員——他們的崇高的氣節，他們的凜然的正氣，他們的英勇偉大的革命事跡，永垂不朽，永遠活在人民的心裡！

　　假如第一師範學校在大革命時代，在學生運動、青年運動中起過很大的作用，那麼新民學會就是一個核心的組織。它的會員在新文化運動中，知識界運動中都是有力的支柱。到後來他們又切實地作工人運動與農民運動，成為社會政治運動的組織者與中堅力量了。因此，說新民學會是湖南——不僅湖南——共產黨的前身，起過黨小組的作用，都不為過。——而這些大都是毛澤東同志的影響，他的進步正確的思想，大無畏的作風，形成了一種革命的傳統所致。

---

[1]　郭亮（1901—1928），湖南長沙人，1921 年加入中國共產黨，從事工人運動。1926 年任湖南省總工會委員長，後任湖南、湖北省委書記。1928 年 3 月被捕後被國民黨當局殺害。

[2]　羅學瓚（1893—1930），號榮熙，湖南湘潭馬家河（今屬株洲縣）人。在湖南省立第一師範學校時與毛澤東同學，新民學會會員。1919 年赴法國勤工儉學。1921 年回國後加入中國共產黨，曾任中共湘區委員會委員、湖南省委委員、浙江省委書記等職。1930 年犧牲於杭州。

[3]　夏曦（1901—1936），湖南益陽人，1921 年加入中國共產黨，歷任湖南省委書記、中共湘鄂西分局書記，紅軍第 3 軍政治委員、紅 6 軍團政治部主任等職。在湘西曾犯「肅反」擴大化錯誤。長征途中在貴州畢節渡河時溺水犧牲。

四　站在新文化運動的前哨

新文化運動開展在湖南

　　中國這個古國，幾千年來長期地被封建主義統治著。歷史上中國人民無數次的反抗運動，中國農民的革命運動，都被野心家利用了去。朝代更迭頻繁，但封建性質一點不變。後一朝廷對前一朝廷的政權只是「取而代之」，人民仍然處在封建制度沉重的壓控底下。自從世界資本帝國主義用通商、傳教等方法和洋槍大炮衝破了「萬里長城」之後，中華民族與中國人民更遭受了無窮的侵略、壓迫、剝削。滿清腐敗政府對內專制獨裁，對外喪權辱國，激起人民的反對，鬱積久了，爆發而為辛亥革命。這是中國第一次資產階級性質的民主主義的革命。這個革命的政治綱領是孫中山的民主主義——民族、民權、民生的三民主義，和西方的「屬於民，由於民，為著民」，或中國話的民治、民有、民享，其實都可以用「民主主義」一個名詞概括。這個民主主義代替了封建主義，半封建主義的「變法」、「維新」、「君主立憲」等等改良主義。

　　康有為、梁啟超的文集，譚嗣同的仁學等等，毛澤東同志都曾研讀過，並曾對它們發生過很大的興趣。那時他的思想，他的「頭腦是自由主義，民主改良主義和空想社會主義的有趣的混合物」。但是，自從辛亥革命以來，直到現在，他已經是革命的民主主義者了。這個民主主義，到五四運動時期，即「自從一九一四年爆發第一次帝國主義世界大戰與一九一七年俄國十月革命在地球六分之一的土地上建立了社會主義國家以來，起了一個變化」（新民主主義論）。它在這時更加進了一步，增加了新的內容，因為在這時期，「中國反帝反封建的資產階級民主革命已經發展到了一個新階段」（毛澤東同志：五四運動，一九三九年為延安解放週刊紀念五四特輯寫），毛澤東同志後來非常恰當地、科學地稱之為「新民主主義」。

在上述那篇文章裡毛澤東同志寫道：

「二十四年前的五四運動，表現中國反帝反封建的資產階級民主革命已經發展到了一個新階段。五四運動之成為文化革命運動，不過是中國反帝反封建的資產階級民主革命之一種表現形式。由於那個時期新的社會力量的生長與發展，使中國反帝反封建的資產階級民主革命獲得了一支生力軍，這就是中國的工人階級、學生群眾與新興民族資產階級，而在五四時候，英勇出現於運動的先頭的則是數十萬的學生，這是五四運動比之辛亥革命進了一步的地方」。

他又説：「中國的民主革命運動，知識分子是首先覺悟的成份，辛亥革命與五四運動都明顯的表現了這一點。」[1]

對推動、促進學生群眾和一般知識分子的覺悟起過很大作用的，是《新青年》雜誌。這刊物到了湖南時，毛澤東同志首先注意它，愛讀它，宣傳介紹它。在同學們對那時的《東方雜誌》、《教育》雜誌，《庸言》（梁啟超編）等刊物不感特別的愛或憎，以及看了《新青年》之後也只互談某人的文章或文章的某段如何如何的時候，毛澤東同志就歸納它的內容並簡單扼要地告訴同學們説：「《新青年》的宗旨有兩個：一是反對古文，提倡白話；二是反對舊禮教」。過一會他又説「《新青年》一提倡科學，二提倡民主，這雜誌又是文化的，又是政治的」。

毛澤東同志在師範學校時的許多活動已經是民主主義的了，現在更鋭敏地立即捲入到這個新文化運動——新民主主義運動的波濤裡去，並站在浪頭——運動的前哨。他開始在湖南傳播、開展這個新思潮。他貪讀那些刊物，分析、歸納這一運動的本質，用通信等方法和全國新文化運動者聯絡。

---

[1] 《毛澤東選集》第 2 卷正式發表的《五四運動》（人民出版社 1991 年版，第 558—559 頁）文中，文字略有變化。

組織留法勤工儉學，但自己不出國

在第一師範畢業後，毛澤東同志決定到北平 (那時叫「北京」) 去，藉以和北方的新文化運動者取得聯絡。恰在那時有鼓吹留法勤工儉學的印刷物到了湖南。當時湖南 (以及中國各省) 一般願意上進的青年，在中等學校畢業之後就都以升學無力為愁。看到了勤工儉學的宣傳品，認為是解決繼續求學這問題的大好機會。窮措大 [1] 也能出洋，引起了許多人的興趣。毛澤東同志和蔡和森同志等在湖南發動、組織大批青年，先北上保定、北平預備法文，然後從上海坐法國郵船的所謂四等艙 (實即貨艙) 放洋去法國。這個運動，在某種意義上，促進了湖南與北方新文化運動的聯繫。

毛澤東同志幫助青年同學們實現這個留法工作的計劃，但自己不到歐洲去。他覺得，中國還有許多事物需要研究，需要作；把時間花在國內，比出洋留學等等更為有益。

從這裡我們看到毛澤東同志的思想方法在那時便是異乎常人的、傑出的。我們也看出，毛澤東同志悉心研究中國問題、中國人民解放問題的思想，是從青少年時代就建立起來了的。我們試看，中國近代多少顯著的人物，那一個沒有去東洋或西洋各國住過或長或短的年月。(多少人——天真一類的——以出洋為求學必由之路，更有多少——狡黠之輩視留洋為「鍍金」，以此為進身之階。) 惟獨毛澤東同志直到現在沒有出過國門一步！你說他很「土」嗎？是的，他是土生土長道地純粹的中國人。他是最富於民族本色、民族氣魄、民族作風的中國人。他「是我們偉大民族的優秀傳統的傑出的代表。他是天才的創造的馬克思主義者，他將人類這一最高思想——馬克思主義的普遍真理與中國革命的具體實踐相

---

[1]　措大，亦作「醋大」，古代對貧寒讀書人的蔑稱。

結合，而把我國民族思想提到從來未有的合理的高度，並為災難深重的中國民族與中國人民指出了達到徹底解放的唯一正確的完整的明確的道路——毛澤東道路」(劉少奇同志：《關於修改黨章的報告》)^[1]。

　　是的，毛澤東同志批判地接受了中華民族幾千年以來的文化傳統。他是中國優秀文化之集大成者。他繼承了發揚了中華民族的文化思想。馬克思主義、歷史唯物論和辯證唯物論大大地幫助了毛澤東同志整理了這個民族思想，使之更加強了、提高了、科學化了。假如沒有馬克思主義，這個整理、加強、提高和科學化中國民族文化的工作是不可能的。另一方面，假如沒有對中國歷史文化最深刻的了解，沒有對中國民族文化最好的修養，和假如沒有豐富的中國社會知識與豐富的鬥爭經驗，就絕不能很好地、創造性地接受馬克思主義，領會它，精通它，並使它系統地中國化，「使之適合新的歷史環境和中國的特殊條件」(同上)，使之在中國生根。

　　毛澤東同志的歷史知識、社會知識和鬥爭經驗，都是超人地豐富的，因此他能很好地掌握並運用馬克思主義，能將馬克思主義的普遍真理與中國革命的具體實踐相結合。因此他能為中華民族與中國人民的徹底解放指出一條唯一正確非常明確的大道，因此他成為了中國人民自古以來最偉大的真正的領袖、導師、救星。也因此，毛澤東思想，毛澤東同志的理論與實際又豐富了馬克思主義，加入了許多新的珍藏到馬克思主義的寶庫裡去。

　　今天無論在黨內黨外，在全中國，真正懂得中國最好最深刻的是毛澤東同志。但同時，他對世界各國的歷史、地理、政治、社會現狀都非常了解。許多外國人士去訪問他時，都驚歎於他對各個國家的知識之豐

---

[1]　《劉少奇選集》上卷(人民出版社 1981 年版，第 319 頁)《論黨》一文中，這段文字略有修訂。

富。他的「中學」與「西學」的修養都很高，很好——這都是他從青少年時代起直到現在，始終學而不厭，刻苦自修得來的呵。因此我們說，真正作到中國成語所說的「秀才不出門，能知天下事」的，正是毛澤東同志。是呵，毛澤東同志是提倡並作到了「中外古今化」的。

在北平

毛澤東同志陪同幾個預備去法國的湖南學生來到北平。這時候楊懷中先生在北京大學任教授，家住北京城的後門外。毛澤東同志和第一師範的幾個舊同學，還是和在長沙時一樣，經常到楊先生家裡去。楊先生也還是和從前一樣的關心、愛護自己的學生。

在這古老的京城裡，毛澤東同志過著窮苦的公寓生活。就是來北平的路費也是借的。到了這裡就得找工作，楊懷中教授介紹他去北京大學圖書館作助理員。登記來館看書報者的姓名也是他職內事，每月薪金八元。

北大圖書館的館長是李大釗（號守長）同志——北大的教授，著名的優秀進步的學者，俄國布爾塞維克十月革命，馬克思主義思想來到中國，最早的介紹者和中國共產黨創始人之一，黨在北方的英明的領導者，一九二七年在北平被張作霖絞殺了，死時年僅三十八九歲。在北京，毛澤東同志和楊懷中先生的女兒楊開慧戀愛了，後來——一九二〇年結了婚，她是一個非常沉靜幽嫻的女人，受了父母很好的教育，從父親那裡早就知道毛澤東同志的為人。他們認識已有多年了。在北京相戀，在長沙結婚。後來毛澤東同志到了井崗山，開慧女士卻留在湖南。反革命逮捕了她，千方百計逼迫她宣佈和澤東同志脫離夫婦關係。但她堅決地拒絕了，反革命就殺了她，明知她是湖南最有道德學問的教授的女兒，明知道她是沒有作甚麼共產主義的活動，僅僅因為她是毛澤東同志的妻室，

就殺了她，並且把她的頭掛在長沙城門口示眾三天！（這一事件曾震動全中國，當時上海等地的報紙用大標題登載開慧女士被殺的消息，附小標題：「毛澤東為名儒之婿」。）

在北京時毛澤東同志一面在北大圖書館工作，一面繼續自修——還是又學又問。由楊先生的介紹，澤東同志和湖南去的幾個舊同學曾幾次去訪問北京的學者、名流，向他們請教。在北京，他不斷地上進，雖則當時一些新文化運動的「健將」並不願意理會一個帶著很重的南方口音的圖書館裡面的小職員。

這時候毛澤東同志讀到了幾本宣傳無政府主義的小冊子，曾經有過很短的時間，也和當時中國許多青年一樣，受了它的影響；但很快就被科學的共產主義所代替了。在北京毛澤東同志加入了北大的哲學和新聞學的研究會社。就這樣他也曾「跨過大學的門」，而且曾預備去北大旁聽哩。

毛澤東同志在這時期對政治與學術思想的興趣更加增高了。

開始了大規模的革命活動

（五四運動——青年學生運動——主編《湘江評論》）

一批預備留法的學生去上海。毛澤東同志只有一張由北平到天津的火車票，幸而借了十元錢，又坐了火車到了浦口（中間他遊歷了孔子、顏子、孟子的故鄉和墳墓）。現在他只剩下兩個銅子了，一隻布鞋也被扒手偷走了。正在非常狼狽但並不著急之時，又幸而碰到了湖南的老朋友，借了錢，買了鞋子和去上海的車票。留法學生們募得了一筆款子，從中抽出很少的數目，資助毛澤東同志回到了湖南。

長沙城湘江的對岸嶽麓書院裡設了一個湖南大學籌備處，毛澤東同志就住在這裡。現在他又恢復每天吃一頓蠶豆的生活。同時更積極的作

政治上的活動──首先是學生運動。

　　第一次世界大戰。「中國資本主義經濟已有進一步的發展，而當時中國的革命知識階級眼見得俄、德、奧三個帝國主義國家已經瓦解，英法兩大帝國主義國家已經受傷，而俄國無產階級已經建立了社會主義國家，德、奧（匈牙利）、意三國無產階級在革命中，因而發生了中國民族解放的希望」（「新民主主義論」）。特別是震動世界的俄國偉大的社會主義十月革命，列寧、斯大林黨的布爾塞維克的民族政策，給予中國人民的影響異常巨大。

　　（自從蘇維埃俄羅斯政府宣言取消帝俄時代與中國訂立的一切不平等條約，放棄帝俄在中國所強取的一切特權，主張援助中國民族獨立解放運動，和後來漸漸有些社會主義思想的書被介紹到中國來，中國人民對蘇聯漸漸了解了，也不再跟著帝國主義者喊甚麼「過激黨」是洪水猛獸了。）

　　斯大林說的好：「十月革命在世界是一次空前的大革命，它喚起東方被壓迫民族勞動群眾的迷夢而引起他們與帝國主義鬥爭，在波斯、中國、印度。」

　　毛澤東同志說的對：「五四運動是在當時世界革命號召之下，是在俄國革命號召之下，是在列寧號召之下發生的。」（同上）

　　（一九一八年世界大戰結束，在巴黎和會上中國外交失敗的消息傳來，參戰的中國在和會上甚麼也沒有得到，取消日本所加諸中國的二十一條的請求，也說不在和會討論範圍之內，倒是大戰時日本趁火打劫，把德國在山東所有的各種特權奪去了，和平條約一五六條規定，都讓給日本！）中國人民憤激的了不得，因而有一九一九年五月四日北京五千學生和市民的群眾遊行示威運動。「外爭國權，內懲國賊」，「拒絕和約簽字」，「廢止二十一條」，「誓死爭回青島」，「抵制日貨」的口號，喊得震天價響，火燒趙家樓，痛毆章宗祥。段祺瑞政府派出軍警來彈壓，

捕去大批學生。第二天全北京的學生實行總罷課，表示反抗。五月六日「北京中等以上學校學生聯合會」也成立了，發通電，散傳單，組織講演團——那真是講者垂淚而道，聽者掩面而泣……。

這一運動震動了全中國各地。天津、上海、南京、武漢、兩廣、福建、山西、陝西、浙江、江西、湖南、東三省的學生都起來響應，全國青年紛紛奔赴這反對日本帝國主義的潮流，大家要求組織，要求行動。

毛澤東同志這時在湖南。五四運動一起，他步出嶽麓山，自己寫，自己發了一個字數不多，激昂奮發的傳單。傳單的第一句是「同胞們，起來！」於是湖南學生也行動起來了。「湖南全省學生聯合會」也成立了。

學生會出一個會刊——《湘江評論》，毛澤東同志擬定的名稱，他被推擔任編輯。這刊物的第一篇發刊詞，就是主筆毛澤東同志寫的，佔了一半多的篇幅，激昂慷慨，熱情奔放，使聽者大為感動。《湘江評論》這個宣傳反帝、反封建、反軍閥、倡民主、倡科學、倡新文化的有名的報紙，不止於推動了湖南全省的學生青年運動，推動了湖南的知識界學術家教育文化界進步，同時給了全華南各地以很大的影響。這是毛澤東同志作革命的新聞工作、政論工作，社會政治文化活動的開始，是他初期革命活動中最鮮明的一章。《湘江評論》這刊物後來被張敬堯封禁了。

全國各地的學生代表集中於上海。六月十六日成立了「全國學生聯合會」。

學生罷課轉到了商人罷市，工人罷工。五四運動於是進入了新的階段。它「發展到六三運動[1] 時，就不但是知識分子，而有廣大的無產階級

---

[1] 《毛澤東選集》原注：「一九一九年的五四愛國運動，至六月初轉入一個新的階段，以六月三日北京學生反抗軍警鎮壓，集會講演開始，由學生的罷課，發展到上海、南京、天津、杭州、武漢、九江及山東、安徽各地的工人罷工，商人罷市。五四運動至此遂成為有無產階級、城市小資產階級和民族資產階級參加的廣大群眾運動。」

小資產階級與資產階級參加，成立了全國範圍的革命運動了」（「新民主主義論」）。

　　上海銅錫業機器工人，印刷、紡織、火車、電車工人都罷工，尤以滬寧鐵路工人罷工影響最大。上海商人六月五日罷市，其他商埠也群起響應。

　　這麼一來，北京政府不得已於六月九日下令罷免曹汝霖、陸宗輿、章宗祥三個親日大員，並答應在巴黎和約上不簽字。果然，六月二十八日在巴黎的中國代表拒絕在和約上簽字。這個消息傳遍了全世界，給世界人士一個大的震動。

　　隨著這一反帝國主義反封建主義的運動，作為它的最初表現形式和起了推動作用的新文化運動即「當時以反對舊道德，提倡新道德，反對舊文學，提倡新文學，為文化革命的兩大旗幟」（「新民主主義論」）的運動，普及於全國的各個角落。許多新的報紙、雜誌、小冊子、叢書，如雨後春筍地出版了。李大釗的政治學術論文，魯迅的小說都在這時期出現了。科學的社會主義被介紹到中國來了。

　　本來「五四運動時期雖然還沒有中國共產黨，但是已經有了大批的贊成俄國革命的具有初步共產主義思想的知識分子。五四運動，在其開始，是共產主義的知識分子、革命的小資產階級知識分子與資產階級知識分子（他們是當時的右翼）三部分人的統一戰線革命運動」（「新民主主義論」）。到了後來，這個統一戰線，參加這次革命運動的知識分子，文化界或思想界就起了分化：一部分以毛澤東同志和李大釗、瞿秋白、惲代英諸同志為中堅代表。由急進的革命民主主義走向無產階級的社會主義，走向共產主義；一部分，以胡適為代表，走向點滴的經驗主義實驗主義，主張應多討論些問題，少談些主義，一直到主張甚麼「好人政府」……於是這些「當時的資產階級知識分子……他們中間的大部分就與敵人妥協，

站在反動方面了」（同上）。

　　這也就是毛澤東同志所說的：「五四運動的發展路上分成了兩個潮流，一部分人繼承了五四運動的科學與民主的精神，並在馬克思主義的基礎上面給了改造，這就是共產黨人及若干黨外馬克思主義者所做的工作。另一部分人則走到資產階級的道路上去，這就是右翼，是形式主義向右翼的發展」（「反黨八股」）[1]。

　　新民學會中間也起了分化，成為右翼和左翼兩部分：少數人消極了，大部分朝氣勃勃始終前進的分子，在毛澤東同志的影響與領導下，要求一個社會政治經濟文化制度的徹底的改革。

　　這樣，五四運動本身是失敗了，失敗的主要原因是當時這個運動沒有普及到工農群眾中去。「知識分子如果不與工農民眾相結合，即將一事無成，辛亥革命與五四運動的失敗，就是這個原因」（毛澤東：「五四運動」）。但另一方面它「建立了偉大的功勞」，「五四運動在思想上與幹部上準備了一九二一年中國共產黨的成立，又準備了五卅運動與北伐戰爭」（「新民主主義論」）。

　　三四百個湖南學生，內中也有年長、進步、不畏艱苦的教育界前輩，如徐特立同志[2]，——全國各省共計約三千人左右（內中又有教育家黃齊生先生）[3]，先後一批一批的從上海放洋去法國。一九二〇年夏，毛澤東同志第二次到上海，為了組織湖南人民的驅張（敬堯）運動和全國普遍的反軍

---

[1]　《毛澤東選集》第 3 卷（人民出版社 1991 年版，第 832 頁）《反對黨八股》一文中，文字略有修訂。

[2]　徐特立（1877—1968），湖南長沙人，1913 年後在湖南第一師範任教，是毛澤東的老師。1919 年赴法國勤工儉學，1927 年入黨，參加了南昌起義和長征。畢生關心教育事業，建國後任中共中央委員、中共中央宣傳部副部長。

[3]　黃齊生（1879—1946），貴州安順人，教育家，1921 年赴法國勤工儉學，回國後長期從事國民教育和鄉村建設工作。1946 年 4 月 8 日與葉挺、王若飛等去延安途中，因飛機失事遇難。

閥運動。這時有一批勤工儉學生啟程去法國，毛澤東同志到了碼頭上來送行。高高的太陽照耀著黃浦江的水浪一摺一摺的，使得即將遠離祖國的人們和送別的人們都不能抬起頭來，久一點互相直視。還要一些時候才得啟程。只見穿著淺藍布大褂的毛澤東同志向船上的人搖了搖手，不等船開，便折身上坡，投到叫囂擁擠、萬頭攢動的人海中去了。

在災難深重的中華民族與中國人民的密層中，毛澤東同志繼續並大大地開展他的多方面的革命活動——共產主義的革命運動，以實現他自少年代就日夜孜孜不忘的救國救民的抱負和志願。

毛澤東同志的初期革命活動

立國於大地，有了四五千年歷史的中國，到近百年來竟成為半殖民地。有心人士奔走呼號，倡維新，主變法，尚格物，求富強，結會黨⋯⋯爆發了辛亥革命。但是這仍是「換湯不換藥」，直到一九一七年俄國社會主義十月革命震動了全世界，馬克思—列寧主義的光輝才顯赫地照耀了東方古中國的前途。五四運動以來馬克思主義的著作漸漸有系統地輸入到中國來了。它示給在第一次世界大戰後愈益陷於苦悶的中國人民以新的出路、新的希望。古話說：「星星之火，可以燎原。」[1] 馬克思、列寧主義在中國也是如此。一八四三年就已形成了的馬克思主義，經過七十多年之久，來到中國。當時只是一線曙光。但這一線曙光，逐漸擴大了，展開了，光芒四射了。傑出的馬克思主義者毛澤東同志掌握它和發揮它之後，今天人們看得見：它好像一輪紅日高掛天空，中國大地遂成了光明世界。

一九二○年毛澤東同志第二次到了北京的時候，熱心地尋找及貪讀了許多關於蘇俄的書報。他讀了《共產黨宣言》、《階級鬥爭》、《社會主義史》幾種書。這些讀物給一貫好學，善於精讀，勇於追求和承認真理的毛澤東同志以很深的影響，建立了他對於馬克思主義的信仰。從這時起他毫不猶豫地大踏步走上了馬克思主義的大道。

---

[1] 《書經・盤庚上》曰：「若火之燎於原，不可向邇。」清人嚴有禧《漱華隨筆・賀相國》：「天下事皆起於微，成於慎。微之不慎，星火燎原，蟻穴潰堤。」毛澤東 1930 年 1 月 5 日給林彪的信，在收入《毛澤東選集》第 1 卷時，更名為《星星之火，可以燎原》。

卓絕的，不同於流俗的澤東同志，不似初期的中國的某些「馬克思主義者」之只在書本子裡鑽研，脫離實際，遂成為教條的馬克思主義者。他也不似機會主義者之歪曲革命的馬克思主義。不，澤東同志一開始就把馬克思主義當作行動的指南針，他立即將這一普遍的、科學的真理，用於中國的革命實際。到後來，他在領導中國革命中，而且把馬克思主義更具體發揚了。他善於用馬克思主義之「矢」，射中國革命之「的」。他將馬克思主義中國化：他創造了整個體系的，中國的馬克思主義——最適合於中國革命的思想、思想方法、戰略策略以及工作作風，最中國式的和最適應於中國革命的理論與實際。我想，要包括或概括這一全部的豐富的內容，只有一個術語——「毛澤東主義」。自然，關於這些道理需要深入的、專門的、系統的研究和說明，不是這篇文章所能勝任的。我們只希望在後面，在敘述澤東同志在大革命、內戰、抗戰諸時期的措施和言論時，能讓讀者看到和體會到「毛澤東主義」——中國的馬克思主義的精神和實質之一部分。

一九二〇年夏，澤東同志不僅在理論上，而且在某種行動上已經是決不動搖的馬克思主義者了。同年的秋冬他就在馬克思主義理論的領導下，和十月革命的影響下，進行著中國工人階級底政治的組織，首先領導著湖南人民，和工人的革命運動。可以說，從這時起，毛澤東同志在中國，在東方已經高高地舉起了馬克思主義的旗幟。

組織！組織！鬥爭！鬥爭！

曾經剝削，統治湖南的反動的北洋軍閥張敬堯被驅走了。剛從第一師範學校畢業出來，不久，遊歷了北平、天津、上海歸來的毛澤東同志實際上領導了人民的「驅張運動」。他代表「新民學會」(一個起初是一

群前進青年的團體，後來其中的左翼主張改革社會政治經濟的組織和當時湖北惲代英等同志的「利群學社」，同樣起過聯共黨初期「馬克思主義小組」的作用），和《湘江評論》（一個提倡新文化，提倡民主，反帝反軍閥反封建的報紙，主編者即澤東同志，報紙被張敬堯封禁了），再度赴北京，在那裡組織普遍的反軍閥運動，後來又到了上海。這時回到了長沙。在這裡他一面作小學教員（任湖南省立第一師範附屬小學主事），一面作社會的、政治的活動。

澤東同志活動的範圍一天天更寬廣，更多方面，更深入了。在這先後幾年之內，他發起，成立了許多革命性質的群眾的組織。在長沙他曾和一些同志組織了一個「文化書社」—— 一個研究新文化和民主政治的組織，他吸引了某些名流參加這種事業。「文化書社」在傳播新文化書報雜誌的工作上有過很大的成績。在「文化書社」裡售賣各種進步的，共產主義的刊物。在書社的樓上經常開共產主義者的會議。後來實際上它成了共產黨的一個機關。有趣味的是，它的招牌「文化書社」四個字，不是別人，而是當時退職了的湖南督軍兼省長譚延闓寫的。

作過七十二天湖南省長的劉人熙講學過的「船山學社」，也由毛澤東同志接辦，作為革命知識者集聚的地方。何叔衡同志作了社長。

澤東同志又組織了一個「自修大學」（也吸引了些名流，如贊成過二次獨立的省議員仇賢等參加、幫助）——後來又組織了「湘江中學」。

不久以後，又組織了一個「青年圖書館」……

在這些機關裡集合了差不多湖南全省先進的、革命的、傾向馬克思主義的知識分子，培養了不少的共產主義運動的幹部。這些機關成為了共產黨的合法的組織。

還是張敬堯統治湖南的時候，湖南人民對北洋軍閥政府就已非常不

滿。毛澤東同志、彭璜[1](湖南全省學生聯合會的)、龍堅公[2](長沙《大公報》的)三人聯名發表宣言，主張湖南獨立，實行省自治。宣言徵求湖南廣大各界人士簽名，澤東同志親自在長沙街道上散發這個宣旨。

素取八面玲瓏著名，綽號「水晶球」的譚延闓失勢後，由同盟會員楊庶堅等之介紹，接近了那時在西南頗為活動的孫中山。一九一九年夏張敬堯被趕走了。譚延闓得西南之助重新上台——第三次督湘。

澤東同志在上海時就計劃著如何改造湖南。現在回到長沙，開始著手組織。結果，一個「湖南改造大同盟」出現了。

不久，譚延闓被趙恆惕推倒了，趙作了湖南省長。在「湘人治湘」的口號下，他倡「湖南自治」，並提出中國「聯省自治」的主張。毛澤東同志從下層群眾發動，利用統治階級虛偽的，為自身個人利益打算的所謂「自治運動」，作有益於勞苦人民大眾的事業。統治者虛偽的面目立即被揭穿了。趙恆惕一攫取了政權，便極力壓制民主運動。人民要求男女平權和代議制政府，而當時省議會的議員多半是軍閥指派的地主豪紳們，澤東同志等率領市民群眾，搗毀這省議會，把那裡面掛的許多匾額等等都扯了下來。……這個直接行動給予湖南社會以非常大的震動。

十月革命第三周年紀念日，毛澤東同志所領導的「新民學會」等團體在長沙組織了一個遊行示威。武裝的警察向示威群眾攻擊。經過劇烈的鬥爭之後，示威的隊伍散了。但是這一次遊行在喚醒人民群眾起來的政治意義上有它的很大的作用，只有由群眾行動得來的群眾的力量，才能保障有大的改革的實現——澤東同志看出了，相信了這個真理。

「馬克思主義研究會」由毛澤東同志發起，組織成立了。他後來又擔

---

[1] 彭璜(1896—1921)，字蔭柏，湖南湘鄉人。新民學會會員。1919年6月任湖南學生聯合會會長，1920年8月，與毛澤東等在長沙創辦文化書社，並參加組織俄羅斯研究會。
[2] 即龍彝(1888—1951)，筆名兼公。湖南湘潭人，時任長沙《大公報》主筆。

任第一師範同學會（包括已畢業的）會長，同時在第一師範教某一班的國文。同學會會址在妙高峰上幾間房子裡。這裡又是 S.Y.——社會主義青年團的機關。澤東同志實際上領導發展這個組織，這個運動。

　　假如在第一師範時代澤東同志曾經取得了初步的社會活動的經驗，那末，現在更能看出，他是卓絕優越的，有無窮毅力、活力和創造性的天才的，人民大眾的政治家和組織家了。

找到了、具備著和工人接近的言語

　　馬克思主義者，從歷史唯物論及辯證唯物論懂得，只有工人階級是革命的基本階級、基本力量。馬克思主義，有與工人運動結合，才能成為物質的力量。毛澤東同志除組織、領導一般的，社會各階級的革命運動外，日夜孜孜不忘的是工人運動。

　　知識分子和工人群眾結合的過程在當初是頗不容易的。在開始的時候，語言、習慣、服裝、態度等等彼此相差很遠。兩方面都覺得格格不入。這時候革命的知識分子，馬克思主義者只有放下臭架子，懷著滿腔熱忱，並甘心當群眾的小學生，然後才能接近群眾，漸漸也當群眾的先生。

　　毛澤東同志下決心，腳踏實地，一步一步做去。農民出身的他，素來就具備有一項很大的，超乎常人的，幾乎不可及的本領——他能找到和工人群眾接近的大眾的語言。他的誠誠懇懇的心，老老實實的態度，簡單，透徹的語言，能夠使任何工人信服。最疑難的事物，最深奧的道理，使他們理解得明明白白。

　　（一直到現在，毛澤東同志仍然是第一個能用最淺顯的語言說明最深奧的理論與最高深的原則的人。他的報告，演說，講話是那樣明白，淺

顯，通俗、動人、富於幽默，詼諧百出，妙趣橫生，而又那樣意味深長，涵義嚴正，備中肯綮，矢無虛發。他的說話當是形象親切，有血有肉的。在同一禮堂裡，工人、農民、兵士、老太婆們聽了他的講話不以為深，大學教授、文人、學士聽了不以為淺。這種深入淺出的本領，在古今中外的巨人中間，我們只有將澤東同志比之於列寧和史太林，而澤東同志又獨具其道地的，純粹的中國的風格。）

澤東同志來到火車頭修理廠找一個姓陳的廣東工人，談他的工作、工資……這工人覺得客人很親切………

澤東同志走到一個成衣店，和裁縫們慢慢地談他們的生活、工錢……成衣工人們覺得客人很開心。……

澤東同志來到銅元局——湖南造幣廠，找工人談……

澤東同志坐在一架人力車上，和車夫談話，叫他慢慢地拉著走。走了一段路，澤東同志要車夫放下車，自己下車來，讓車夫坐到車上去，澤東同志自己拉車。車夫起初不肯這樣作，並且覺得客人有點怪。後來畢竟坐了車子，讓澤東同志拉了一程路。到了停車場：澤東同志和他以及別的車夫說……

湖南第一紡紗廠成立了，開工了。無政府黨人在紗廠裡頗有影響。毛澤東同志過河去，找到了紗廠工人，談了許多……

黑鉛鐵廠的工人，泥木工人，石印、鉛印工人，麵粉廠工人……都來找毛澤東同志，談他們的生活，說出他們的要求……

還是一九一九年，就有第一師範和明德等學校的學生，在長沙城各處辦了幾個工人夜校。一九二○年無政府主義者的「湖南勞工會」也組織起來了。

馬克思主義者的毛澤東同志卻深入工人群眾，耐心耐煩，切切實實為工人作事、設想，向他們宣傳。在每一工廠，每一行業裡面，澤東同

志發現積極分子、幹部。經過他們，經過行動、鬥爭，漸漸把所有的產業工人和手工業者都組織起來。

這樣，革命理論和革命實際密切結合起來，而由實際產生了更多更切實的原則或理論，這樣，毛澤東同志開始奠定黨的基礎。

可紀念的「七一」和「三十節」

長沙城裡除《大公報》、《新湘南報》等大報外，還有一種小型的《湖南通俗報》很受讀者歡迎。通俗教育館的館長兼通俗報的經理是何叔衡同志——寧鄉人，前清秀才，在楚怡小學教過書，為了教育或責備小學生，他常常自己哭。他有一口黑鬍子，一對銳利的眼光，一腔熱情，一顆赤誠的、力求進步的心，他是「新民學會」唯一年紀較大的會員。但是非常有精神，非常肯出力而能夠刻苦的人。澤東同志曾笑說：「何鬍子是一條牛！」又說：「何鬍子是一堆感情。」五四運動、馬克思主義，和毛澤東同志交遊、吸引、推動了「何鬍子」（同志們都這樣叫他）。《通俗報》上的文章提出了人民自己的主張，批評了湖南統治者。

何叔衡同志任職後，《通俗報》館第一次開會，毛澤東同志被邀請參加了。他對報紙上的改進，發表了很多意見。開會完了之後，澤東同志到那時剛從寧鄉教小學出來，在作報紙總編輯的謝覺哉同志的房子裡坐坐、談談，態度是非常恭敬、謙虛的。

澤東同志第二次「遊學」（不帶一文錢，靠送字糊口、旅行、考察）湖南各縣——湘陰、岳州等處的時候，給《通俗報》寫過通訊。

何叔衡同志辦了十個月的《通俗報》，幾個月後報紙的銷路大盛。一九二一年夏天趙恆惕下令撤何叔衡同志的職。

一個晚上，毛澤東同志到《通俗報》館，很快地就邀何鬍子一同離開

了長沙。他們兩人帶著很簡單的行李由長沙經漢口，擠在長江輪船三等艙裡，來到了上海。

一九二一年七月一日中國共產黨在上海開第一次的成立大會（在一間小小的房子裡，最後移到浙江嘉興東湖開會，一天而結束）。在到會全體只十二個人（代表五十個黨員）中間，湖南來的兩個代表起初不怎樣引起大家的注意。但是後來大大地顯得與眾不同。毛澤東同志的明了的說話總是很具體，扼要的。他所代表的組織已經有了實際的工作成績。我們現在將其他十個到會的姓名開列一下。也是很有趣味的史實。那就是：今天我們的董老——董必武同志，陳潭秋同志，玉寒燼同志[1]（山東人，犧牲了），有張國燾（！）有周佛海（！）陳公博（！），有李達，李漢俊，有包惠僧，有俞秀松[2]。（那時陳獨秀在廣州，沒有到會。）

在一次大會上展開了反對李漢俊的合法主義（即只作馬克思主義的理論宣傳，不發展黨的組織，不作工人運動……）和反對另一種極「左」派的主張（即以無產階級專政為直接鬥爭目標，不參加資產階級的民主運動，不作任何合法的運動，一般地拒絕知識分子入黨……）的鬥爭。在反對書生空談的，小資產者的「左」右派機會主義的鬥爭中，毛澤東同志起了很大的作用。因為這是在中國共產黨醞釀成立的時候，澤東同志已經奠下了湖南黨的基礎，他已經開始在湖南也作馬克思理論宣傳，也作工人運動，同時也已經參加資產階級性的民主運動，也在和秘密工作配合的當中極力爭取一切合法運動的可能。澤東同志一開始就用事實和鬥爭成績粉碎「左」右派的機會主義。湖南黨也因此特別有基礎，特別實在，鞏固。在這裡我們看見，一個人的作風對整個事業的影響是如此之大的！

---

[1]　應為王燼美，山東代表。

[2]　有誤，代表中沒有俞秀松。正式代表中有鄧恩銘和劉仁靜，包惠僧不是正式代表。

中共第一次代表大會後，毛澤東同志偕同何叔衡同志到了湖南。

一個秋涼的日子，在長沙城外協操坪旁邊的公共墳墓場裡，有幾個人在散步。他們一時沉默地站在墳墓堆子和墓碑的中間，一時在墳墓中間的小路上走動，彼此熱烈地談論。在高高身材背略有點躬的毛澤東同志的旁邊，走著寬眉膀，矮矮身材，一口黑鬍子的何叔衡同志。此外還有三個人，內中有異常熱誠樸實的湘鄉人彭平之同志，這五個人這一天在這裡討論組織湖南共產黨的問題。

就在「三十節」（一九二一年即中華民國十年十月十日）那一天湖南省的共產黨支部正式成立了。澤東同志被選為書記，漸漸地長沙城裡，首先是一些學校（第一師範、嶽麓中學、第一中學、甲種工業……）都有了支部。後來湖南各縣（如衡陽師範等）也有了黨的組織。中國共產黨湖南地委（省委）成立了，澤東同志任省委書記。

鬥爭是不簡單，不容易的

在開始的時候，中國共產黨的工作對象，主要的是學生和工人。而工人中間黨組織的發展需要經過工會組織的工作。假如在黨成立之前湖南工人運動已經有了初步的基礎，那麼現在，黨成立以後，毛澤東同志用全力組織各行各業工人的工會。

這時候湖南的工人和他們的生活，組織狀況是這樣的：

手工業者（成衣，泥工、木工、理髮等業工人）很多，他們進行會的組織。

產業工人（外國帝國主義者辦的玻璃廠、豬毛廠、冰廠、鐵礦……本國官辦的，也有外資成份的華實紗廠，黑鉛鐵廠……）完全沒有甚麼組織。

這兩項工人共同的痛苦是工作時間長（產業工人每天也要做十三四小時的工作），而工錢發銅幣。但是市上的貨物以銀幣計算。再則軍閥混戰，連年不斷，這個軍閥掌權時印發一些票子（叫「官票」），那個軍閥一來又不認賬。銅幣和官票也相差很遠。比方那時一塊銀洋換銅幣一千五百二十文，但換官票是三千幾百文。發的工錢是那些票幣，而且那時幾乎每一家大點的商店都發市票。「湖南官錢局」發行的票子上面印著鳥兒，多半用作發工錢，工人們叫做「鳥票」。這樣一來更加弄得民不聊生，勞苦大眾非常痛苦。

手工業的行會（成衣工人的軒轅殿，泥木工人的魯班廟等等）有一個總會，叫「湖南工業總會」，無論各行會或總會都是帶封建色彩的幫會。拜菩薩，收會費，訂行規，主要是拒絕鄉村工人到城市來謀生活。此外不替工人作甚麼事。行會和總會的領導者為總管值年。工人要加工錢，他們就能官方吃酒席，進賄，卑躬作揖——而請客進賄的費用，又是從工人方面捐來的。

「湖南總工會」是一個官辦的，老闆們的工會。會址設在東長街，會所的牆壁是黃色的，頭門前攔著欄桿，這個「工會」經常破壞真正的工人運動。「湖南勞工會」——無政府主義者黃愛、龐人銓為首領，他們也召開過民眾大會，但到會的學生多，工人很少。他們也成立了泥木工人組、造幣廠工人組、紗廠工人組、縫紉、理髮、黑鉛煉廠等工人組，會員不上百人。一九二〇年的秋天華實紗廠工人要求獎金。趙恆惕派兵鎮壓，打傷了一部分工人。於是激起罷工。工人提出撫恤受傷工人，改良待遇，撤除門衛等要求。結果，十二月份發雙薪，工人經廠方允許者可以自由出入工廠。這時勞工會會員曾驟然增加到了近二千人。

馬克思主義者毛澤東同志知道封建性的行會，小資產瘋狂性的無政府主義者的勞工會都不是工人階級求得徹底解放的組織。要使工人運動

走上正軌，使工人階級的解放事業有勝利的保障，澤東同志需要和行會及勞工會派又講團結，又作鬥爭，需要向工人們解釋，說服，要爭取那些組織裡面的群眾。有時要用行會等殼子，轉變它的內容，這些都不是簡單容易的事！但是毛澤東同志踏踏實實，任勞任怨，奔走宣傳，百折不挫，雖然勞工會派的人們作出分裂工人運動的事，雖然他們經常罵馬克思主義者是「長尾巴的──還是要政府，既有政府就和軍閥差不多」……再則說「共產黨爭著工人運動，為的是到蘇聯去騙盧布」……雖然他們百般胡說污衊馬克思主義者，但毛澤東同志還是和他們講統一戰線，團結他們以反抗統治階級。一九二二年一月十七日夜裡趙恆惕逮捕了黃愛、龐人銓，第二天天明就把他殺了。勞工會被查封了。《勞工週刊》停版了。無政府黨人諶小岑、李實等都跑到上海去了。在那裡繼續出了一期《勞工週刊》，痛罵趙恆惕一番，此外再沒有甚麼動靜了。毛澤東同志和他領導的馬克思主義者們卻在湖南堅持工人運動極力聲援勞工會派的人，對黃龐被殺表示激烈的反抗。但無政府主義者要幹的一些急躁的行動卻經委婉磋商而阻止了。澤東同志被派去上海組織反對趙恆惕的運動。共產黨第二次大會在上海開會後，澤東同志回湖南，更加積極的推動工會運動。這時工會雖停止了活動，但原有的組織是仍然存在的。黃龐死後，其他少數無政府主義者也不再作工人運動了，只在工人中間罵罵趙恆惕，也罵罵馬克思主義者、共產黨。但是一部分過去頗為糊塗的工人都漸漸知道了共產黨，懂得了，只有共產黨是真正代表工人階級利益的黨。

　　泥木工人任樹德，湘陰人，身材結實，性情沉著，同業的都很相信他。他起初也是勞工會會員，但背著無政府主義者的時候，他向工人們解釋說：工人要打倒軍閥，鎮壓資本家，非有政權不可；也還要組織工會才行……他常拿蘇俄的工人作例子。同時他說，他知道毛澤東，他經

常到「船山學社」去……入了勞工會的工人們袁福清，朱有富等都懷疑他是共產黨。但是任樹德無論如何不承認。於是袁福清等很奇怪，共產黨既然不好，任樹德是個好老實人，為甚麼他贊成馬克思那一套呢？並且他說的也很有道理，原來曾經信仰過安那其主義[1]的工人們動搖起來了。

二二年五月一日，長沙城裡萬千個工人到南門外第一師範學校門前馬路上和門內院子裡集合。在這裡開了一個大會，提出口號，要求恢復工人組織，實行三八制（八小時工作、八小時教育、八小時休息）。增加工錢，用銀幣計算工錢（這時工廠工人以銀幣計工資，但手工業者的工錢仍以銅幣計算），替死者復仇，工商學聯合起來。……

這時候，湖南的工人運動漸漸趨於一致了，有了統一的領導了。許多工會都成立了，工會裡面也都有了黨的組織——這些都是毛澤東同志踏實艱苦工作的果實。

湖南工人運動中的幾個片斷

一九二二年夏天，長沙的泥木工人提出要求增加工資——由三百二十文加到三角四分一工。魯班廟行會老總管值年舉出郭壽松、甘子憲二人為代表，向長沙縣（縣知事周仁鑒）去交涉。郭、甘等叫泥木工每人捐出五毛錢來，請縣府的人們吃酒席。交涉了許久，結果到七月底縣府出一個佈告，將三百三十文折成二角二分。按當時牌價只加了幾分錢，其實只是由銅幣拆成銀幣而已。工人大為憤激。

泥木工人任樹德和袁福清、朱有富等都住在北門外。早起去上工時任樹德叫袁等一聲，晚上下工回來也和袁、朱等閒談。任樹德說，要組

---

[1]　即無政府主義。

織泥木工會——袁等也覺得對。

　　一天朱有富對袁福清說：「任樹德是馬克思主義。」

　　袁：「果真的嗎？那我們就不和他一起幹」……

　　朱：「馬克思主義也不壞……你想，照安那其主義的辦法，沒有政府，沒有組織，大家都要各取所需，如何辦得好？」……

　　袁聽了沒有作聲，心裡想，馬克思主義也有道理的。

　　現在泥木工人提出要加工錢，可是沒有人領導鬥爭，魯班廟甘子憲、郭壽松的辦法又行不通。這只氣得年輕的袁福清、朱有富等人坐也不是，站也不是。

　　醞釀了不久之後，泥木工人舉行罷工。甘子憲不敢出來。郭壽松繼續到政府交涉。工人們自己組織糾察隊，維持罷工秩序，靜候郭的交涉。快到舊曆八月十五——結賬的時期了，郭壽松回信要工人再捐五毛錢另向政府交涉。……

　　袁福清、朱有富等人商量，還是去找馬克思主義者來幫忙吧。袁說：「假如他們害我們一下，如何辦？」朱說：「不會的。」袁福清於是一直去找任樹德，談起這事。任樹德表示很積極，大罵軍閥，末了說：「非集合幾千個人去請願不可！」袁福清第一次聽到「請願」這個字，覺得新鮮。任樹德又說：「我們工人要找人幫忙，……去找毛澤東，你說如何？」袁：「恐怕他們不來吧？」任：「他們就是作工人運動的，一定肯來的。」袁：「一定來，你去打聽打聽。」第二天晚上任樹德來說：「毛澤東他們答應一定幫忙到底！」袁福清、朱有富聽了大喜。於是又和泥木工人積極分子舒林、唐仲通等商量，決定請願。

　　第二天長沙城裡全體泥木工人罷工。一些為首的工人來到「船山學社」，因為早有人通知了：「毛澤東先生派人來『船山學社』和大家接頭。」

一到果然有易禮容 [1] 在，於是決定請願，一面派人去長沙縣府去偵察動靜。

有二三百個泥木工人來到魯班廟集合。這時郭壽松還在要工人再捐錢出來，以便去省府交涉加工錢的事……工人們一聲喊「打！」郭壽松跑了。幾個積極的分子便上台講話，主張罷工、請願。全體工人舉起拳頭來，表示贊成。馬上油印通知工友，新廟由任樹德、郭壽松負責，老廟由袁福清、朱有富負責，向全體泥木工人進行動員工作。

工人們中間議論紛紛。有的說「已經出了五角，又要出錢？老子就不出！」有的說：「罷工多少天了，還無著落，罷到那天為止呀？」接近郭壽松的一個工人說：「如果罷工，那麼向政府交涉，就難得有效……」又有人說：「交涉個啥，還是全體去請願要求的好。」一個接近無政府黨的工人說：「到軍閥面前去請願，犯不著！」大多數的工人卻說：「管他請願不請願，到長沙縣打那個狗一頓，出一口氣也是好的……。」

結果大家同意請願，並且舉出十六個代表，內中有任樹德、袁福清等，袁福清等覺得自己當了代表，但不會說話，怎麼辦呢？於是又來找任樹德要他去找毛澤東同志，「船山學社」，馬克思主義者，共產黨人的幫忙，任樹德滿口應承，立即邀代表們去「船山學社」開會。不知怎麼的，兩個無政府黨人也跟著來了，會沒有開成。乃改到清水塘毛澤東住處開會。這是長沙城小吳門外，校場坪後面，一片菜園，有些稀稀落落的平房，有一個池塘，水很清，因此這地名叫「清水塘」。共產黨湖南省委就在這裡的幾間屋子裡。毛澤東同志家也住在這裡。省委開會及和城內外支部來人接頭，多半在晚上。當晚泥木工人代表見了毛澤東同志，他親切關心，仔細和大家商量好，決定第二天召集工人大會。代表們辭了毛

---

[1] 易禮容（1898—1996），湖南湘潭人，新民學會會員。曾與毛澤東等一起創辦長沙文化書社，並任經理。曾任湖南省農民協會委員長、中共湖南省委代理書記等職。後脫黨。新中國成立後，曾任全國政協委員、常委。

澤東同志出來，一個個更加有了鬥爭的決心和勝利的信心。

第二天四千來個泥木工人集會在教育會坪。共產黨派易禮容來主持大會，略略討論後，將請願的問題付表決。幾千個拳頭舉起來了，有的把袖口勒得很高。同時通過十六個代表的名單。

第三天上午九點，幾千個泥木工人的隊伍由教育會坪出發，隊伍前頭一塊橫的旗子寫著：「泥木工人請願大會」。又一個直的旗子，兩丈長的白布，用竹杆舉起，上面寫著：「硬要三角四分，不達目的，不出衙門」。隊伍的前後有工人自己組織的糾察隊，一百來人，維持秩序。

隊伍到了長沙縣，為首幾個代表進去見縣知事，縣知事不得不接見，彼此辯論了一番。縣知事辯不過工人代表們，因為他們說：「我們工人每天得這點子工錢，真是不能活命。你縣知事是父母官，一定要請你作主，幫忙」……縣知事沒有多話可說了。這時他旁邊一個軍人模樣，腰掛東洋刀的說：「縣長請進去休息休息，不要理會這些人，他們胡鬧，押起來！」代表們齊聲說：「好！你打算把我們押到那裡？我們自己進去。」同時嘴裡罵：「軍閥！」「走狗！」……這時立在外面的工人大隊不斷地喊口號。代表們和縣知事等在衙門的第三進房屋裡談判，都聽得見外面的喊聲。縣知事和那軍官聽了，心裡也有點害怕。但談判無結果，代表們出來，對群眾宣佈，說：「不答應。」群眾憤怒，都要衝進衙門裡去，不答應就不出衙門。隊伍向衙門內衝。衛隊用刺刀抵擋，被工人給了一頓打，衛隊退了。於是衙裡有人將「大令」一舉，口說：「你們造反麼？為甚麼這樣野蠻？如果要蠻幹，看這是甚麼？（意思是，如果動蠻就要開槍，衙裡大約有一連軍隊。）代表們叫工人們立即蹲下說：「我們只是為了要一碗飯吃，赤手空拳，不是甚麼造反。你們有衛兵，舉『大令』，要殺人，看是誰動野蠻？」「你們用刺刀對付我們，為甚麼憲法的政府這樣野蠻？」……

　　兩下爭執不止，結果說是靜待解決。縣府派一連兵把請願的包圍住，只准出，不准進，也不准吃飯或喝開水。工人糾察隊又在外圍把兵隊包圍住，只准進不准出，就不吃飯，不喝開水，形勢是非常緊張的，這樣相持到晚上。代表們仍在工人群眾中做宣傳鼓動的工作。工人們表示一致隨從代表們的意見，決不中途妥協或自由行動。

　　黃昏時候毛澤東同志自己來了。他穿一件學生服。悄悄地和工人代表談了些話，打聽了一下情況，主張堅持下去，喊工人群眾喊口號。他帶了一個口哨。他吹一聲，工人們喊一句。連吹——連喊。群眾的情緒更加高漲了，衙門裡的人注意到了，要去抓他。但他從坪裡的幾棵大樹底下穿過去，回到工人叢中來了。想抓他的再也找不到他了。

　　是這樣一直堅持到三更過後，快到四更天了。衙門裡派人來說，省政府吳政務廳長打了電話來，要工人們暫時回去，明天派代表到省府去談判。工人們也很疲倦了，早起後一天沒有吃東西了，只晚上有縫紉工會等人打著工會的燈籠送了開水來，請願的工人們非常感動。代表們商量了一番，叫群眾暫時回家去休息。

　　第二天上午九時，工人代表們去省長公署。毛澤東同志也去了，他扮作工人，到了政務廳門口，問了一下衛兵，衛兵們很兇的，只吼了一聲：「上樓去」，當時袁福清等心裡想：昨天沒有出事，今天大概要逮捕的……到了樓上，只見一張番菜長桌，上面還有點心、茶……那姓周的長沙縣知事坐在一頭，也不作聲，恭恭敬敬的兩手放在膝蓋上，一會，政務廳長吳景鴻進來。縣知事站起。廳長坐下縣知事也坐下。

　　談判開始了，毛澤東同志代表工人們說話，講得頭頭是道，句句有理。政務廳長便問道：「先生貴姓？是不是工人？貴幹。」

　　澤東同志隨便答應了姓甚麼，然後說：「先生要問我的資格，我就是工人代表，如果要審查履歷，最好改日再談，今天我以泥木工人代表的

資格，要求政府解決工資問題。」（代字讀成上聲 Daal 以致大家都學他的口音。）當時和他一道去談判的工人代表們對澤東同志這種態度，又敬愛，又佩服。談判的結果，工人們得到了「營業自由」，就是說，工人要加工錢，政府不得干涉，這次的要求——三角四分一工也達到了。

從八月初到八月底九月初，泥木工人的罷工得到勝利。第三次召集長沙城原有的基礎工會舉行了罷工勝利的慶祝大會，到萬多人。遊行的隊伍經過長沙縣府時，點燃二掛很長的鞭爆，一個人拿著跑到衙門裡大堂上，高呼「打倒周仁鑒」而出。

從這次鬥爭以後，長沙的工人運動更加活躍了。泥木工人的工會小組部稱工會共有會員一萬多人，差不多所有相信過安那其主義的工人們都轉變過來了。工人們看見，無政府主義者起初阻止請願，中間加入，但不幫助，但馬克思主義者自始至終都積極領導，支持，派了人來，毛澤東同志自己也出馬……工人們於是相信共產黨，反而罵起無政府黨人來了。這時候各個工會已經是半公開的存在了。

第四天，就成立了「粵漢鐵路總工會」。

「湖南全省工團聯合會」——不久就組織成立了。冬天在這裡辦了工餘學校，訓練了一批工會幹部。

全省工團聯合會——這是馬克思主義者——共產黨領導下的湖南工運的總工會。但他還是一個非法的機構，雖然他已經不只是半公開的組織了。所謂「非法的」，就因為趙恆惕不肯給他立案。工人運動蓬蓬勃勃地一天比一天徹底！趙恆惕更加害怕起來。他用各種方法壓迫、破壞工運，其中的一個法門就是把無政府主義的帽子加到工人運動的頭上。他散佈謠言說：工人倡無政府主義，就是說，要推翻我湖南省政府。那麼，政府如何能給他們立案，承認他們的工會呢？

為了爭取合法的地位，毛澤東同志領著一群工人代表直接去找趙恆

惕，趙恆惕不得已，和幾個幕僚一塊出來，接見了工人代表們。說了一番話，不能令人滿意。毛澤東同志乃說：「你先生說的話都不對，都沒有道理。我們不和你談了。我們要找省長談。」……趙恆惕當面受了斥責，臉紅了，不好作聲。他旁邊的人指著他：「這就是省長！」毛澤東同志故意驚訝了一番，然後對趙恆惕說明，湖南現在的工人運動不是無政府主義，而是信仰社會主義的。於是他向那位省長闡述了許多關於社會主義的學說，宗旨……末了說「我們不是無政府主義者，我們是主張要政府的。但是要為大多數人謀利益的政府。」……

毛澤東同志熱烈地擁護工人利益，利用省長自治憲法等等，說自己的話，作自己的事，提出工人自己的要求，說得理由十分充足。趙恆惕一聽，知道在他面前的是一個出色的人。嘔氣的省長便裝出愛護青年學生的樣子，並且轉而譏誚地對毛澤東同志說：

「很明顯的，你不是工人而是學生，為甚麼你干預他們的事，用工人代表的資格在我這裡說話呢？」

澤東同志從容地答說：

「省長，請你問一問同來的這些工人」──（他指著站在他旁邊的，聽了非常出神。心中無量佩服、敬愛的一群工人代表）──「請問一聲，我是不是工人的代表。假如他們說不是，我出去就是了。」

省長再沒有了甚麼辦法。

但是尖銳的鬥爭還是繼續著。

趙恆惕收買行會中的總管值年和新工會對立，阻止新工會的活動，如魯班廟破壞泥木工會，軒轅殿破壞縫紉工會。工人們不敢一個人在街上走，出必成群，並帶「武器」──斧子、小鋸子以至裝了尿的瓦罐來自衛。因為打官司是打不贏的，對方在官府衙門裡有路數，只有靠「武裝鬥爭」。工會的敵人，個別的，喜歡捕工人的警察（特別是三分所──在實

南街，工團聯合會就在寶南街八號——的）挨了幾次尿罐子以後，也就收斂了些。

許多工會的牌子掛出來了。到一九二三年初僅長沙城就有了十幾個工會：原有紗廠工會，黑鉛煉廠工會，造幣廠工會，泥木工會，縫紉工會，理髮工會，鐵路工會，又成立了糞碼頭工會，蘿碼頭工會，茶房工會，電燈工會，人力車夫工會。以後又有了安源礦工會（需要專篇來寫），水口山礦工會，安化錫礦工會，湘潭錳礦工會……。到五月時，全省有了二十多個工會。

五月一日勞動節湖南全省舉行了一次總罷工。現在，湖南的——中國的工人運動已經達到了空前成功的地步。

後來，一九二三—二四—二五—，到大革命時期，湖南的工人他們一直是從這個基礎上向上發展的。雖則一九二三年中共第三次大會後，毛澤東同志離開了湖南，到上海黨中央工作去了，但湖南的黨和工會工作，在他所奠立的基礎上和幹部們按照他的指示和工作方式繼續下去，工作做得不壞，沒有甚麼大的錯誤。工運方面，馬日事變以前，僅長沙城內就一百三十多個工會。湖南全省有組織的各種各類的工人約達四百萬。

毛澤東和我的乞丐生涯

蕭瑜　著

〔美國〕雪城大學出版社（Syracuse University Press）

1959

第一章　湖南——英雄與強盜之域

　　我和毛澤東都生於以出英雄和強盜著稱的湖南。在中國，甚至在海外的華僑社會中，常流行著下面的一句俗語：「若欲中國真滅亡，除非湖南人死光。」[1]

　　兩千多年前湖南是一個很強的國家。當時稱為楚國，它的世仇是其近鄰秦國。另外一個從那時一直流傳到現在的俗語是：「楚雖三戶，亡秦必楚！」[2]湘是湖南另一個代用的名字。省的名字常隨朝代而改變，在一八六四年時，太平軍差點把滿清王朝傾覆了，但終於亦被湘軍所剿滅，因而湖南人在武功上遂得赫赫之名。

　　八百里洞庭橫臥在湖南省的北邊，無數的河渠貫穿於長江與大湖之間。發源於南部群山的湘、芷、沅、澧四江約略平行地向北匯流於洞庭，而將湖南分割為若干片狀地區。四江中最大的是湘江，這就是本地區舊名所自來的原因。

　　今名湖南乃是「湖」和「南」兩個字的組合。本省既是坐落在洞庭湖的南邊，則本省之被命名湖南固極顯然。湖南位於華中地區。根據一九四七年的官方統計，全省人口為 26171117 人。省會長沙，全省計分為七十七個區，總面積計為 204771 平方公里。

---

[1]　此語出自楊度。楊度（1874—1931），湖南湘潭人，清末民初致力於君主立憲活動。晚年傾向革命，並加入中國共產黨。原話為：「果若中國滅亡，除非湖南人死光。」

[2]　語出《史記・項羽本紀》。「三戶」指楚國昭、屈、景三大姓。亦曰楚國即使剩下很少人，亦能滅亡秦朝，指項羽滅秦。後人常以此語比喻楚人的頑強精神。

地險山高而又穿插著四條奔騰的江川，遂使湖南的地理形勢顯得異常的奇突、險要、壯美。天才詩人屈原即降生於此。當年楚王因聽信讒言，竟至將他放逐，而屈氏的名著《離騷》即其自白自悼之作。最後當他體認其改革朝政之理想已不可能實現時，遂投汨羅江而死。他投江之日係五月初五，兩千多年來每逢此日，全國各地，家家戶戶，無不舉行紀念；這個紀念即西方人所習知之「龍舟節」。這個節的最初儀式係把竹葉包裹的米投入水中，而後來則演為吃粽子以及龍舟競賽。

除了供給它的詩人和畫家靈感之外，自古以來，這些奇突的山脈即為無數的匪徒提供掩護而使其獲得滋長，因而有「群盜如毛」之俗語。湖南受孔孟之道的直接影響遠較黃河流域為晚。一個有趣的現象是，三千多年前曾一度主宰此地區的苗蠻，乃是今天住在邊遠的山洞中而與世隔絕的那少數斷髮紋身、在半開化狀態下的部落之祖先。

湖南人，包括受過文教陶冶的學者在內，總是喜歡作豪語：「老子不怕邪！」湖南人的勇敢和堅強不屈的精神全國馳名。

一九一一年八月十九日標誌著向統治中國三百年之滿清王朝進軍的第一步。那次革命起於湖北，初起時聲勢並不大，並被孤立。但在還不到半個月的時間之內，在九月一日那天，湖南即正式投入革命，而在殺死了總督和若干滿清王朝的高級官吏之後，當地的革命情形即已底定。

來自上海的三千至五千噸的貨船可在湘江行駛，湖南經常有大量貨物出口，而出口貨物則以運銷到歐洲之豬肉和豬鬃為大宗。以稻米飼養的湘豬隻，其肉以味美著名於世。

在湖南這個奇異的地區之中，當地所生產之極其辛辣的辣椒，已成為經常食用的食品之一。兒童幾乎從學走路時起即開始吃這種東西。這種辛辣的辣椒或者正可以被視作食用者之活躍而堅強的性格之象徵。我和毛澤東這兩個英雄和強盜地域之子孫，習慣了這種食品之後，全世界

再沒有任何更辣的東西能難倒我們的了。

　　在這個辣椒和臘肉地區的中心，從省會長沙乘汽船約莫兩小時即可到達一個被稱作湘潭的縣份。越過湘潭縣城約莫四十至五十公里之遙，有一個被稱作陰田石的地區。[1] 在這裡人們可以看到一座高山，高山過去是一座較低的山，而再過去又是一座高山，兩座高山之間有一個離我家鄉不遠的地方稱為韶山沖。陰田石的高山和丘陵常被比作形成美麗花朵的蓮花瓣。

　　在其中的一個「花瓣」之上，一八九三年十一月十九日 [2] 出生了一個屬於人類的小生物，他在那裡度過了他的童年。那個青年的名字即是後來世人所習知的毛澤東。

第二章　毛澤東度過其童年時代的田園

　　毛澤東的父親毛順生在湘潭韶山沖擁有幾塊小面積的稻田。毛家住宅坐落在一個小山丘的腳下，是一所鄉下的矮小房屋。他們自己耕耘，自己收割，過著自耕農的生活。

　　父親和長子毛澤東生性都異常固執，以致常常爭吵；這父子二人從不曾在任何問題上獲致過協議。

　　起初毛順生送他的長子進本村一間私塾就讀，在那間學校中，學生只能學到少許漢字以及計算流水賬之類的東西。毛順生從不曾打算讓他的兒子接受任何較高的教育，這是因為他在農田裡需要幫手，而又雇不起長工之故。不過當毛澤東已經認識足夠閱讀簡單故事的漢字之時，便

---

[1]　今韶山市銀田鎮一帶。

[2]　毛澤東生於 1893 年 12 月 26 日，按陰曆是清光緒十九年十一月十九日。

弄到了一部他在相當程度上能夠讀得懂的小說，在他居住的那個小村莊中，只有極有限的幾本書可以找得到的。而剛巧在那幾本書中有兩部最為大眾所愛讀的小說：《水滸傳》和《三國演義》。頭一部講一百零八將聚義的故事；第二部則是敘述三國時代戰爭的故事。於是毛澤東便對這兩部小說著了迷；他幾乎把從農忙中所能抽出來的每一分鐘，都用於在田邊上來閱讀這兩部小說。

其時毛澤東已經長得身高體健；當他十四、五歲的年紀時，便已經長得和他父親一般高大。他能把兩個異常沉重的糞桶挑送到田裡去，而每日數次。父親見有這樣一個好幫手，心裡自是高興，然而毛澤東的心思卻並不在這些地方。他每天到田間去時總帶著他的書。一遇機會到來，他就跑到那個隱避在古墓後面的樹下，聚精會神地閱讀起來。當他逐字逐句閱讀那些山大王的生活和劫掠之事，或三國戰爭的奸計和謀略時，常常手舞足蹈，有如發狂。

他的父親完全被日常生活所佔據，因發現田裡工作沒有做完而又常常半天看不到他兒子的面，於是開始注意毛澤東的行為了。最後有一天，毛澤東終於被他當場逮住；其時毛澤東坐在古墓後面，身旁放著兩隻空糞桶，手裡拿著一本書，看得正起勁呢。毛順生看到這種情形，幾乎連肺都氣炸了。

「原來你已經決定不做活了，是不是？」毛順生怒氣沖沖地問道。

「不是的，爸爸，我只是少歇一會。」毛澤東回答說。

「那麼，整個早上你為甚麼連一點糞都沒有挑呢？」

「不是，我做過了。從天亮起我已經挑了幾擔子糞了。」毛澤東指著身旁兩隻空糞桶向他父親解說。

「挑了幾趟？」

「從天亮起至少已有五六趟。」

「半天的時間就只五、六趟嗎？你以為那就足以賺回你的費用了嗎？」

「那麼，你認為在半天的時間之內能挑多少趟呢？」

「二十趟！至少十五趟。」

「但是從家裡到田裡可是夠遠的呀！」

「你認為我應該把房子建築在稻田邊上，而好減輕你的工作！從前我像你這樣大年紀時，也只做這一點活嗎？你對家裡的事情似乎不再關心了。你也不想想我們怎樣活下去！你安閒地坐在這裡，彷彿甚麼事都不放在心上！你就全然沒有一點義務感嗎？浪費時間看兩本子破書會有屁用呀？你已經不是小孩子了，假定你要吃飯的話，你就必須做活！」

「成了，成了。你總是成天抱怨。」毛澤東回答道。

這一幕過去之後，他們一起回家吃中飯，大約在當天下午五點鐘左右，兒子又不見了。這一次毛順生很容易就找到了他的兒子。他徑直到古墓後面的樹下，因為這個地方早上曾經惹他生過氣，他記憶猶新。這回毛順生到了那裡一看，他的兒子正坐在那裡，而又是兩手捧書，身旁放著兩隻空糞桶子。早上中斷的爭吵又開始了：

「難道你的魂魄已經為那兩本壞書所奪，而對你老子的話全不再放在心上了嗎？」

「沒有，爸爸。我很注意聽你講的話。你叫我做的我都做好了。」

「你很清楚我需要甚麼。我要你照顧農田，按時在田裡做活，不要再看這些壞書。」

「我是要按時在田裡做活的；但是我也同樣要按時看我的書。當我在田裡把活做完之後，我就得閒了，我現在不是很空閒嗎？這樣你就不能再抱怨和咒罵。假定我在田裡做完了我的活的話，你就沒有權不讓我看書。」

「可是，孩子，你只挑了幾桶子，就躲到這裡來看書了。」

「在到這裡來看書之前，我已經把你所告訴我的做完了。」毛澤東心平氣和地回答。

「你挑了多少？」父親質問道。

「吃過中午飯之後，我已經挑了十五擔子糞。你如果不信的話，你自己可以到田裡去數一數，然後你可以再到這裡來。但請你現在讓我安靜一會，我要看書。」

他父親一聽，目瞪口呆，一時做聲不得。十五擔子糞半天做完，確是一件很沉重的工作，而假定他的兒子所說屬實的話，他實在沒有理由再加抱怨。他帶著受挫和憂傷的目光看了看他那不平凡的兒子，便拖著沉重的步伐往田裡走去。此時他的家人正在田裡工作，他數了一遍之後，發現不多不少正是十五擔。

從那天起，每天把父親指定工作做完之後，毛澤東便在那個神秘的隱避處，安靜地閱讀他心愛的描寫戰士和強盜的小說。

第三章　毛澤東為求學而奮鬥

毛澤東艱辛苦讀那兩本小說的結果，使他多認識了很多生字；經過了一段時間之後，他便發現他讀起來已經不像起初那樣吃力。當他每日做他所憎恨的那些工作時，他想到那兩本書中的故事。他常常夢想他能進入一家新學堂去讀書，他認為在學堂裡，比他這樣偷偷的閱讀會學得更多。這種令人心焉嚮之的夢想，在他腦子裡靜寂而神秘地孕育著。難道這真是空中樓閣的夢想嗎？他愈是希望，愈是思索，就愈覺得這絕不是荒誕而不可能的事情。漸漸他就覺得事在必行，於是

他開始設計和策劃了。

　　當時滿清王朝已快要壽終正寢。國內的學校制度亦漸漸西化。人們稱為「洋學堂」的學校，在全國各地正如雨後春筍似的紛紛出現。其中有一家，毛澤東夢寐以求的要成為它的學生。他下定決心要做「洋學生」了，這樣的名字，最能投合他那意氣風發的心意。

　　他不敢直接向父親提出，但是這個想法，實已到了使他心神恍惚神魂顛倒的地步，有一天，不自覺地忽然脫口而出說：他要到一個大城市裡進「洋學堂」。他父親怔怔地驚愕了一陣子，然後說：「你要進學堂？真是癡心妄想！真是荒唐透頂！你也不好好地想一想，你能進甚麼學堂？小學嗎？你這樣牛高馬大的人怎樣能跟小孩子在一起念書？中學嗎？你既沒有讀過小學，就不可能進中學。你簡直是發神經病！」

　　毛澤東回答說：「我要進小學。」他父親立刻報以一陣聒耳的大笑，彷彿表示不必再談下去了。

　　這次大笑之後，父子兩人很久都沒有再說過話。可是毛澤東消磨在那古墓後面「自修室」的時間卻愈來愈多了。但他的沉默卻絕非如他父親所想像的那樣，已經心灰意冷，將他今後的全部生命用於家園的耕作之中。恰恰相反，這一段時間更是他竭精殫慮，作出義無反顧的決定。對於田間工作，以往他還有幾分興趣，現在則覺得這簡直是牛馬生涯，厭惡異常，除了打算到大城市，把這些工作拋諸腦後之外，他甚麼也不願意想了。他的腦子裡翻來覆去的盤算如何進學堂的問題。他只想到如何才能使他的想法成為事實，而對成功的可能性絕無半點疑慮。在那一段時間中，他父親常常暗自慶幸：他的兒子居然輕易地接受了他合理的勸告了。

　　最後毛澤東終於想好了他的行動計劃，決定進行他的第一個步驟來追尋他的自由。他拜訪了幾個親戚和世交，請他們每人幫助少許學費，

但卻要求那些親友不可告訴他的父親。他的計劃獲得相當程度的成功[1]。

口袋裡有了錢之後，毛澤東獲得更大的力量和信心。因此，他感到他必定能說服他的父親同意他到城裡去念書的計劃。有一天晚上，全家圍桌吃晚飯的時候，他突然單刀直入地宣佈道：「我已經決定進東山學堂。」他的父親為之瞠目結舌，憤怒地注視著他，一言不發。毛澤東繼續說：「三日之內，我就要離家，前去上學。」

他父親帶著滿臉狐疑的神色問道：「你說的是真的嗎？」

「當然是真的。」毛澤東回答說。

「你得了上學而不用花錢的助學金了嗎？還是今天早上中了彩票，忽然變成了百萬富翁了呢？」他父親嘲笑著說。

「你不必愁錢的問題。我決定不向你要一文錢；這就是我所要說的。」

他的父親慢慢地站了起來，吸著他的長煙桿，離開了飯桌，考慮著事情的新轉機。五分鐘之後，他轉了回來，毛澤東和家中其餘的人都注視著他。他問道：「你有助學金嗎？如果我不出錢，你怎能進東山學堂？我知道得很清楚，學生要進學堂必須繳學費和膳宿費。這些花費是很可觀的。小王好幾年來就想進學堂，可是他始終都未能如願。很可惜，小學又不是官費的，都是為有錢的子弟而設，抱歉得很，絕不是為你這樣的窮孩子而設的。」

毛澤東輕蔑地笑了一笑，說道：「請你不用擔心這些事情，用不著你花錢。這得了吧？」

「甚麼？」他父親帶著憂傷的口吻說，「這怎麼就得了。要是你離開了家，我就少了一個做活的人。你走了之後，誰幫我在田裡做活呢？你說我不必花錢，可是你卻忘了我須雇一個長工來代替你。孩子，你是知

---

[1] 據李銳：《早年毛澤東》（遼寧人民出版社 1993 年版，第 13 頁）記載，毛澤東求學得到私塾先生李漱清，表兄王季範、毛宇居和堂叔毛麓鐘的支持和幫助。

道的，我雇不起長工。」

　　毛澤東倒是不曾想到這個問題，一時不知如何回答才好。他承認父親的説法也算合情合理。那麼，他現在怎麼辦呢？錢永遠是一個問題，他感到十分傷腦筋。同時，他也覺得惱怒和下不了台，因為在這最後關頭，父親的機智竟勝過了他。他得花點時間來想一個解決的方法。最後他想到他們一位親戚王季範。因為毛澤東曾經聽説，王氏平日最喜協助有志青年獲得受教育的機會。毛澤東告訴他自己的志向和困難，請求他借點錢。王氏深為毛澤東的勤奮和壯志所動，答應了他的請求。

　　毛澤東回家之後，又開始談及關於大城市的事情。父親憂愁地又重覆了他前時的話，説不能讓他走開，因為需要他在田裡幫忙做活。

　　「雇一個長工需要多少錢？」毛澤東問道。

　　「每月至少一塊錢，」父親答道，「一年就是十二塊。」

　　毛澤東一言不發的遞給他父親一個錢包，説道：「這裡是十二塊錢。我明天清早就要離家前往東山學堂。」

第四章　　到學堂的路上

　　第二天天剛破曉，毛澤東就起床了，他滿懷計劃和野心。當父親和往常一樣悄悄的往田裡去之後，毛澤東已在動手整理他的行囊。幾分鐘之後，一切都弄好了：一個藍色的蚊帳，這是在湖南的夏天，即使最窮的農夫也要用的東西；兩件白襯衣由於日子太久，洗濯次數太多，已變成了灰色的了；幾件破舊而褪色的長衫。他把這些東西都打成一個包袱繫在竹竿的一端。竹竿的另一端繫著一隻小竹籃，裡面放著他兩本心愛的書，那一定是《水滸傳》和《三國演義》了。

他母親關切地注視著他，當他收拾停當正要動身的時候，她問道：「你要不要到田裡跟你爹說一聲？」

「不，我不去。」毛澤東回答道。

「你還要帶別的東西嗎？」

「不要了，我需要的一切東西都有了。」她的兒子回答道。

沒有說一句告別的話或做任何手勢，毛澤東便離開了他湘潭縣中破舊的家園而昂然上道了。他甚至連頭也不回轉一下看看他倚門而望的老母。[1]

他所走的正是以往每天挑糞到田裡去的那條路，現在他挑的卻是他的行李，竹竿的一端是衣裳，他那兩本寶書則在另一端。但是這付擔子卻是輕便得多了，兩端的重量也極為相稱，因此他挑起來就像全無重量似的。

剛離開家門走了幾分鐘，他遇見了鄰居王老頭。王老頭一看見他便停了下來，帶著驚奇的眼光注視著毛澤東的新襪新鞋。因為在湖南鄉下，貧窮的農人和他們的孩子只有在過年過節的時候才穿著襪子。

「小毛，你穿上了新鞋子看起來很神氣！」王老頭說道。

「我到學堂裡去！」毛澤東驕傲地說。

「你到學堂幹甚麼？」王老頭帶著懷疑的神情問道。

「自然是去念書啦。」

「你去念書？」王老頭笑著問道，「你打算將來做個學者嗎？」

「是的，請問，難道不可能嗎？」毛澤東問道。因遭遇到這種猝然的

---

[1]　毛澤東離家時，抄寫一首詩留給父親：「孩兒立志出鄉關，學不成名誓不還。埋骨何須桑梓地，人生無處不青山。」以表達一心向學和志在四方的決心。這首詩曾載《新青年》第一卷第五期，原文是「男兒立志出鄉關，學不成名死不還。埋骨何須桑梓地，人生無處不青山」，署名西鄉隆盛。

嘲笑，他似乎有點沮喪。

王老頭大笑不已，竟至把眼淚都笑了出來；毛澤東感到十分尷尬。等情緒平復之後，王老頭又問道：「你到甚麼學堂去？」

「到大城裡的東山小學。」

「噢，原來你要進洋學堂，」王老頭嘲笑著說，「你要做那像孝子一樣穿著白衣裳的洋學生呀？」在中國，白衣裳是孝子的服色，在現代學堂裡學生在夏季多穿著白色的制服。「你父母親都沒有死，」他繼續說道，「你為甚麼在他們去世前就戴孝呢？這真是荒謬絕倫！你父親答應你進學堂嗎？你父親也瘋了嗎？這些洋規矩有個屁用？真不知道我們的國家會變成個甚麼樣子……進洋學堂！」

這時，毛澤東異常憤怒，大聲嚷道：「你是落伍透頂的老頑固！你甚麼也不懂！」便揚長而去了，王老頭仍然站在那裡，帶著茫然不解的目光注視著他的背影。

行行重行行，一步一足印，前路遙遙，像沒有盡頭似的。穿過一望無際的稻田之後，他爬過一座高山，前面又橫亙著無邊無際的稻田。他抖抖雙肩，咬緊牙關，堅定地繼續走下去，雖然那時他已經感到身重腳軟，十分疲乏了。

當他又到達一座山腳下之後，他看到一位穿著整齊的小孩同一個老工人坐在一棵大樹下。毛澤東在他們旁邊坐下來，向那個小孩問道：「我也累了，打算在這裡和你們休息一會。你叫甚麼名字呀？」

那小孩神色惘然地看看毛澤東，又看看老工人，然後說道：「我叫李大帆。你叫甚麼名字呢？」

「我叫毛澤東。你到哪裡去？你是學生嗎？你到甚麼學校去呀？」毛澤東連珠炮似的向那小孩發問，因為他十分急切的要在他奇妙的新世界中發展關係。

「我去連平小學。在那大城鎮裡有兩家小學。在鎮子邊上的那家叫東山學堂。」

毛澤東聽了之後異常高興，因為他遇見一個學生。既可以從他那裡打聽到東山學堂的情形，又可打聽到洋學堂裡生活的狀況。為了滿足他深藏已久的好奇心，他要把握住這個機會充分地加以利用，於是他開始一連串的向李大帆發問：「你們學堂裡有多少學生呀？」

「有一百名左右。」李大帆答。

「他們都是多大年紀？有沒有比你大的？」

「我十歲，讀二年級。三年級的學生是十二、三歲，他們比我大一點。你知道連平是小孩子的小學校。」

「你們學校裡有多少先生呀？」

「我們有五個先生。」

「他們很兇吧？」這是毛澤東特別要知道的。

「是的，他們非常的兇。」

「我聽說在新學堂裡打手板是唯一的處罰方法，那是真的嗎？」

「不，不是這樣的。我們有一位姓龐的先生，他時時用他的粗手杖來打我們。他最兇了，時常打傷人。」

「那麼，你們就聽他這樣而不想法子對付他嗎？」毛澤東帶著驚異的神情問道。

「你真是，我們又能怎樣呢？」李大帆反問道。

「你們不應該讓他把你們打得那樣重。」

「但我們只是小孩子呀，而他是一個大人。」李大帆非常吃驚，他對這些問題想都沒有想過。

「但是，你們有很多人，他只是一個人，要制止他不會太困難。」

「是的，不過他是一個先生，我們必須尊敬先生。你難道不了解嗎？」

「但是當他對你們太兇的時候，你們仍然尊敬他嗎？」毛澤東帶著懷疑的神色問道。

「我們都怕他，所有的同學都怕他。我們連一句反駁的話也不敢說。我們實在沒有辦法。」

「你們這些小孩子簡直都是些傻瓜。」毛澤東對他們這樣懦弱，表現出一副異常厭惡的神情。

這時李大帆已經站了起來，告訴毛澤東天已不早，他和老工人須得趕路。到那大市鎮還有很多的一段路呢。毛澤東表示他們可以一道走，因為他要到那個大市鎮裡去，他們可以繼續剛才的談話。那個小孩沒有回答，他們三個人就一起走了。

不言不語地走了幾分鐘之後，毛澤東開始責備那個小孩：「你為甚麼走得這樣慢？這樣走法，我們永遠也到不了市鎮。我們必須走快一點！來，加點勁吧。」

「我不能走得更快了。我只是一個小孩子，我不能跨這樣大的步子。」

「你說你已經十歲了。你走起路來卻完全像小嬰孩。」毛澤東嘲笑他說。

「不要理會我吧，你自己先走。我並沒有邀請你和我們一道走。」

「但是我不願意一個人走，我偏要和你一起走。我要你試著走得快一點，把步子跨得大一點。走，來，快一點，快一點！」大約二十分鐘之後，他們走到路旁的一座涼棚前，那裡正有幾個行路的人在休息。

「我們在這裡歇一會罷。」那小孩向老工人說，但卻不理會毛澤東。

毛澤東也在他們旁邊坐下來，帶著極為輕鬆的表情問道：「你要吃點東西嗎？你或許餓了罷？」

李大帆說不要，但那老頭卻說：「我想他是渴了。走了這麼些路，我想你也渴了罷？」

　　毛澤東知道這老頭的意思。於是他到涼亭買了三杯茶，想了一會之後，又給那小孩買了一塊小餅。在一起吃喝過之後，緊張的氣氛即告消除，毛澤東已經達到了他的目的。他還有幾個問題要問，在他們一上路之後，他的問題就跟著開始。

　　「告訴我，你為甚麼進連平而不進東山呢？東山是一所好學校嗎？」

　　「是的，東山小學很好，我為甚麼進連平，因為我叔叔在那裡教書。」

　　「告訴我，小孩，東山小學有沒有十四、五歲的學生？」

　　「噢，我想不會有。那是為小孩而設的小學堂。」

　　「你有沒有朋友在東山學堂呀？」毛澤東問道。

　　「沒有，我沒有。」李大帆回答說。

　　這時他們已經離城門不遠。毛澤東問道：「料想你現在要到連平學堂去？」「是的，」李大帆回答說，「你到哪裡去？你或者有親戚在這裡，要去看他們嗎？」

　　「沒有，」毛澤東答道，「我在大城鎮沒有甚麼親戚，我要去東山學堂。」

　　「你是到那裡拜訪甚麼人嗎？」

　　「不是，我是去做學生。我現在要進學校。」

　　「噢，但那怎樣可能呀！你太大了。你一定是開玩笑。」

　　「不，不，我不是開玩笑，完全是真的。我是去做學生。再見，李。」

　　「再見，毛。」

第五章　到了東山學堂

　　和新交告別之後，毛澤東渡過了江，沿著一條用藍色石子鋪成的大

路，走了約莫兩公里之遙，便驟然停了下來。他看到在他前面有一座巨大的建築物，矗立在一個空曠的廣場上。這使他回憶起祠廟，在他聽見到的事物中，他從未見過這樣宏大的建築物。這座建築物的規模使他想到一座廟，他在鄉間所看到的最大建築物便是廟宇。忽然，他開始想到早上才離開的破舊茅舍。他站在那裡，對這座即將成為他學堂的「廟」注視很久，在他的腦海中，他把這座「廟」的建築和他家裡的茅屋作了一番比較。

這所新建的東山學堂是昔日東山書院改建[1]。我（作者，下同）曾經在那裡消磨了三年的時間，直到毛澤東進去之前不久才離開。建築物的四周圍繞著一條寬約百尺，有似城壕的人工河，一座巨大的白色石橋橫跨其間。我還記得當年我常常一個人站在橋頭上，觀賞河裡的游魚。它們對我的手臂所映出來的影子似乎從不感到懼怕，有時甚至當我作勢欲抓之時，反應亦是如此。圍繞著城壕的是一圈用石砌成的堅固圍牆，高約十五尺上下。當時我們這些小孩都把這一圈圍牆叫作萬里長城。

現在毛澤東看到了這座圍牆，這所學堂在他看來竟好像是一座城堡。於是他抖抖雙肩，豪邁地走到圍牆中的頭一道大門，然後慢慢地越過白色大石橋，對周圍的美景也無心去著意欣賞了。在石橋和學堂的主要進口之間有一片空地，當毛澤東挑著他的行李經過時，幾個學生正在那裡奔跑和遊戲，這時差不多是正午了。毛澤東以奇異的眼光注視著他們，他們停止了遊戲，也以同樣的眼光注意著他。他們心裡在揣測，這人必是其中一位同學的挑夫。於是他們立刻恢復遊戲，而毛澤東則繼續向前走去。

但是，僅僅過了幾秒鐘工夫，便有一個學生自大門內跑了出來，高聲大叫道：「你們都快來呀！快來看呀！一個工人要進學堂，他現在正和門

---

[1]　湘鄉縣東山高小學堂為戊戌變法以前湖南最早興辦的新式學堂之一。譚嗣同在《瀏陽興算記》中說：「湘鄉改東山書院之舉，又繼之以起，趨向亦漸變矣。」

房吵鬧呢！快回來看呀！」

　　所有孩子們一窩蜂似的急步向著門房的房子跑去。他們停了下來，聽見毛澤東說道：「我為甚麼不能像其他孩子一樣進學堂呢？」

　　他們對毛澤東的話報以高聲的大笑，其中一個嚷叫道：「你進大學都夠大了！」

　　他們圍著毛澤東笑談不已，使毛澤東無法聽得清楚門房所說的話，他忽然大聲叫大家肅靜。

　　「我只懇求你告訴堂長，說我要和他談談。」毛澤東請求道。

　　「為了這種荒謬絕倫的事情去打擾堂長？我不幹。」門房回答道。

　　「如果你不去替我通知的話，我就要自己去了。」毛澤東嚷著說。

　　「你敢！」門房怒喝道。

　　毛澤東猶豫一陣，停了下來。他不知道下一步究竟怎樣才好。他沒有預料到會受到這樣的接待。那時一個年紀較小的學生悄悄地走開去找堂長，告訴他道：「噢，先生，有一個年輕的強盜要闖進我們的學堂來。他現在正在進攻門房。門房正在拚命防守，所有的同學也都正在盡力幫助他。可是這個強盜很高大很強壯，非常兇猛。你應該去幫助我們。噢，先生，趕快去罷！」

　　堂長不禁驚奇起來，於是他決定親自到前面去會會那個「年輕而兇猛的強盜」。他拿起他的長煙桿。那支煙桿是用竹子做的，長一公尺左右，下頭根子上是一個沉重的煙斗子。這支煙桿在必要時可用作自衛武器。

　　忽然，一個學生大叫道：「堂長來了！堂長來了！」

　　幾乎是不約而同的，學生們在堂長的身後結成一個密集的隊形，一副肅靜迴避的樣子。他們對堂長那奇特的長煙桿具有極大的信心。因為他們曾經聽說，堂長過去憑著這支煙桿，擊退野獸對他的進攻。

　　「是怎麼一回事？吵鬧甚麼呀？」堂長問門房道。

　　「先生，」門房指著毛澤東輕蔑地說，「這個傻瓜要進我們的學堂，並且要見你。」

　　留著八字鬚的堂長轉臉注視毛澤東。毛澤東直趨他的面前，謙卑地說道：「先生，請你准許我進你學堂讀書罷！」

　　堂長對毛澤東的請求沒有表示，只轉臉對門房說：「把他領到我的辦公室裡去。」

　　毛澤東愉快地作會心的微笑，於是他急忙把籃子挑在肩上，未等門房帶領便隨在堂長的身後離開那間房子。然而門房卻憤怒地攔住了他：「你打算把行李挑到哪裡去？把它放在這裡，你一個人跟我走！」

　　毛澤東不願意把他珍貴的寶物放在校門外面。那些學生曾經滿懷好奇心的翻看過他的東西，他生怕那兩本小說會被他們偷去；如果這樣，他就永遠看不到它們了。他猶豫了一會，終於小心地把他的東西放在門房房子的一個角落，然後跟著門房向堂長的辦公室走去。

　　這個時侯，那些學生即分開為兩組。一組跟著門房和毛澤東走向堂長辦公室。另外一組則走進門房中去看毛澤東所留下的東西。幾秒鐘之後，籃子的東西都被翻攤在地上，而那兩本寶書卻被藏在建築物的另外一處。正在走向堂長辦公室的毛澤東和門房，對適才所發生的事情一無所知。

　　走進堂長辦公室之後，毛澤東盡了他所能發出的最畢恭畢敬的聲調，重覆他方才所作的請求：「先生，請你准許我進你的學堂讀書。」

　　堂長帶著疑信參半的目光注視著他，問道：「你叫甚麼名字呀？」

　　「先生，我的名字叫毛澤東。」

　　「毛澤東，你住在哪裡？」

　　「我住在韶山，離這裡約莫五十里。」

　　「你多少歲了？」

「我剛剛過了十五歲，先生。」

「你看來至少有十七八歲了。」

「沒有這樣大，先生。我僅僅十五歲零幾個月。」

「你曾進過你們村莊上的學校嗎？」

「我跟王先生讀過兩年書。我已經可以看小說了。」

「你看的是甚麼小說呀，毛澤東？」

「《三國演義》和《水滸傳》，我都看過很多遍。」

「你讀過小學的課本嗎？」

「沒有，我沒有讀過。」

「你能夠閱讀二年級的課本嗎？」

「能閱讀大部分。其中有些字我還不認識。」

「你學過算術嗎？」

「沒有，先生，我沒有學過。」

「你知道多少歷史和地理？」

「我還沒有讀過任何歷史和地理呢。」

「我要你寫兩行正楷字給我看看。」

毛澤東拿起筆來寫了幾個字，但字體卻寫得異常難看。他的一雙手又壯又大，一向是做慣粗活而非拿筆桿的。

「別寫了，寫得不好。你不能進這間學堂。我們沒有專為初入學而設的初級班。再說，你的年紀進小學也太大了。」

「噢，求求你，讓我進你的學堂罷。我要讀書。」毛澤東懇求道。

「你跟不上來。那是毫無希望的。」

「但是我要試試。請你讓我留下來罷。」

「不行，那是不可能的。你永遠也跟不上班，只不過浪費你的時間而已。」

「但是我一定拚命用功⋯⋯」

就在這個時候，一位姓胡的教員走了進來。他曾經聽到以上一部分的口試。毛澤東向學的熱忱使他頗受感動，因而他提議堂長接受毛澤東的請求。他建議給毛澤東五個月的試驗。假定到那時他沒有進展，不能入班時，他就必須走路。

堂長同意胡先生的以試驗為基礎的原則，並進一步請胡先生為毛澤東作私人性質的補習。[1]

於是毛澤東進了東山學堂，但只屬臨時性質，為期半年。

第六章　到長沙去

在試讀期間，毛澤東拚命用功，到了五月底，已有很大的進展，獲得了學校當局的准許留校成為正式生。原來對他十分懼怕的同學，這時都對他友善起來了，並且把他們偷藏起來的兩本小說還給毛澤東。現在毛澤東再打開那兩本書一看，發現閱讀起來已經不像先前那樣吃力，這使他大感驚奇。

他的友伴很快就將毛澤東視為三國歷史和水滸故事的權威。他時常給他們講述那兩本書的故事，他們亦每每聽得心曠神馳。

不過，後來他終於聽到了這樣的說法：《三國演義》並非三國的真實歷史；僅不過是將歷史事實加以傳奇性的誇大描述而已。這是毛澤東所無法承認的，《三國演義》的故事已經在他的生命史中佔據重要的地位，

---

[1]　據尹高朝著《毛澤東和他的二十四位老師》（中央文獻出版社 2001 年版，第 136 頁）記載，東山學堂堂長是李元甫。毛澤東當場寫了一篇作文後，李元甫決定破格錄取他，將他安排在戊班。

對其中故事真實性的任何懷疑，都意味著對他個人所肯定的真理加以非難。他常常在這個問題上和歷史教員發生激烈的爭辯。

　　因此，最後他決定遷地為良。在一個晴朗天，他收拾起簡單的行李，徑往省城長沙而去。

　　一九一一年暑假過後，毛澤東到了長沙，不久，在農曆八月十九日，大革命在湖北的省會武昌和鄰省湖南爆發了。起義的領袖迅速徵集學生，建立戰鬥隊伍；這個消息在報紙上刊佈之後，很多湖南學生立刻首途武昌參加民軍。這時在長沙不名一文的毛澤東，也是參與者之一。不過他們到達武昌後不久，湖南的戰事即已爆發。省政府很快就被推翻，當地駐軍司令和滿清的高級官吏亦被殺死，一支學生軍立刻就組織起來，這支學生軍被置於一位將軍的統轄之下。這位將官原是著名的體育家，積極地參與革命的策劃，但毛澤東和他的同志在武昌加入革命軍的企圖並未達成，聽說本省（湖南）發生了戰爭，他們便迤返長沙。

　　革命迅速延至全國，中央政府馬上在南京建立了起來。學校的生活很快就恢復正常，學生軍也解散了。毛澤東試圖參加湖北和湖南軍隊的努力都沒有成功，現在情況恢復正常，他遂面臨嚴重的經濟困難。省城的生活費用很高，他缺少足夠的金錢在那裡繼續留住下去。在這種情形之下，他一時不知如何是好。

　　有一天他無目的地在街上閒蕩，不知不覺間走到了天心閣。天心閣是長沙的「摩天大廈」，坐落在靠近南門的城牆上。那是一座寶塔式的建築物，樓高七層。

　　這時毛澤東反正無事可做，便爬上天心閣的頂樓，觀賞下面的美景。他朝西眺望，離城不遠的湘江滾滾奔流，立刻吸引了他，這是湖南最主要的河流。再過去數里即是嶽麓山，山峰峻削。高高站在天心閣上的毛澤東，可看見起伏的峰巒，迤邐數百里，甚至可以看到五嶽之一的南嶽。

這個山脈以奇險著名，風景絕佳。毛澤東看見嶽麓山的腳下有一所白房子，那就是歷史上著名的白鹿洞書院的舊址，宋代大理學家朱熹當年講學之地，而現在則是一所省立的高等學校 [1]。毛澤東對著那所白房子凝視良久，然後回轉頭來俯瞰長沙城。他從天心閣頂望下去，長沙城有如一隻巨碗。下面無數的屋脊，看來像一條條魚似的大小。

民國元年，即一九一二年，第四師範成立於長沙，陳潤霖先生任校長。陳先生是著名的教育家，當時他還經辦一所名叫「楚怡」的私立學校。我們兩人後來成為很好的朋友。約莫三年之後，他邀請我到私立楚怡學校擔任高年級教員。當毛澤東初進第四師範時，他的第一個教員即陳潤霖。在該校的若干班主任當中，其中有一位名喚王季範 [2]，常常借錢給毛澤東，乃是我的朋友。

第四師範開辦後僅只數月，便奉湖南省政府的命令併入我所就讀的第一師範。有一天早上，我看到很多用具以及一些可移動的設備，搬運到我們的學校，原來是兩校合併，合併後的學校仍叫第一師範。學監王季範先生也隨同數約兩百名的學生轉了過來。第一師範原先本已有學生千名左右，和第四師範合併後現在已成為長沙最大的學校了。

來自第四師範的學生在衣著上並不像第一師範的學生那樣考究，因為我們都穿著制服。他們的衣裳無論在式樣和顏色上都雜亂得很，看上去他們倒頗像剛徵集來的新兵。在這些「新兵」之中有一個生得高大，他腳上那鞋子真需要加以縫補了。那青年就是毛澤東。

毛澤東的外表並無任何與眾不同之處。他永遠是一個長相十分普

---

[1]　應為嶽麓書院，與今湖南大學校園相鄰。

[2]　王季範（1884—1972），毛澤東的姨表兄。長沙優級師範（湖南大學前身）畢業後在第一師範任教。毛澤東去東山學堂求學，曾得到王的支持和贊助。1914 年毛澤東考入第一師範後，他們既是師生又是親戚，王對毛幫助很多。建國後王季範任國務院參事、全國人大代表。

通而正常的人。他的臉部生得相當大，然而他的一對眼睛卻是既不大也不銳利，並不像有時別人形容的那樣，給人以神秘或狡詐的感覺。他的鼻子相當扁平，是典型的中國型的鼻子。他的耳朵生得十分相稱；他的嘴甚小，牙齒很白，很整齊。他一口優美的白牙齒使他笑起來顯得很有光彩，他說話也很緩慢，而無論如何他都不能算是一個富於說話天才的人。

從兩校合併的頭一天起，我就知道他是毛澤東，而他也知道我是蕭旭東（旭東是我的學名），因為我們兩個是小同鄉之故。我們的家鄉相距約莫三十公里，分屬於相鄰的兩個區。我是湘鄉人，而他是鄰境的湘潭人。

雖然在見面之時彼此已經認識，但除了在學校走廊或校園的其他地方相遇時偶作寒暄之外，我們從未正式交談過。因為在當時，我是高年級的學生，他不敢先向我談話；而那時我對他的為人和想法則全無所知。當我正在為功課弄得十分繁忙之時，既無時間亦無興趣在低年級的同學中展開無謂的交往。

不過後來由於一件偶然的事情，使我們彼此之間增加了認識。那是在學校所舉辦的作文優勝展覽的課室中。全校十五班或二十班的學生，每人每週都須作文一次。各班最好的幾篇作文則交由教員委員會加以審定，而最後選出三篇、四篇或五篇作為模範，將之貼在大閱覽室的玻璃框中，供全校學生閱覽。我的作文常常獲得這種榮譽，而毛澤東則成了我的最熱心的讀者。他的作文也有好幾次被選中，我也頗有興趣閱讀。因此我對他的想法也漸漸熟悉，然而當時給我印象最深的卻是他的字體。他從來不曾把一個字穩妥地寫在一個方格之內。最後他似乎自我解嘲地向我說：「你在一個小方格之中能寫下兩個小字，我寫兩個字則需要三個小方格。」他所說的確屬事實。從閱讀彼此的作文中，我們相互

知道了對方的想法和意見，於是一種同聲相應的紐帶遂在我們之間建立了起來。

　　當然，毛澤東一直知道，我那時是第一師範的優等生；而我也知道，照一般的標準來衡量，他也不能算得太差。每天早晨我幾乎都聽到他高聲誦讀古典文學的聲音，我知道他用功甚勤。但是在所有功課中，他只有作文一項算是出色。他的英文甚差，一分也得不到；算術只能得到五分。而在繪畫一科中，他所作的唯一東西是一個圓圈。在這些課程中，他永遠是全班最末尾的幾名之一。然而在那個時代，作文被認為是最重要的。假定學生的作文不錯的話，那麼他就算是一個優秀的學生。因此，毛澤東是一個優秀的學生！

　　自從那次在展覽室裡交談過幾句話以後幾個月，有一天早上，我們在走廊上碰見了。當時我們都走得很慢，由於我們都不是走往教室，毛澤東便面帶笑容地在我的面前停了下來，向我招呼一聲：「Mr. Siao」在當時同學之間，彼此稱呼都是用英文。

　　「Mr. Mao」我回答說。寒暄過後，我心中納罕著要看他說些甚麼，因為那次是我們彼此之間實際上第一次真正地交談。

　　「你在第幾教室呀？」

　　「在第一教室。」我回答說。其實他早就知道，所以明知故問者，不過找一個交談的藉口而已。

　　「今天下午上完課之後，如果你不介意的話，我想到你教室裡去看看你的作文。」他請求說。

　　「當然，歡迎你來。」我回答說。因為當時好朋友之間都習慣閱讀對方的作文，作這樣要求，也表示對作者的推許和尊敬。毛澤東的要求同時還表示了希望與我建立友誼，而我答應了他的請求即表示我已接受了他的友誼。不過我並沒有要求看他的作品，因為對高年級來說，一般情

形都不會作這樣的要求。

到了下午四點鐘，那天的課上完了，毛澤東也在一個小時之內到了我的課室。我的同學們都出外散步去了；教室裡只剩下我一個人等候他的造訪。在頭一次的談話中，關於我們彼此家鄉的事情全沒提到，我們談話的重心集中在學校的組織、課程和教員上。我們非常坦白地交換了彼此的意見。我們學校一共有四個體育教員：其中一個負責軍訓；另外一個教授國術。我們對體育教員的意見完全一致。但我們卻不喜歡他們，我們發現實在無法對他們有任何敬意。就作為教師來說，他們的穿著實在過分漂亮了，而我們對他們的道德標準也有很大的懷疑；我們認為他們並沒有照著應該的去做。他們常常早上缺課，因為夜裡他們玩牌玩得太晚了；因此，第二天早晨他們無法按時起床。

毛澤東和我對我們頭一次談話都感到很恰意。最後他說道：「明天我要再來，向你請教。」他拿了兩篇我的作文，規規矩矩地鞠了一個躬，轉身而去。他非常有禮貌，每次來看我，他都照例地一鞠躬。

第七章　我們第一次談話

第二天上完課之後，毛澤東又來看我，對我說道：「我很喜歡你的作文，我想把它們放在我那裡多擱幾天。晚飯後我們一起去散散步好不好？」我表示同意，並且提議飯後在會客室裡聚合，晚飯後散步，是當時的學生一種很普遍的習慣。

第一師範的校舍是當時長沙唯一的現代建築，人們往往稱它為「洋樓」。它四周環繞著一圈圍牆，大門前面橫互著一條馬路，幾條小街道則由這條馬路伸展出去。校園的後面有幾個矮小的山崗，稱為妙高峰。長

沙城坐落在它的右邊，它的左邊有一條通向鐵路的約莫五百級的石階，越過鐵路再向前走幾步就到湘江岸邊了。湘江是湖南最長的河流，經常有大小不同的船隻在其中行駛。江中心有一個長島，島上遍植橘子，因而此島便以橘洲之名著稱於世。當橘子熟時，遠望長島，有如浮在水上的金紅色雲丹。在當時我和毛澤東所作的詩中，常有詠橘雲和橋綠洲的句子。越過湘江約莫十里之遙有一座高山，那便是嶽麓山了。

有些學生喜歡城裡的刺激，其他的學生則喜歡走到相反的方向，觀賞自然的美景：河、山以及那些好似在峰巒間飄浮的雲朵。在禮拜天的時候，同學中常常有人沿江遠行數十里，而到一處稱為猴子石的地方。那裡有一塊灰色的巨石，其形狀竟和猴子的身形一模一樣。我們習慣遠觀石猴的大小，十分準確的能判斷其間的距離。

沿江的風景異常優美，真有詩情畫意之感。有一天當我和毛澤東在沿著江邊閒蕩時，我們作聯句的一首詩的頭幾句。那幾句是：

蕭：晚靄峰間起，歸人江上行。雲流千里遠，

毛：人對一帆輕。落日荒林暗，

蕭：寒鐘古寺生。深林棲倦鳥，

毛：高閣倚佳人……

我已不記得毛澤東提到那個佳人的時候，我是否曾經看到，也記不得隨後的幾句了。

我和毛澤東在這所學校同學三年有半，我們傍晚的散步成了正規的習慣。不過，在這種時會中，我們並不常常作詩，因為當時我們最大的樂趣是談論，是彼此聽取對方關於各種事物的一般意見。

我們晚飯後沿著江邊的第一次談論，連續了兩個小時。毛澤東打開話匣，說他喜歡我的作文。我的中文作文教員王欽安先生，寧鄉人，是著名文學家。他常常說我的作文每每使他想到歐陽修的文章。不知道毛澤東是真心或僅是為了禮貌，他說他同意王先生的看法，認為王氏對我

有真正的了解。甚至四十年後的現在，我仍然記得王先生和毛澤東的話，彷彿發生在昨天一樣。

在我借給毛澤東的那兩本作文練習簿中，有我的作文二十多篇。頭一篇的題目是《評嚴先生祠堂記》。毛澤東不同意我在那篇作文中的觀點，我們花了整整一個晚上討論我們之間的歧見。[1]

范仲淹的《嚴先生祠堂記》，文長僅二百十九字，要旨為對光武帝和嚴光的讚頌。兩人皆被譽為罕見的高人：光武帝能尊重聖者的智慧，而嚴光則能抵受現成的權力和虛榮的誘惑。[2]

但我讀這篇贊詞，卻不能同意范氏的見解。我在作文中解釋說，光武帝只不過是請他的老友來協助他解決面對的難題，因而他對嚴光的邀請便不應該解釋為對大智慧的崇敬。另一方面，我也不認為嚴光為人真如文中所渲染的那樣高潔。假定他事前確無求取權位的意思，那麼他為甚麼又要去拜訪光武帝，並且與他同榻而眠呢？這種行為不就正是他為人虛榮的表現嗎？

毛澤東不同意我的意見。他認為劉秀做了皇帝之後，嚴光就應該出

---

[1] 英文版加上了一段話：「光武帝是漢朝的一代名君，在位執政三十三年。在繼位之前，叫劉秀，曾與學士嚴光交情甚厚。劉秀登基後，邀請嚴光一同臨朝執政。嚴光來到京城，並與他的這位皇帝朋友共臥一榻。據說，他們的深厚交情的一個佐證是：夜間，嚴光不由自主地把腳伸到皇帝的龍體上。光武帝請嚴光出任宰相要職，當他眼見嚴光遲疑不決時，甚至授予他與自己平起平坐的權力。但嚴光不愛仕途。他瞧不起為官作宰這種職業，認定如果接受朋友的邀請，誰也不會相信他所說的輔佐劉秀是為朋友幫忙是真心話。因此，他推辭了。光武帝再三懇請，但嚴光不肯改變初衷。他離開京城洛陽，返回浙江的富春江，在那兒終日垂釣河上，過著寧靜淡泊的生活。至今，富春江上有一處嚴子陵釣魚台，那是用來紀念嚴光常坐的地方。他四十歲時謝世。他的舉動像傳奇一樣。宋朝為他立了一座祠堂。當朝宰相范仲淹——也是一大文士——應邀作了一篇碑文。這篇碑文素負盛名，後來收錄在各種文學課本且作為『精選文章』。國文教師常常要求學生寫出他們讀過這個故事後的感想。我借給毛澤東的一個練習本上的第一頁就是寫的這樣的一篇作業。」

[2] 嚴光，字子陵，餘姚（今屬浙江）人。毛澤東贈柳亞子詩有「莫道昆明池水淺，觀魚勝過富春江」之句。

任輔相，正如漢高祖時的張良之所為。我辯道：「這就顯而易見，你沒有能把握住嚴光的觀點了。」

第八章　第一師範「孔夫子」

「孔夫子」是第一師範的學生送給本校一位教員的綽號，那位教員所以能獲得這個綽號，是由於他的道德行為卓絕無倫之故。「孔夫子」的真正名字是楊昌濟。

楊昌濟先生，字懷中，長沙潘藏村人[1]。毛澤東常常説楊先生對他的生命有重大影響，楊氏把他的書齋命名為「大華齋」，並且把這三個字寫在他所有札記簿的封面上。

楊先生是一位學問十分淵博的人。他秉具著堅強的性格，由於他的性格他養成非常嚴格的道德律。他的行為從無可議之處。由於他對孔子的學説異常熟悉，因此他的朋友和學生便都認為他儼然就是偉大聖人的化身。

他在青年時期，把光陰花在研究哲學方面。在三十歲時，他開始學習英文。後來他又出洋到外國遊學，先到日本，繼去英國，曾經在愛丁堡大學獲得哲學一科的學位。其後他又轉到歐洲大陸，在一間德國的大學繼續從事哲學的研究。因此，無論是東方還是西方的學問，他都有很深的造詣。民國元年他從德國回到長沙，並立時受聘於第一師範任教。

第一師範是長沙最富有的學校。它不僅免費供給學生膳宿，並且供

---

[1]　楊昌濟生於長沙縣清泰都板倉沖（今長沙縣開慧鎮）。

給書籍和服裝。在帝制時代，學生還可以從學校得到一些零用錢。由於
這種緣故，可以想像得到：它的入學考試自然極不容易。在湖南全省的
六十三個縣中，每縣每年提出二十個最優秀學生的名單，而由這些學生
分別在各縣參加初試。但二十人中能夠通過初試者，通常不超過五人。
當我在湘鄉參加考試時，百分之八十的學生在頭一次考試中即被淘汰。
在第二次考試時，五百名考生只有百名及格。學生的挑選固是嚴格，而
聘請教員所定的標準之嚴格，亦正不相上下。當時第一師範的教員不僅
都具有良好的訓練，而其中有些教員的人品道德更是聲譽卓著。他們的
薪金甚高，如一旦有空缺，學校當局往往遠自上海、安徽或其他省份中
聘請填充。這就說明為甚麼楊先生會留在長沙，在那裡教授邏輯、哲學
和教育方面的課程。

　　暑假結束，重新回到學校之後，我發現同學們談論一件事情：我們
即將獲得一位新教員；據說這位教員超凡脫俗，為第一師範前所未有。
很自然的，每個學生都好奇地想知道他究竟是一位怎麼樣的人。上課的
鐘聲響後，我們看到他遠遠向我們走來。他走路很慢，當他走進教室之
後，我們發現他約莫五十歲年紀，鬍鬚剃得精光，膚色黝黑。他的眼窩
很深，而眼睛甚小。他說話笨拙，上課就念他的講義，只念一遍，絕不重
複，也不加解釋，學生也無發問討論的機會。一堂上完之後，每個學生
都感到極大的失望。兩個禮拜之後，我們又舉行了一次會議。在這次會
議中，有人提議請教務主任將楊先生解聘；假定這個要求被拒絕，就全
體罷課。當時我是各班代表會議的主席，對這個提案表示反對。我辯說，
楊先生講話並不流利，但假定人們閱讀他的講義，便會發現是極有價值
的。這些講義是他個人研究和經驗的結果，和那些只是從別人書中抄錄
而編成的東西大不相同。我認為在我們作這種魯莽的決定之前，應該等
到學期終了，看看我們所得到的實際結果如何。第二班的代表陳昌表示

同意我的意見。最後我的提案為全體與會代表所接受，於是問題解決，楊先生仍繼續授課。

　　在這次會議結束之後，我和幾個最好的朋友，熊光祖 [1]、陳昌等，商談怎樣能使同學們聽懂楊先生的講授，以及能夠加以欣賞的問題。當時我們所能夠想到的唯一方法，似乎只有勸同學們細心閱讀他所編的講義。還有，就我們幾個人來說，更重要的是，向同學們解說楊先生儒者的人格。當時毛澤東尚無聽楊先生講課的機會，因為他所教授的都屬高年級課程；楊先生初到校時，毛澤東的班次比我低三年。

　　還不到兩個月的時間，所有受楊先生課的同學都對他極為稱讚和尊敬。雖然他在課堂上談得很少，但他的每句話都意味深長。他的方式是真正儒者講學的方式。在不到一年的時間，全校師生無不對他五體投地，於是他成了「第一師範的孔夫子」。長沙其他的學校爭相延聘，他執教的範圍甚至包括遠在嶽麓山下的高等學校在內。很快，所有長沙的學生無人不知道這位今天的「孔夫子」了。

　　每個禮拜天的早晨，我的朋友熊光祖、陳昌和我三人，照例相偕到楊先生家裡去討論功課。我們交換閱讀每個人的筆記，討論提出來的問題，吃過午飯之後返回學校。楊先生對我筆記上的很多短語感到極大興趣，因此，他便常常把它們抄下來，留為己用。他對我的功課甚感滿意，在我的試卷上，他常常給我最高的分數一百分，還額外再加上五分。有一次毛澤東寫了一篇作文，題名「心力論」。楊先生給了他一百分之外加五分。毛澤東甚感驕傲，因為這是他獲得這種高分數的唯一的一次。

　　楊先生生前寫過幾部書稿，皆未出版。在他去世之後，他的兒子楊

---

[1] 應為熊光楚（1886─？），湖南湘鄉人，1913 年在第一師範畢業後任該校圖書管理員。後參加新民學會並赴法勤工儉學。

開智把那幾部稿子賣給了業已卸任的教育部長易培基[1]。但事實上他和楊氏的思想極為不同，自然不能欣賞楊先生著作的真實價值。易培基去世之後，楊先生的遺稿顯然是失落了。

在長沙任教六年之後，楊先生收到來自北京的一封電報。這封電報是前教育總長章士釗拍來的，告訴他北京大學校長聘請他至該校任教，並促其前往。他於一九一八年夏離開長沙首途北京。住在北京豆腐汁胡同[2]，其後我也曾在那裡住過幾個月。我一到北京之後，就住在楊先生的家裡，後來毛澤東也搬了去。因此，我們三個人曾共同住了一段時間。

一九一九年正月，我離開北平前往巴黎，數月之後，我竟在一封信中獲知楊先生去世的噩耗。在長沙時，他曾定製了一隻特別大的木桶。桶內滿盛冷水，每天早晨他把全身浸到水中洗冷氷浴。到了北京之後，他仍繼續這種冷水浴的習慣。他說：「一個人必須在每天早晨做點難事，用以強化他的意志。冷水浴可以強化意志，並且有利於健康！」我以為，北京那種冰冷冬天的冷水浴，可能就是導致他死亡的原因之一。

楊先生在他的日記中給我一個很好的評語，這個評語他生前曾數度在公開場合中重複過：「在長沙六年所教過的數千學生中，三個最傑出的：第一是蕭旭東；第二是蔡和森；第三是毛澤東。三個最優秀的女生

---

[1] 易培基（1880—1937），湖南長沙人，1920 年任第一師範校長。1924 年 11 月任國民政府教育總長，僅一個月後辭職。後任故宮博物院院長、北平師範大學校長等職，曾將蕭瑜安排到故宮任職。1933 年因「故宮盜寶案」被起訴，後鬱鬱而終。

[2] 應為地安門豆腐池胡同 9 號。

是：陶斯詠 [1]、向警予和任培道 [2]。」

第九章　許配毛澤東的楊開慧

　　楊先生有兩個孩子——一兒一女：兒子名開智，女兒名開慧，開慧是年小的一個。她生就一副圓臉，身材異常纖巧。有些地方很像他的父親，深眼窩，小眼睛；但膚色很白，完全沒有楊先生的黝黑遺傳。一九一二年當我頭一次看到她的時候，她是十七歲，就讀於長沙中學。[3]

　　從那一年起，我和兩個同級同學，熊光祖、陳昌等三人，每個禮拜天的早上，例必到楊先生的家裡去討論功課，和楊先生的家人同吃中飯，飯後再返回學校。同桌吃飯的，除了我們師生四人之外，還有開慧和楊師母。當她們進來之時，我們只是恭恭敬敬地一鞠躬，以此代替寒暄；我們之中從無一人開口說話。在整整兩年的時間中，我們每個禮拜天都在楊先生的家裡吃中飯；每次吃飯都吃得很快，而且氣氛肅靜，連一個字也無人吐露。當然我們亦並非彼此冷漠。我們不可能旁若無人似的坐在那裡；有時我們的視線相交，特別是當我們之中兩個人同時在一個盤子中夾菜時，我們只有藉眉目交通，但彼此之間卻絕無相對而笑。一九一八年，當我在北京楊先生的家中用飯時，我們在飯桌上的表現仍和在長沙時一模一樣。

---

[1]　即陶毅（1896—1931），湖南湘潭人。長沙周南女校畢業，新民學會會員，並與毛澤東一起創辦文化書社。

[2]　任培道（1894—？），湖南湘陰人，1915 年畢業於長沙第一師範，1927 年畢業於北平師範大學，1929 年赴美留學，獲碩士學位。回國後在國民黨中央從事黨務和婦女兒童工作，1948 年後任國民黨立法委員。

[3]　楊開慧生於 1901 年，當時應該是 11 歲。

楊先生吃飯時從不講話，我們尊重他的肅靜，所以只有盡可能地快吃。這種氣氛每令人想到基督徒在教堂裡祈禱時的情形。楊先生本來很講衛生，但他不曾體驗到一項事實：人們在飯桌上正常的談笑，造成歡快的氣氛，會有助於消化。

楊太太對人很和氣。她燒得一手好菜，每次都讓我們吃得很多。我們對楊師母的菜特別欣賞，因為學校裡的伙食太不能令人滿意了。我的兩個同學和我，每次在楊先生家中都比平常吃得多。但為了避免把桌子上的菜吃光而弄到不好意思，有時我們必須自我節制。我們向楊先生表示，我們吃飯應該付若干飯費。他說假定我們願意這樣，那是可以的，因為在某些外國的大學生也有這種習慣，但只能付一點點，作為象徵的費用，絕不能多。

我們三個總是同去同回，但有一次例外，那是在民國元年，中飯過後，楊先生送我們出門之時，他忽然讓熊光祖留下來，停一會再走。於是光祖又坐了下來，我們兩個人先走了。當時我猜想，楊先生一定有甚麼話要單獨和光祖說，而不願意讓我們聽到；因此，對於那件事情我們從來沒有再提過。

一九一九年，我在巴黎之時，忽然接到開慧一封長信，感到不勝驚奇。在那封信中，她告訴我楊先生的死訊。她知道我欽佩和尊敬楊先生，而她深知楊先生去世的噩耗會使我十分傷痛，因為楊先生和我之間宛若父子。她信中充滿了憂傷。我們彼此之間從不曾交談過，這封信是我接到的唯一的信。在那封信的末尾，她說她正動程返回長沙，但卻未告訴我通訊地址；因而，我也無法寫信給她。

一九二〇年毛澤東回長沙之後，便和開慧結了婚。

不過，開慧卻並非毛澤東所愛的第一個女人。在我們同學圈的朋友之中，有一位芳名陶斯詠的小姐，曾為楊昌濟先生認為最優秀的三個女

弟子之一。陶小姐是很出色的人物。一九二〇年，她和毛澤東在長沙開辦了一間文化書店，然而由於思想上極不相同，後來他們終於在友好的氣氛下宣告分手。陶小姐在上海創辦了一所學校，名叫「立達學院」[1]。後來她一直住在上海，直到去世時為止。她的年紀遠較開慧為大。

一九二〇年，我從巴黎回到長沙之後，曾經向毛澤東詢問楊師母和開慧的消息，因為我打算去看看她們。毛澤東告訴我她們住在鄉下，很遠，但對他們戀愛的事情卻隻字未提。後來卻又完全告訴了我。當時，我正請楊師母的一位朋友桓太太，替我把一件小禮物交給她。我抱歉的是沒有回答開慧的信，感到罪過的是沒有獻議照顧楊先生的遺稿。

一九二七年，我在南京聽説湖南省政府即將逮捕開慧，因為她已經是一名共產黨員，並且是毛澤東的太太。當時我盡了一切努力，包括給具有影響力的人物寫信、打電報等等，試圖挽救她的生命，但終於沒有成功。

一九三六年，我第三次旅居法國，老朋友熊光祖到巴黎去看我。我們很自然地談到過去第一師範的種種，對楊先生的家庭都不勝感傷。

第十章　我們的朋友蔡和森

談到中國共產黨的興起，必須提到我們的朋友蔡和森。他是第一個毫無保留地接受共產主義原則的中國人。毛澤東信奉共產主義，他有極重要的影響。

和森和我是同縣同鄉。他身材瘦長，兩隻門牙突出。他是意志十分

---

[1]　應為立達學園。為湖南人匡互生（1891—1933）創辦，陶在該校任教。

堅強的人，雖然少有笑容，但對朋友卻非常友善。

　　和森和我本來是第一師範的同學，比我低兩班，但後來他轉到嶽麓山高級師範學校就讀。他的母親在我們湘鄉縣城主持一所學校，我們都管蔡母叫「大娘」。「蔡大娘」還有一個女兒，芳名蔡暢，現在是中共全國婦女會的主席。[1] 蔡暢在十幾歲小姑娘年齡之時，我們都叫她「小妹」。她的意志十分堅強，有似乃兄，但她的身材矮小，在體魄上和她哥哥全無相似之處。我很喜歡和森，並且尊敬他的家庭。

　　和森為人缺少創發力和推動力，又不願意在任何事情上求助於人。因此他在高級師範畢業之後竟一直失業。他的母親和妹妹在嶽麓山下租了一所小房子，和森就和她們住在一起。他們生活異常困窘，常常弄到無米下鍋。

　　那時我在「修業」和「楚怡」兩所學校任職，有一份固定的收入，又在「楚怡」的宿舍住宿。毛澤東知道我與和森的友誼，有一天他急急忙忙跑到學校來找我，問我道：「你聽到關於和森的消息嗎？」

　　我驚奇之餘，答說我已有一段時間沒有和他見面了，一直等待著他的消息。

　　「那麼，」毛澤東接著說，「有人告訴我，他家裡現已斷炊，和森為此十分苦惱，認為自己住在家裡是給母親增加負擔，因此提了滿籃子的書離家，到嶽麓山下的愛晚亭去了。」愛晚亭是由四根圓柱所支撐的小尖亭蓋，並無牆壁，是黃昏乘涼的地方。「他已別無所有，只好餐風露宿了。」

　　「你看到他沒有？」我問道。

　　「沒有，我沒有看到他，是老陳告訴我的。」

　　「你為甚麼不去看看他？」我問道。

---

[1]　蔡暢（1900—1990），1919 年隨蔡和森去法國，1923 年入黨。回國後從事婦女工作。曾任中共中央委員、全國婦女聯合會主席、全國人民代表大會常務委員會副委員長。

「我去看他毫無用處，我沒有辦法幫助他。」毛澤東聳聳肩膀，把責任交給了我。

毛澤東走後，我向學校請了假，渡過湘江，往嶽麓山走去。走近愛晚亭之時，看見和森背依亭柱，坐在石階上，手裡拿著一本書，正在聚精會神地閱讀，對我的走近全無所覺。從他的神情看去，對整個世界似是寂然無存。

當我叫出他的名字時，他抬起頭來看了看，帶著錯愕的神色說道：「你怎麼有空老遠過江來看我呀？」

「我請了一天假。」我回答說。

「那你一定是到嶽麓學院去的了？」他問道。

「不是，我不到那裡去。我特地看你來的。而且我還要去看蔡大娘呢。」我答道。

「有甚麼新聞嗎？自我上次進城後又有很長時間了，這裡又沒有報紙。」

「沒有甚麼特別的新聞，」我說，「你就住在亭子裡嗎？毫無疑問這裡很好，很涼爽，但如果下起雨來，那也不好受的呀。」

「但現在不是雨季呀。」

「我特來邀你搬到我們的學校楚怡裡去住。我在那裡很感寂寞，我寢室外面有一間小房和一張床。你可以在那裡看書，課餘時我們可以一起談天。」

「但那裡不是你的家呀。」他反對說，「你只是在學校住宿，我不想給你添麻煩。」

「一點麻煩也沒有。學校裡有我們的宿舍，那就像我自己的家一樣，決不會有麻煩。你搬去之後，馬上就會感到像是在家裡一樣。走，現在就跟我去，今天。」

「我必須先回家把東西整理一下。我明天和你一起去。」他説。

就這樣決定了，我們便一起去看蔡大娘。和森小心翼翼地提著他那破竹籃子書。當我們到達他家時，蔡大娘叫她女兒去弄些山樹的枯枝，不一會工夫，「小妹」就面帶笑容地端了一杯白開水給我。他們買不起茶葉，蔡大娘抱歉地説「沒有時間進城去買茶葉」，請我接受一杯開水。我遞給她一個信封，裡面是四元鈔票，我解釋説是「給大娘一點禮物」。

「噢，謝謝你，」她説，「可是你不必這樣客氣！」她謹慎地把那個信封放在她的衣袋中。

她猜測，毫無疑問這是金錢，但她卻不知數目多少。當時四塊錢是頗為可觀的數目，至少可供她們母女二人兩個月的食用。她很快走進房裡，一會又面帶笑容地走了出來。她沒有説甚麼，然而我卻知道，她已經打開信封看過了。

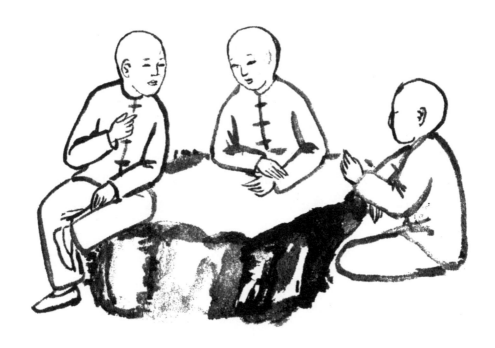

「蔡大娘，」我説，「我來邀和森跟我一起到學校裡去。他在這裡很寂寞，我在學校下課之後，也感到寂寞；因此，我來把他接去和我同住。」

「噢，那太好了。」蔡大娘説，「他一直在家裡很寂寞和苦惱，那就是為甚麼他要到愛晚亭去住了！」

第二天和森帶著他簡單的行李來到學校，在我宿舍外面的一間小房安頓了下來。房裡有一張桌子，一個書架，憑窗閱讀，光線甚佳。窗子外面有一株美麗的花樹。

那天下午，毛澤東又來看我。當時我正要去上課：我們只談了幾句話，等到上完課學生離去之後，我們作了一次長談。毛澤東提議和森應盡可能在這裡多耽一些日子，後者聽了之後也很高興。我們三個人同吃晚飯，然後毛澤東回第一師範，他那時還是學生。

我必須和學生們在一起吃中飯，因此和森就只得單獨在我房子裡用飯。我先已安排了廚子為他準備飯食，但我聽説他每天只吃一頓中飯。他每天下午外出，直到晚飯過後他才回來。當我問他為甚麼不和我一起吃晚飯時，他答道：「在下午的時候，我喜歡到圖書館裡去看書。有時候也回家去，我自然是在家裡吃飯，飯後再回學校。」

這件事似乎十分奇怪，因為他家距離很遠，又必須渡過湘江。他怎樣能夠每天晚上都回家吃晚飯呢？至於在城裡我實在想不到他能在甚麼地方吃晚飯。不，他一定每天只吃一頓飯。

不久之後，廚子開玩笑似的評論我朋友的胃口。「你的客人真是大吃家！」他驚奇地説，「我常常給他拿半桶飯，他的食量竟能抵得上三四個人。」

聽了廚子這番話之後，和森每天只吃一頓飯，已毫無疑問了。我再問他晚上究竟在哪裡吃飯，但他不肯答覆；我也就不再説甚麼了。他顯然不願意讓我給他多付飯錢，盡量地為我節省。但他不肯解釋他的動機。

我對此感觸良深，自不待說。便暗囑廚子為他每餐增加肉食一盤，夠他一天所需的營養。這件事情顯示出和森的禁慾主義以及他在友誼方面的完美。

後來我和他提倡學生「半日工作」的運動。一九一九年，他和他的母親、妹妹一起到了法國，他住在蒙太幾中學學習法文。在那裡他愛上了我們最好的女會員向警予小姐。因為當時我也適在法國，和森便把有關他戀愛的種種完全告訴了我。他們二人曾就有關兩者的愛情寫過一部題名「向上同盟」的小冊子。他們徵詢我的意見，我知道他們已經同居，有如結了婚的夫婦，雖則他們已違了婚姻的原則，於是我答覆道：「你們兩位都是我最好的朋友。我祝賀你們兩位，並獻給你們四個字──『向下同盟』──這是你們的書的名稱，只不過改換一個字而已。」

過去和森已坦白表示過對所謂資本主義制度的厭惡。早在蘇俄革命之前，這已是他個人的公開意見，只是他還沒有發現怎樣才能把它實現。因此在俄國建立了共黨政府之後，他全心全意、毫無條件地接受它的理論，自是合於邏輯的結果。我曾經勸過他，接受共產主義之前應先對他的理論加以研究和分析，但他認為那是不必要的，因為共產主義的真理十分顯明。法國的《人道報》充滿了共產黨的宣傳，和森的法文水準雖然甚差，但他卻天天手拿字典來閱讀那張報紙。由於他不能完全看得懂，因此在翻譯上他便弄出很多錯誤，但他對這種錯誤卻並不承認，甚至對他自己亦是如此。他有一些先入為主的意念，任何力量都不能對他的信念動搖。不過當我們在一起討論時，彼此之間的態度總是愉快而親切。我們彼此之間的意見雖然相去甚遠，然而我們都尊重對方的意見。因此，直至和森去世時為止，我們之間的友誼仍然十分堅牢和親切。

和森在法國生活於中國留學生群中，因此，他便從共產黨同志當中挑選了一些人，組織起來，宣傳共產主義。受他影響最深的有向警予、

李維漢、蔡暢、李富春等人。透過書信的方式，毛澤東亦受影響。

一九二一年，和森和他的家人一起回到上海，成了那裡的中共機關刊物《嚮導》的編輯。

一九二五年，當我在北京的中法大學任教時，先後接到他兩封長信。他的愛人向警予在漢口法租界被捕，他要求我設法營救。我雖然盡了一切力量，但最後她還是被槍斃。這件事情使我感到十分難過，我們雖然抱持著不同的政見和哲學，但她是一位很好的朋友。

幾年之後，和森也遭到和他愛人同樣的命運。和森雖然是中共的創始人之一，但直到最後，他仍是我的親密而敬愛的朋友。

第十一章　楊度

中華民國建立不到半個世紀，在這段時間之內，就有兩個人企圖要推翻它，並且都成功地實現了他們各別的計謀。奇怪的是，這兩人竟然都是湖南湘潭人。其中一個是楊度，另外一個是毛澤東。

他們二人並不相識，但我和他們都熟稔。在思想本質方面二人在基本上很不相似，但大異中有小同，談到毛澤東少年時代的故事，楊度其人必須一提。

楊度比毛澤東差不多年長二十歲。他屬於前一輩的人物。

記得我在私塾讀書時，便曾聽人說：「楊度是具有非常天份的人」。不過當時我不知道他們所說的究竟是甚麼意思。楊度當時已考中腐朽的科舉制度中的榜眼，聲望甚高，為全國到處所盛稱。

民國在一九一二年成立後，國內政治局面並不穩定，楊度認為，除非教育能夠普及發展，否則有效能的民主共和政府不可能建立。他相信，

要使大眾能夠治理自己，必須讓他們先接受相當程度的教育，在青黃不接之際，民國應該改為有限度的君主立憲制度，有如當時的英國和德國一樣。

一九一三年，他開始把他的想法付諸實施。他先糾集五個舉國知名之士，在北京組織了一個名叫「籌安會」的團體，出面勸請袁世凱由民國總統而登極為皇帝。對袁世凱來說，自是正中下懷，這計劃當時確獲得一部分人的支持。於是民國建立僅只四年，中國又返回帝制的老路。袁世凱做了洪憲皇帝，而楊度則入閣拜相，一品當朝。

當時很多高級將領都不贊成政治制度的改變，因此，老袁只做了八十三天的皇帝，便給以軍人為核心的全國性起義所推翻。於是共和再次出現，袁世凱則在氣急敗壞之下，一命嗚呼。

楊度的政治活動表面上雖已失敗，然而他的野心卻依然如故。當時我和毛澤東仍在第一師範讀書，我們帶著極大興趣逐日從報紙上注視事件的發展；我們一方面討論業已發生的及正在發展中的事情，也極力預測將來可能發生些甚麼事情。我對他的政治計謀感到不耐煩和漠視。我認為楊度是十分卑鄙的人物，在人格上毫無可以自傲，亦無尊嚴和完美可言。至於對袁世凱，由於過去他在許多事情上所表現，我感到他實在不配膺皇帝之名。

袁世凱猝然去世後，國中許多人士頗有饗以輓聯者。對楊度來說，他雖是榜眼出身，但追輓袁世凱這件事亦頗為棘手。他既做過袁世凱的朝廷大官，人們便感到他是最能夠寫出合適的輓聯的人，當時人人都等著看他的作品。楊氏輓袁世凱的輓聯上聯是：「共和誤民國，民國不誤共和，千載而還，再平此獄；」下聯則是：「明公負君憲，君憲不負明公，九原可作，三復斯言。」短短三十六字，已極盡其舞文弄墨的能事了。

一九二六年張作霖在北京開府，自號大元帥，楊度應邀出任教育總

長。楊在接任之後，乃邀我到教育部幫他辦事。當時我是革命分子，經常生活於隨時可能被張作霖特務逮捕的恐懼之中。因此，為了在必要時能獲得保護起見，便欣然接受了他的邀請。我和楊度曾經作過數次關於共產主義的長談。張作霖當時企圖對共產主義趕盡殺絕；事實上，任何稍被懷疑從事此種運動的積極分子，如一旦落到他的手上，會被立時槍決。當時北京的共產黨領袖是北大圖書館館長，我的好友之一的李大釗。李氏後來為張作霖所逮捕，被處絞刑。在那段時期中，有很多無辜的人被殺害；他們不過被認為有同情急進分子和共產黨的嫌疑而已。毛澤東當時匿居，我全無他的消息。

有一天楊度和我談話時，警告我，說我現在處於危險的情況。我們那次的談話如下：

「子昇，」他說，「你最好當心點。人們說你有共產的傾向，在某些場合，有人說你是共產黨的間諜。」

「這就奇怪了，」我答道：「他們為甚麼會懷疑我呢？」

「因為你的談話總有急進的傾向，在大學裡，據說你常常稱讚共產黨的學生。不過，最主要的原因還是由於你是毛澤東的好友，又常聽到你說他為人有他的長處。你好像不斷地為他捧場似的。」楊度警告我說。

「不錯，毛澤東是我最好的朋友，但是我絕不會成為共產黨員。」

「可是，老弟，你怎會有這樣的好朋友呢？我聽說他沒有一點人情味！」

「我們是同學，」我解釋道，「他似乎很願意跟我接近。我們經常都喜歡討論，時間一久，自然就成了很親密的朋友。我承認，毛澤東的行為有時顯示出他可能成為硬心腸的人，然而他們卻不能說他全無情感和人情味。」

「好罷，」楊度繼續說，「我看到報紙上說，他的頭髮在前額生得很

低，他的相貌也十分醜陋。」

「那是荒誕不經的說法！他一點也不難看。事實上他是十分正常的人。」

「他們説他要殺死他的父親。」楊度轉述道。

「毛澤東和他的父親相處並不好，那也是事實。」我表示同意，「但他決無理由要殺死他父親。」

「我還聽説，他在學校的功課很壞，是否如此呢？」

「整個説來，他的功課不算好，但在國文和文學方面倒很出色，而在歷史方面亦不錯。」

「他能寫文章嗎？他的字寫得怎麼樣？」

「在學校裡，作文永遠是他最好的功課，但他的字卻寫得很壞。他似乎不能掌握書法的藝術。他的字總是寫得很大，很不整齊。」

「他在古典文學和哲學方面有良好的基礎嗎？」楊度進一步詢問道。

「這倒不見得有。他沒有讀過多少古典著作，對書本亦從不肯用心研究。但是他長於討論問題。」

「這是我頭一次聽人説到毛澤東的好話。」楊度解釋道，「但是這種話你可不能到處亂説，否則異常危險，更會增加別人懷疑你是共產黨的嫌疑。」

「謝謝你的忠告，」我懇切地説，「我知道我不便隨便對任何人説話，但假定我不能不説時，我也不能説謊！」

「古人説：『禍從口出』。這年頭，還是少説為妙。當然，在你我之間，我們可以無話不談。」他接著問，「告訴我，你對毛澤東的看法究竟如何？他是否有任何真正的能力、知識、天賦，或才份呢？我的意思是，他是否具有真正的才份？」

「甚麼是才份？」我問，「誰是天才？這是很難回答的問題。就我所

知，第一、毛澤東對他所從事的任何事情都肯花功夫去精心規劃，他是
傑出的謀略家和組織者。第二、他對敵人的力量估計得異常準確。第三、
他可以催眠他的聽眾。他確實有驚人的說服力，很少人能不受他說話的
影響。假定你同意了他的說法，就是他的朋友，否則就是他的敵人，就
是這樣簡單。我在很久之前就已經了解他是這樣的一個人。假定你說他
有天份，那麼他就是天才。」

　　「現在先不談哲學方面的問題，」楊度打斷了我的話，「你以為共產
主義可以付諸實現嗎？」

　　「這決定於政府運行的方法，以及國家的政治能力。」我解釋道，「假
定對於原來的政府，人民感到不安和不滿足，那麼，共產主義就會很快擴
展。記得當年六國如何被秦征服的情形嗎？就那一段史實來說，與其說
是秦的勝利還不如說是六個失敗更為恰當。同樣的事情可能重演。假如
共產黨在中國成功，那一定是由於它的對手犯了當年六國同樣的錯誤。」

　　後來的事實證明確是如此，我們作上述談話時，共產黨人絕沒有預
料到他們會有統治整個中國的可能。

第十二章　妙高峰上竟夕談

　　第一師範學生的日常課業非常刻板，學生從早到晚的活動安排得非
常嚴格：進教堂、入閱覽室、到飯廳以及寢室等等，都須隨著號角的響
聲依時而行。當號角響聲一起，在十個訓導人員的指揮之下，一千多學
生就像鴨群一般迅速地集合起來，我和毛澤東認為這種強制紀律是不必
要的，對之異常反感，便常常不依號角行動。有一個時期，訓導人員對
我們大加斥責，但最後還是校長讓步，由於我們都是好學生，行為紀錄

甚佳，因而對我們的過錯也就不了了之。

　　我們當時所以完全不理號角的聲音，主要原因是我們不願意談論中斷。我們認為這種談論很重要，也很有意義，不應該中途而止。

　　我在前面曾提到，每日晚飯我們常常聚在一起，沿著江邊一邊散步，一邊不斷的討論。夏天的時候，同學們都到大閱覽室或自修室用功去了，我和毛澤東便常常走出去，到妙高峰的草地上坐下來，妙高峰是約莫兩三百尺的小山崗，坐落在我們學校的後面，只消幾分鐘工夫，便可以從體育場走到那裡，從這座山崗的頂上，我們可以俯瞰學校高聳的建築物，以及嶽麓山的山峰。我們常常夜裡登上峰頂，坐在星月之下，一壁高談闊論，而一壁遠眺長沙城中閃耀的萬家燈火。

　　我們有一次的談話，我現在仍是記憶猶新。那次吃過晚飯之後，我們像往常一樣，走到妙高峰頂，找一塊舒服的草地坐了下來。我們聚精會神地談了一個多鐘頭的時間，然後，學校的號角響了，「他們現在一定

是到休息室去了。」我們不約而同地說。後來號角再響,「現在他們要到寢室去了。」半個小時之後,傳來了最後的一次號角:「現在他們要熄燈了!」但是我們仍然坐在那裡傾談。倏忽之間,整座學校已被捲入黑暗之中,我們是僅有的兩個尚未就寢的學生。我們的潛離給察覺了。然而當時我們都得意忘形地談論,熄燈後仍留在校外會有甚麼後果,根本想都沒有想到。

當時正是袁世凱任大總統之時,我們照例談論報紙上的種種事情,試圖對中國的未來加以預斷。那天晚上的討論我記得非常清楚。「你想想,袁世凱怎樣會對中國的將來有任何影響!」我大聲說,「他只是一名罪犯。那些帶兵的頭頭也不過是他的傀儡而已!」

「但除了袁世凱,又有誰能肩負得起中國所需要的改造工作,」毛澤東說,「康有為有些很好的想法,但他已是過時的人;至於孫中山,他雖然是真正的革命領袖,但卻沒有半點軍事力量。」

「要改造中國,必須有嶄新的理想!」我說。

「當然,新力量是需要的。」毛澤東附和著說。

「在改造國家的過程中,每一個公民一定要加以改造,每一個人都必要磨礪他自己。」我說。

「那要把很多人結集起來,規劃出一個共同信奉的堅定理想,」毛澤東解釋說,「我們兩人就能夠做任何事情!」

「不,我們兩個人是不夠的。」我回答說,「一定要有很多人,和我們有同樣的想法的人。我們兩個必須把他們組織起來,成為我們的同志。」

「第一步,我們先考慮我們的同學。他們大約有一千人,看看其中有多少位可以參加我們的組織。」

「我們一定要選擇最優秀、最精幹的,」我說,「只選擇那些有崇高理想的人。」

「誰最精幹，我們都知道，那太容易了，」毛澤東說，「他們的行為我們都熟悉，但要想知道他們的理想卻並不簡單。」

「你我二人可以用普通的方式和他們討論問題，然後我們挑選那些最優秀的分子。然後，我們再分別和每一位作個別談話。」我提議說，「譬如，高級師範的蔡和森就是一位。我們都清楚知道，他和我們有共同想法。再和熊光祖、陳昌和陳紹修[1]等三人，我相信他們都會成為我們第一批會員。在低年級中，你比我知道得更清楚，那麼，你可以設法挑選。」

毛澤東表示同意，說：「是的，現在我心目中確有一兩個人，可以設法和他們談談。」

我們繼續討論我們的計劃，我接著說：「從學校千名左右的學生中，開始時我們只可選擇十個人。當然可能還有很多人值得挑選，但這種選才工作必須異常謹慎。萬一在千人之中十個人都找不到，那當然非常糟糕。我們可以把這十個人作為核心，建立一個社團，等第一批人組織起來之後，我們再著手吸收更多的會員。」

毛澤東提議道：「團體一定要有個好名字，而且一定要有規章！你何不動手擬定一些規章呢？」

「這個團體既以研究為宗旨，我們可以把它稱為新民學會。」

漫漫長夜，我們繼續討論。「我認為團體應有三個宗旨，」我提議說，「第一、在會員中鼓勵良好的道德行為；第二、交換知識；第三、建立緊密的友誼。」

「我認為你應該起一個詳細的草稿，然後我們再重新詳加研究。」毛澤東說。

於是我們周詳地討論應該如何為團體吸收新會員的問題，最後我

---

[1]　即陳贊周（1892—1921），又名紹休，湖南瀏陽人。毛澤東在湖南省立第一師範學校讀書
　　時的同學，新民學會會員，1920 年 5 月赴法國勤工儉學，次年在巴黎病故。

們決定，本校既無更多可以選擇的合適對象，我們便應該到外面去找。
這當然不是很容易的事。因此，我們花了很長的時間，討論種種可行的
方去。

　　最後，我們決定把宗旨摘要寫出來，闡明我們的救國之道以及建立
團體的原因。我們認為一定要寫得清楚簡明，然後分寄到其他學校的學
生會社，請他們加以考量。凡同意我們的原則及宗旨的，就寫信給我們，
由我們先去拜訪，討論商談後，再決定入會與否。

　　毛澤東動手起草一封信，準備付印後分寄到長沙各中學。那封信很
簡短，大意是：

　　「今日我國正處於危急存亡之秋。政府當局無一人可以信賴。吾人擬
　尋求志同道合的人，共同組織團體。團體之主要宗旨是自策自勵及改造
　國家。凡對此有興趣之同學，皆請惠賜大函，俾能約期私下聚談，以再
　作進一步之計劃。」

　　這是一封相當大膽的公開信，我們深怕會貽人笑柄，因此我們考慮
到，在那封信上簽署我們的真名字，並非是聰明的辦法，於是我們使用
了代名，毛澤東的代名是「二十八筆」。因「毛澤東」三個字合起來恰巧
是二十八筆 [1]，這或許是一種先兆，因為「二十八筆」一詞，後來不止廣泛
地被用作中共的代名詞，而且，共產黨之「共」，也像二十八的樣子。[2]

　　毛澤東起草這封信的初稿時，我則著手草擬新民學會的章則。分別
完成之後，我們又交換審閱，作了若干修正和建議，此時，天已破曉，忽
然之間，響亮的號角自山腳下升起，已經是次日早晨了。那是起床的號
聲，於是我們走下山崗，返回學校。我們改造中國的第一步工作計劃，
花了一個整整的通宵。

---

[1]　指繁體字筆劃。
[2]　《二十八畫生徵友啟事》發表於 1915 年 9 月。

第十三章　新民學會：中國共產主義的胚胎

新民學會是毛澤東和我在一九一四年發起的 [1]。最初，只是精選品格良好，和我們志同道合的學生所組織起來的團體。它的宗旨簡單説來：就是每個人自策自勵，增強道德和精神的力量，切磋學問，以及改造中國等等，絕未表示任何政治主張，亦不隸屬於任何政黨。不過，後來毛澤東和學會一些別的會員卻發展了政治野心，接受了共產主義理論。現在北京的很多高層領袖，都是昔日新民學會的會員；而另外一些有學術興趣富於理想的會員，則依然是自由主義者。共產主義理論在中國知識分子間引起廣泛興趣之時，新民學會便已有這種運動的核心人物，因此，新民學會可以稱得為中國共產主義的胚胎，中國共產主義的胚胎這個稱謂我認為最為恰當；雖則若干年後，另外有些不同的語詞出現，然而新民學會仍然是主要的核心。

我記得很清楚，那年春天我草擬好新民學會會規，該規章僅有七款，都非常簡明。毛澤東看過之後，未加任何評論。於是我們又把打算提名為發起人的會員，對他們的品格重新審核了一番。我們都同意這些人都是一時之選。一共是九個人，再加上我們兩個發起人，總共是十一人；然而在青年人的一股衝動下，我們卻自命是十一個「聖人」，以實現時代使命自況！同時，也認為我們彼此是志同道合的兄弟，大家都能互相尊重。

一個星期天的早上，我們十一個人在第一師範的一個教堂中聚會，在莊嚴的氣氛下舉行了第一次會議。[2] 我把印好的新民學會規章分發給每

---

[1]　應該在 1915 年 9 月以後。

[2]　新民學會成立大會是 1918 年 4 月 14 日在嶽麓山劉家台子蔡和森家中召開的。與會者 13 人，推選蕭瑜為總幹事，毛澤東、陳書農為幹事。蕭去法國後，學會事務由毛澤東負責。

一個人，並請與會者提出建議、問題和評論。但沒有任何新的意見提出。每人交了極少數目的會費，我被選為頭一任秘書。我們決定不設會長之職；於是會議宣告結束。如此這般，便是新民學會的創生了。雖然沒有人發表演說，然而一種更密切的關聯卻在我們十一人之間建立了起來，我們為了從事運動，我們不知天高地厚的想法和熱情，獲得了新的力量。都感到從現在起，我們的雙肩上增加了一種新的責任。

在會議席上，毛澤東一句話也沒有說。對於我們的宗旨以及會員所應該做的事情，我們都非常清楚；我們認為每人都應該表現切合實際的作風，而不應空談高論。新民學會的會員中，只有一個是習於為講話而講話者，那便是陳昌，他以發表冗長的演說著稱。我們這位陳同學是瀏陽人，在一個偶然的機會中和我相遇，我們便成了好朋友。不過，在新民學會成立大會舉行時，甚至陳昌都沒有發表演說。他後來成為中共早期的組織者之一，在一九二八年為國民政府所槍殺。

新民學會成立後，大約每月開會一次，我們的集會雖然不是秘密舉行，但也盡可能減少別人注意。原因是，我們選擇會員有嚴格的限制，那些沒有被邀參加的人，很難避免他們不會感到嫉妒或覺得受漠視。在那段時期中，我們必須處理的大問題，是怎樣吸收我們心目中認為夠標準的新會員。一個斬的名字提出後，須全體會員投票決定是否接納，如有一人投票反對，那個提議中的準會員即被拒於門外了。因此，人們要取得新民學會的會籍，須得全體會員百分之百的支持。

楊懷中先生已經知道新民學會的成立，也知道我們選擇會員極為嚴格，有一次他告訴我，他從熊光祖和陳昌兩個人那裡聽說，長沙有陶斯詠、任培道和向警予等三個女學生，似乎完全合於我們的規定，而且她們都是優秀的學生。後來在一次會議中，我把她們三人的芳名提出來，獲得全體無異議通過。

　　陶斯詠，湘潭鄉人，是我一生認識的人中最溫良、最文秀的人物之一。她在一九一四年參加了新民學會，約在六年之後，和毛澤東在長沙合開了一間書店，取名「文化書局」。他們當時深深地相愛，但由於彼此的政治見解不同，最後她終於離開了毛澤東，另在上海創辦了一所學校，名叫「立達書院」。她大約在一九三二年去世。她是新民學會的第一個女會員，也是頭一位反對共產主義的會員。

　　向警予是另一個動人而聰慧的姑娘。她的文筆優美，書法亦出色，更具有天賦的講話才能。她天生一副動人容貌，不加修飾，美貌之極。她對朋友溫暖親切，有如兄弟姊妹。在「勤工儉學」計劃的資助下，她於一九一九年去了法國，在那裡與蔡和森墮入愛河。她是新民學會第一個接受共產主義的女會員。我在前面曾經提到，她是在漢口法租界被逮捕，當時我曾請求法租界當局拯救她的性命，但結果她終於被國民黨軍隊所槍斃。她雖然成為共產黨員，但我對她的尊重毫不稍減；她那悲劇性的結局，曾使我深受感動。

　　第三位姑娘任培道，湘陰縣人，是一位極不尋常的優秀人物。這三位小姐宛若姊妹。和陶小姐一樣，任小姐也及時拒絕了共產主義，長沙高級師範畢業之後，她去了美國，在一家美國大學繼續深造。回國之後，她擔任過很多學校的教員和校長。現在她除了是台北立法院的立法委員之外，並且在那裡擔任教授職位。

　　這三位小姐成為新民學會會員之後，我曾提議也應該邀請蔡和森的妹妹蔡暢入會。但其他人，包括她的哥哥在內，都不同意，認為她太年青，才十五六歲，剛進中學。幾年之後，她去了法國，終於在那裡成為新民學會會員。現在她是中共婦女組織的領袖之一。我們對她那種堅定的性格，以及為人信誠，都很讚賞。由於我們尊重和愛戴她的母親和哥哥，因此我們便都管她叫「小妹」。事實上，我們亦確把她當作自己的小妹妹

一樣看待。

在我最早的照片集中，雖然失落了一千多張，但至今尚保存一部分，其中竟還有向警予和蔡暢在內，是在當時全體合攝的。

一九二〇年，中國共產黨正式成立之時，新民學會的會員已經超過百人。一九一九到一九二〇之間，我和蔡和森在法國吸收了約三十人左右，但毛澤東在長沙所吸收者竟達百人之多。[1] 他主要的興趣在於建立堅強的組織，對新會員的道德行為和思想方面，卻不甚注意；而會員的道德和理想正是運動初期我所堅持的。他當時的做法非常公開，也很積極，凡是和他有相似想法者，他都來者不拒。他沒有把理論轉化為行動的耐性，但欲著手出版一種報紙形式的學會通訊。我有很多信都被選登在上面發表，包括我反對以俄羅斯共產主義作為改造中國的手段那一封在內。直到那時為止，新民學會仍是一個聯合體，所有會員都有充分自由表示其政治見解。

一九二〇年，分裂的現象開始出現了。毛澤東所領導的那些熱衷共產主義的人，形成了一個單獨的秘密組織。所有非共產黨的會員，除我之外，都不知道這暗中進行中的事情。因為毛澤東把有關新組織的一切都告訴了我，並且希望我也能參加。當時毛澤東蠻有信心，認為我決不會出賣他們，雖則我對他們並不表贊同。

有一天，發生了一件深饒趣味而且頗有意義的事，這件事顯示了我們兩人之間的分歧。被我們稱為「何鬍子」的何叔衡，比毛澤東和我約大十歲。他和我們雖然都是朋友，和我的交情似乎還較近一些，由於我們同在楚怡學校教過兩年書。那天他告訴我說：「潤之曾經在會員前面秘密批評你，說你是布爾喬亞，你不贊成共產主義。他真正的用意，是不讓

---

[1] 此說不確。從新民學會會務報告第 1、2 號可知，當時長沙有 50 多名會員。

他們對你有信心，只跟隨他個人走。」

後來我把何鬍子的話告訴毛澤東，他聽了之後，立刻承認。我問道：「你為甚麼說我是布爾喬亞呢？假定我說過不贊成共產主義，那麼，你知道，我所不贊成的不過是俄羅斯共產主義而已。如你所知，我很喜歡共產主義的原則，我並且相信，社會主義亦應漸漸轉化為共產主義。」毛澤東一時閉口無言，何鬍子卻高聲大笑起來，「蕭鬍子，」他嚷道，「當你不在這裡之時，潤之叫我走一條路，當潤之不在這裡之時，你又勸我走另一條路；當你們兩個都不在這裡的時候，我不知道走哪條路好；現在你們兩個都在一起，我仍然不知道走哪條路好！」何鬍子的話引起了一陣大笑，但他所說的亦是事實。何鬍子雖然是以詼諧的口吻，說明他自己的情形，但實際上他確是不自覺地做了所有會員的代言人。因為當時的新民學會，顯然有一部分人陷於歧途彷徨之中。不過何鬍子是唯一坦白而誠懇地公開說破兩位領袖的意見分歧，這種意見分歧終於造成以後的分裂。

第十四章　學校放暑假了

暑假就要開始了，佈告欄上貼出了一張佈告，這表示各班的功課業已考試完畢，我們將獲得兩個半月的假期，全體學生可望在三日之內離開學校了。

每個人都動手收拾行李，笑容滿面地準備回家度假。書籍都自教室中搬了出來，裝在箱子裡；巨大的行李房中，這類箱子數以千計。在這兩天之中，學生的情緒異常興奮，不斷地進進出出，把那間大行李房弄到有如海關的大辦公處一樣。人人有說有笑，喧鬧異常。功課考完之後，

每個人都生活於放假的氣氛之中。「你寫信給你的太太了嗎？她知道你就要回家嗎？」「你的未婚妻會來看你嗎？」諸如此類的話，終日可以聽得到。

最後，所有的教室都空空如也，只有一個例外，那就是我的教室。我的書籍、筆、墨、文具等等，仍然擺在桌子上，我的書籍還是塞得滿滿的。毛澤東進來找我，他看到我還未動手收拾，便坐了下來，問道：「旭東，你甚麼時候回家？」

「我決定暫不回去！」我答道。

「你真的打算留在學校嗎？你上個月和我談到，我還以為你是說笑呢。」

「不是的，」我說，「我決定先在這裡停留一兩個月，然後再回家去住上一二十天。今後的兩個月中，學校一定很安靜，我可以在這裡做很多功課。」

「你這兩個月裡的計劃如何？打算做些甚麼功課？」

「我打算把下學期的代數、幾何、英文和地理等課目，自己先做一番研究，此外，我還打算讀點哲學的東西。」

「我知道了。那麼，校長准你留在學校裡嗎？」

「准的，我昨天晚上曾經去看他，告訴他我的打算。他表示這本來是違背校規的，但由於我要認真讀書，因此他也同意了。他告訴我，在暑假期間，門房和四個校工會留在學校；因此，我不會感到寂寞。他說他會告訴校工和我住得近一些，以便對我加以照顧。廚子也要有一兩個留在學校，我的膳食也有人料理。但是我必須自付膳費，學校不能負責任何額外的開支。」

「聽來很不錯呀。我也願意和你一起留下來，你以為如何？」

毛澤東是我最好的朋友，我自然很高興，當即說道：「快去見校長。

假定你喜歡的話，我願意和你一起去，這樣可能對你有幫助，有一個好友做伴，和我一起住在這裡，那是再好沒有。我很希望你能留下來。」

「但是請你告訴我，」毛澤東有點猶豫，「你要給廚子多少伙食費？」

「兩塊半錢一月。每餐一菜一湯。」

「兩塊半錢！那就是説，兩個月需要五塊錢！」毛澤東吃驚地説，「這太多了！」

「不，不多。我認為很便宜！但是，你不必擔心花費的問題。假定你錢不夠的話，我可以借給你。走，現在我們快去見校長。」

我們一起去見校長，他對毛澤東的請求毫無異議地接受了。其他的學生聽説我們要留在學校，其中兩個也要一起留下來。又要求我和他們一起去見校長。校長也答應了他們的請求，因此，在那年暑假中，我們四個人繼續留在學校。我對那兩個同學雖然很熟悉，但他們和毛澤東只不過泛泛之交而已。我和毛澤東都認為他們非常平凡，沒有被挑選為新民學會會員的資格。

夏天天氣非常炎熱，因此，在下午根本不能做甚麼事情。我們都是早上看書，中飯之後，則作閒談，但有時熱到連閒談也感到吃不消。溫度之高，我們即使坐在那裡不做任何事情，也會汗流浹背。

我們幾個人早上的工作各不相同。我從英文、代數開始，而毛澤東對這些則毫無興趣。他甚至根本不想去提高研究英文和數學的興趣。他花費大部分的時間閱讀古典文學和歷史。其餘的時間，我常以寫字來排遣。

毛澤東留在學校的原因和我不同。他在家裡全無溫暖可言，假定他在這個時期回家去的話，他必須在田間幫助他父親收割麥子。田裡的工作，對他來説，比最初他離家時更覺乏味。但在這裡他僅有一雙鞋子，已經破得不像樣子，兩隻鞋的底子都已經磨穿；因此，為了弄一雙新鞋，

他至少須在稍後的時間回家一次。

　　那個時候，學校所有學生幾乎都穿著家裡做的鞋子，穿著鞋舖做的鞋子的絕無僅有。穿鞋舖做的鞋子乃顯示不必要的浪費，目的不外是向人誇耀而已。因此，凡穿著這樣的鞋子，其人總是被人瞧不起。那另外兩個留校學生，有一個就穿了一雙很漂亮的鞋舖做的鞋子。對我來說，這種鞋子反不如毛澤東所穿的那雙破鞋有價值。那位夥伴發覺我們對他鞋子的觀感，即不再穿，毛澤東的那雙破鞋反而獲得了實正的榮耀。

　　我們只有幾個人，就更顯出彼此性格的不同。我覺得保持我的書桌、書籍和房間盡可能的整潔是一種道德上的責任，而且這也是我一種根深蒂固的習性；即使沒有人天天要來檢查，我也是如此。然而，另一方面，毛澤東的書桌卻永遠是亂七八糟。這在我們的書室裡也並無兩樣。我的書室永遠是整潔，而有次序，毛澤東的書室則是一塌糊塗，他從未想到要來一次灑掃。有一次我開玩笑地向他說：「大英雄如果不能治理他自己的房間，怎樣能夠治理天下呢？」毛澤東回答道：「大英雄一心想著治理天下，就沒有時間來治理房間了！」

　　暑假期間，學校沒有熱水供應，因此，每個人必須到廚房去燒自己所用的熱水。我每天洗澡一次；但在那樣的大熱天，毛澤東卻經常數日不洗澡。他抱怨我洗澡洗得太勤了。「真是不必要的麻煩！」他說。

　　毛澤東不僅對自己的不清潔洋洋自得，並且對我喜歡愛整潔的習慣大加反對。我在飯後，總是刷牙一次，他卻譏笑說：「吃過飯之後，就必須刷牙麼？這是富人子弟的典型習慣！你是個十足的紳士，是嗎？」於是他送我一個「富人子弟」的綽號。我們彼此之間的性格、背景和生活習慣雖然這樣的不同，我們也常常毫不猶豫地互相批評，但是我們都從來沒有真正爭吵過。事實上我們彼此雙方都很欣賞，並且覺得必須相互尊重。彼此批評一陣之後，我們總是以大笑來作結束。我們都喜歡開玩笑，

因為可以藉此得到鬆弛和調劑。

這些小意見上和習慣上的不同，並不妨礙我們嚴肅的討論。每天下午我們都有一段長談，通常都是沒有特定的話題，而以當時所發生的事情為談論中心。特別是討論我們在報紙上所讀到的新聞。

第一師範，認為教育宗旨最重要。大禮堂入口處的橫匾上，寫著下面幾個大字：「德、智、群、美」。這是民國元年首任教育總長蔡元培的宗旨。但所謂群育，往往是摹仿了德國和日本。毛澤東認為這一點最值得讚賞。我卻不表贊同。我說「蔡元培的宗旨雖然很有道理，我卻認為平凡得很。其中只有美育一點比較新穎。當時蔡元培曾就這個問題寫過一篇很好的文章，題名《以美學代宗教》。」

「但是，」毛澤東堅持說，「群育比甚麼都重要，假定國家弱的話，講美學又有甚麼用呢？首要的事是克服我們的敵人！與美學教育又有何關係呢？」

「在古代的詩歌、經典和音樂中，德性的完美是最著重的。那也就是同樣意思。」

「假定民族衰弱的話，德性完美又有何用？」毛澤東反詰道，「最要緊的事是強盛起來。一個人要能夠以力量征服別人，能征服別人即表示這個人有德性。」我們的基本觀點是這樣的不同，然而在我們歡快的熱忱的青年時期，我們又哪裡知道這種不同的深度呢。

第十五章　修業學校和楚怡學校

當時長沙還有一間叫明德的中學，但以修業和楚怡兩間聲譽最好。一九一五年，我在第一師範畢業之前兩個月，便應聘到修業學校任教。

在那裡只教了一個學期，我便轉到楚怡去了。

我是一九一六年正月開始在楚怡任教的，連續在那裡教了兩年多的時間。

那一年第一師範的畢業生中，我是唯一受聘到這些中學任教的，在同學的心目中，這是很高的榮譽。毛澤東對此事的印象甚深。有好幾次我很清楚的看得出來，他對學問和靈智懷有很高敬意，雖然他固執地強調軍事教育。在我任教時期我們所討論的問題，可以大致分為三類，即：自修之道、中國的改革以及課本和最近的新聞。

毛澤東對教員生活頗為好奇。我應聘到修業學校任教後不久，有一天他問我道：「你教多少學生？」

我說我任級主任的那一班，共有五十八個學生。「你要照顧五十八個學生，又怎樣還有時候教書呢？」這是他要知道的。

「每個級主任都必須同時教課，」我解釋道，「我現在所教的幾門主要課是國文、修身和歷史。」

「你每個禮拜教多少鐘點？」我從表情上可以看出來，他很有興趣要知道這些事情。

「每個禮拜我教十二小時，另外還得批改國文卷子。我的學生每週作文兩次。還要備課呢。」

「這就是說，除了教課之外，你每個禮拜還要批改一百十六本作文卷子？」他問道。

「是的，改過卷子之後，我還必須向每個學生分別解釋所批改的要點。」

「學生為甚麼一定要每禮拜做兩篇作文呢？」這他也想知道。

「因為這對他們是很好的練習。」

「你太勞累了！」毛澤東說。

「教員雖然有很多事情要做，然而我在其中也找到了樂趣。這當中也有刺激和挑戰。並且學生都很喜歡我，我也喜歡他們，這是最重要的。在學校裡我們就像在大家庭中一樣。你看著學生成長和進步，是非常快樂的事情。」我向他解釋。

「我認為教育制度應該改革。教員工作太辛苦了！」毛澤東堅持著說。

「教員的待遇的確很好。」我耐心地說下去，「經費有限，不能聘請更多的教員。這就是為甚麼我們每人都必須教好幾門課。我對工作很感興趣。」

就在同一天，約莫是在夜半，毛澤東剛剛離去後不久，學生宿舍忽然起火，火勢很快蔓延到教員宿舍，造成慘重的損失。我的箱子和被蓋都燒毀了，幸喜書籍被搶救了出來。

第二天毛澤東在報紙上看到了這個消息，當天下午就來看我。「這次大火你的損失很重嗎？」他很關切地問道，「不過，我想學校會賠償教員的全部損失的。」

「不，學校不會賠償教員任何損失。」我答道，並且告訴他我損失了甚麼。「不但如此，」我繼續說，「今天早上，校長召集全體教員，要求我們捐出若干薪金，以補償學生的損失。你知道，有些學生是很窮的。」

「但是你們不能這樣做！這樣要求太過分了！你們一定要起來抗議！」毛澤東情緒激動，嚷著說。

「那也沒有甚麼關係，不值得這樣大驚小怪。」我說，「這學期現在剛剛開始，我還要接著教五個月的書，然後再決定是否繼續在這裡教下去。」

這椿不幸的事件過後不久，毛澤東又來看我，他問道：「你覺得做教員很有趣嗎？」

「是的，」我說，「我感到很有趣。只要你一旦習慣了，就永遠不會感

到厭煩，我告訴你日前發生一件很有趣的事情？」

「好的，你說，那是怎麼一件事呀？」

「我記得我告訴過你，我班裡有幾個比我年紀還大的學生，他們很明顯的對我表示不滿。因為他們極不喜歡有一位比他們年青的教員。每次上課之前，他們在黑板上寫些刺激我的話，但我總是假裝沒有看到，這種事經常發生。」

「是的，」毛澤東同意道，「最好是裝作沒看見，不要理會這些事情。」

「我從來沒有處罰過他們。」

「但是，他們寫過侮辱性的話嗎？」毛澤東急於知道。

「那倒沒有。有時候他們從書本找些極艱深的字句要我解釋。我頭一次上課時，他們看我這樣年青，極感驚訝。教務主任向他們介紹時，告訴那些學生說：『你們不要因為蕭先生年紀輕，而有錯誤的印象。我今年已經五十歲了，但在國文修養方面，仍得認蕭先生為老師。』這些恭維的話，使班上大多數學生恢復了對我的信心，課堂上的氣氛頓時安靜了下來。但那幾個年齡較大的學生，總是想盡辦法給我找難題。幾天之前，他們的機會來了。」

「教務主任這樣來介紹你，確是很好。」毛澤東加了一句評語，「請你繼續說下去，究竟發生了甚麼事情。」

「一位學生死了，同學要舉行追悼會。他們雖然知道我會寫文章，但是撰寫輓聯之類，那些主事的學生們認為我根本不懂，因為這經常是由經驗豐富的老學者來做，他們都善於運用古典文字。這樣一來，他們就可以在全校師生面前出我的醜了。」

「你既然是他們的國文教員，假定他們請你做的話，你自然不能拒絕。好在你對撰寫這類東西確有過人的才能，不會被難倒的。」毛澤東回答說。

「但是你卻不知道他們怎樣來進行這件事情。僅在前天上午十一點鐘，當我上完課，在教員休息室休憩的時候，四個這些年齡較大的學生就進來看我。他們先向我一鞠躬，然後其中一個開口說道：『老師，我們的任同學死了，我們要開追悼會。希望送一對輓聯，但是我們都不會做。請老師替我們寫一副好嗎？』

「我當然感到很驚奇，但在另一方面，對他的請求，我也感到很高興，但我一直沒有聽說他們打算舉行追悼會的事情。『很好，』我說：『你們甚麼時候要呀？』他們好像預先演習過一樣，異口同聲回答道：『追悼會在今天下午四時舉行。』當時我立刻察覺，這是他們的一個陷阱，但已經太遲了。他們已經用盡心思，故意要整我。撰寫輓聯的事，他們本來可以在一個禮拜之前告訴我，但他們卻要拖到最後一刻，讓我到時候甚麼也寫不出來，好大大地丟一次醜。不過，我如責備他們，是毫無意義的；假定我不想鬧出甚麼笑話，那麼，我只有利用這僅有的時間，作出一副真正好的輓聯。我問他們『你們和任同學份屬甚麼關係？』

「他們回答說，他們和任君只是同學，但任君卻來自同縣同鄉。我告訴他們說，我必須利用這一刻的時間把輓聯做出來，他們可以先行離開。但他們還有話說。『老師，』他們請求道：『還得請你用你的書法替我們寫出來。請不要晚過下午兩點鐘。因為在三點鐘之前，我們必須在大禮堂把一切都佈置好。』我盡量抑制自己，對他們不要表露出不愉快的神色，告訴他們說我當及時完成。

「他們離去之後，我在教員休息室的沙發上坐了下來。我的腦子是空白的，我從窗口注視鵝毛般的雪飄，厚重得似乎要把學校壓塌似的，一種淒清的氣氛籠罩了大地的一切。這種情景，驟然之間使我想到了第一句：『哭吾友亦痛吾邦，冬花懸涕開霜雪。』」

「上聯非常精彩，」毛澤東說道，「但下聯總比上聯更難做。」

「是的，寫出上聯之後，我的腦子又空白了，一時我真不知道下聯怎樣開始。半個小時過去了，我一個字也想不出來。我開始感到愁悶和煩惱了。時間太短促了。中飯過後，下午一點鐘時，我還要上課；因此，我只剩下一個半鐘頭的時間，而我必須作出真正的好輓聯，在這有限的時間想出下聯來。當時我正要進廁所。我常常會在那裡得到靈感，這次廁所之神又向我微笑了。我果然得到了靈感，寫出了下聯：『長其才而短其命，蒼昊不仁握死生。』我對下聯感到非常滿意。」我說。

「你應該感到滿意，的確太精彩了！」毛澤東驚歎道，「後來你的學生怎樣說呢？」

「恰恰在下午兩點鐘的時候，四個學生又一起來了，後面跟著一群看熱鬧的學生。他們盡量裝作輓聯已及時完成而他們並不感到驚奇的樣子。其中一個說：『請老師快替我們寫罷！』我問他們墨和輓聯布是否已經備妥。『墨已經磨好了，』他答：『但是，布還沒有準備好，因為我們不知道每聯字數有多少。』

「『每聯十四個字，』我告訴他們：『你們趕快一點，把布上的線打好，快，快！』於是他們急忙把白布弄好，我隨即提筆寫了出來。他們向我道謝之後，便趕往大禮堂懸掛。」

毛澤東問我，在那天的追悼會上，是否還有其他真正好的對聯。於是我再告訴他故事的下半部。

「到了下午三點鐘，各班都停了課，使追悼會能在四點鐘舉行。約莫在三點多鐘的時候，我到了大禮堂。那是很大的房子，四壁懸掛著約莫兩百副輓聯。人人都在那裡審閱，並且加上評論。王大鬍子也在那裡。我們所以送給他這個綽號，由於他長了又長又粗的黑鬍子之故。在科舉考試時，他曾得過很高名銜。他是學校的首席國文教員。當然，他被認為是全校文學方面的最高權威。進入禮堂後，我遠遠地看到他正

閱讀我寫的那副輓聯，他身後還圍著一大群學生。他向那些學生加以解釋，接著他高聲朗誦了起來，在韻律的襯托之下，有如唱歌。他朗誦完畢之後，轉身對那些學生說：『好，太好了。誰做的？』這時有一個學生看到了我，於是王先生領著一群學生向著我走過來。他感情激動地對我說：『太出色了！太出色了！毫無疑問是所有輓聯中最出色的一副。值得讚賞。』

「學生們臉上所表現的驚異之色最是有趣。接著校長走過來向我作親切的道賀。四點鐘之時，追悼會開始了，由校長主祭。追悼的儀式過後，他開始演說；在演說中，他再次稱讚我的輓聯。當他說話的時候，所有的學生都不住的看我。那情形好像集會並非為了追悼死者，而是給我一個榮譽似的。追悼會結束後，王先生握著我的手首先走了出去，校長亦跟著出來。當時我感到宛如獲得一個偉大的文學學位一般。」

「你可以想像得到，後來那些年齡較大的學生不再找我的麻煩。」我說，「他們對我都很尊敬，無論是在學校內外，他們遇見我都鞠躬為禮。在教室他們也很安靜，情形有如在教堂一樣！」

毛澤東靜靜地想了一會之後，說道：「我能夠了解，讓學生相信教員一切所說的，一定是十分困難。但對於一位教員來說，在學生中建立信心是異常重要的。」

時間如飛過去，很快就到了學期的盡頭。有一天毛澤東的表叔王先生問我在修業學校是否愉快。我告訴他說，我對工作雖然感到愉快，但很疲勞，現在還沒有決定下學期是否繼續在那裡教下去。他對我說，楚怡需要一位好國文教員，他希望我接受他的邀請，到那裡去任教。這問題讓我考慮了好一段時間，鑒於楚怡是出色的學校，我終於決定接受王先生的邀請。

第十六章　「叫化」生活

一九一六年正月起，我開始在楚怡中學任教。翌年，近三個月長的暑假即將來臨之時，我感到生活上需要一種變化了。乃決定以叫化 [1] 生活來消度漫長的暑天。

我深為叫化生活所吸引，因為我一直沒有過過那種浪蕩的生活，而自少養成的生理和心理上的困難，亦可以藉此克服。在中國以至整個東方，大體上說來，從很古的時代起，一直認為乞討也是一種行業，不似西方那樣視之為一種貧困的標記。身無分文而到處旅行的生活是很夠刺激的。

當時毛澤東仍在第一師範讀書，常去找我聊天。

有一天他說：「暑假就要到了。你的功課甚麼時候結束呀？」

「我們現在正在舉行考試，再過一個禮拜，暑假就要開始了。」我回答他說。

「我們離放暑假還有兩個禮拜。」毛澤東接著說。

「你是否打算像去年一樣，在暑假期間仍舊留在學校呢？」我問道。

「今年暑期要怎樣過，我還沒有任何打算。」毛澤東回答道，「你有甚麼計劃呢？」

「今年暑期我有一個新計劃。」我告訴他道，「我決定做一段時間的乞丐。」

「做乞丐？你說做乞丐究竟是甚麼意思？我真不明白。你為甚麼要去做乞丐呢？」他連珠炮似的詢問道。

「是的，我要做一個叫化子。身上一個錢不帶，去作長途旅行，吃和

---

[1]　即乞丐。

住的問題，我打算用乞討的方式來解決。我希望過一段最有趣味的假期，去看很多有趣的地方。」我解釋道。

「我仍然不明白，」毛澤東繼續說，「假定你找不到任何人去向他求乞，或者人們根本就不理你，你又怎樣活下去呢？你當然不願捱飢抵餓罷。」

「那正是最有趣的一點，」我說，「我要測探人們對我的反應。你認為叫化真會餓死嗎？」

「不，當然不會。乞丐倒像是很少捱餓的。」

「不僅如此，他們還是生活最幸福、最自由的人呢！『叫化做三年，有官都不做。』你記得這句話嗎？現在請你告訴我，他們為甚麼要這樣說呀？」

「為甚麼，那是因為做官的人身有重任，而叫化則一身輕鬆。」

「是的，不僅如此。」我解釋說，「做官要受種種約束，而叫化則完全自由。我過過那種自由自在的叫化生活，你知道那種生活的滋味如何？」

「不知道，然而我也能像你一樣想像得出來。」

「但是，我可不是想像呀。我真正過過叫化生活。」我說。

「你是說你真的做過叫化嗎？」

「當然了。你還不知道那件事，我一直從沒有告訴你我生活中的那段插曲麼？」

「請你講講，那個故事。」毛澤東道，「那一定是很有趣的。」

「那是四、五年前的事了，在不同的情形下我做過兩次乞丐。在那之前，我曾經想過叫化的自由和幸福，便決定在生活上作了一次實際嘗試。我頭一次的叫化生活只有一天，但第二次就有三天之久。

「在頭一次的叫化生活中，我一早出發，走到鄉下，感到飢餓的時候，我就開始乞討了。頭一家人家給我的飯不夠吃，於是我又轉到第二

家。第二家的飯不清潔，於是我又跑到第三家，這一家讓我盡飽而罷。吃過之後，我開始往回走。到天黑之時，我又餓了，於是我又討了一些米飯。我終於在月亮出來之時回到家中。」

「但人們看到你的時候，他們真的以為你是叫化嗎？」毛澤東問道。

「注意他們的反應確是很有趣的。有些人很冷淡，對我全不理睬。另外有些人問我識不識字。很明顯的，他們以為我是『送字先生』（送字先生是一些窮書生，以廉價字畫去換衣食的人）。不過，我只簡單地說我沒有錢，又沒有任何東西吃因而捱餓。有些人極表同情，當我吃東西的時候，他們就和我聊天。有一家給我一滿碗飯，此外還給我一個煎蛋和一些青菜。那家長是一位老太太，她有兩個兒子，都在城裡讀書。她三番四次地問我，為甚麼會弄到這樣窮困而至乞食的田地。我和那老太太作了一次非常有趣的談話，因而使我對社會心理獲得進一步的認識。」

「那的確很有趣呀。可惜你只過了一天這樣的生活。」毛澤東說。

「是的，這就是為甚麼後來又走出去三天的緣故。這一次比頭一次還要困難，原因是我必須找地方睡覺。」

「那麼，你怎麼樣去求得過夜的地方呢？」毛澤東問道。

「為甚麼不能夠呢？讓我告訴你罷。那是夏天，夜間並不很冷，並且還有月亮。那是非常奇幻的經驗。我緩緩地走過荒林，世界上似乎只有我一個人了──在一種靈虛的境界中，沒有阻礙，沒有煩惱，而完全自由自在。日常生活中的繁囂都遠遠離開了並且忘掉了，只有藍色的天空、星河和明月與我為伴。以往我從來不曾經驗過這樣寧靜和孤離的感覺，因此，我決定通宵達旦地漫遊下去。到了第二天黎明時，我倒在一塊河岸的草地上，呼呼大睡了起來，一直睡到日中。就又再起來乞討。第二天晚上的夜色特別陰暗，沒有月亮。不一會我走到一座高山之前。當我在山腳下行走的時候，我看到一塊巨石，聳立在高處，遠處漆黑一片，比

當時的天色還黑。那漆黑的影子和怪異的形狀使我開始恐懼起來，當時我的心情就不似頭一天夜裡那樣愉快了。」

「可是，你不怕山裡的老虎和其他野獸嗎？」毛澤東問道。

「老實說，我當時一感到恐懼，馬上就聯想到我從前所聽到的山中猛虎的故事來，想像著有一群老虎真正的在圍著我，虎視眈眈。我站在那裡，想著是繼續前進呢或是往回頭走，正在猶豫莫決之時，忽然看見遠處一家人家的燈光，於是我便朝著那燈光走去。燈光是從一座農舍的窗子中透射出來的。一覺得有人家存在之後便安心了，於是我便加快腳步。抵達那裡之後，我敲打那家農舍的大門，不一會，從門縫中看見一個十六、七歲的小姑娘，手拿著一盞油燈走過來。她從門縫瞧著我，但不把門打開，只問我有何貴幹。我告訴她我是個叫化，因為迷了路，需要找個地方歇宿一晚。她向我注視片刻，隨即轉身向後面房中走去。我猜想到，在黑夜中她不敢開門讓一個自稱叫化的人進來，因此回去叫她的父親。不一刻工夫，一個手提燈籠的老人走了過來。他先問我是何許人，從哪裡來，又問我是孤身一人或有其他同伴沒有。我的回答似乎令他感到滿意，於是他把大門打開，讓我走了進去。我們走進一間大房子之後，他把燈高高舉起，從頭到腳仔仔細細地把我打量了一遍。我也以同樣神情把他打量了一遍。他顯然是一個農人，約莫五十歲年紀，頭髮幾乎已經完全脫落，只有幾根稀疏的小鬍鬚。他向我溫和地笑了笑，從他的這種笑容中，我知道他已經斷定我不是甚麼危險的人物了。我轉頭過去看站在桌前的那位姑娘，她梳著一條辮子，身穿一套藍布褲褂。從她那給太陽曬得黑褐色的皮膚，可以一下子看出來，她是常常到田間工作的。不過她的眼睛很大，很明亮，牙齒生得潔白而勻稱。她當時也正在看我，因而我們兩個人的目光一時碰在一起。

「她旋即轉過臉去問她的父親：『爸爸，你問過他沒有，他要不要吃點

東西？』我說我還沒有吃飯，但也不怎樣餓。那位姑娘沒說甚麼，便急忙轉身離去了，她的父親和我則繼續談話。一會，她回來了，微笑著遞了一杯茶給我。『飯馬上就好了。』她說。那老人問起我家庭的情形，並且問我為甚麼會淪為叫化，於是，我便告訴他我在學校裡讀書。他告訴我他的老伴去年剛剛去世，他只有一個女兒。為了生計，他們父女二人都要在田裡操作。後來那位姑娘給我端了一碗飯和一碟青菜來，那時老人向他的女兒說：『孩子，這年青人不是叫化，他是一位學生。』她聽了之後，微笑著說：『蕭少爺，請用飯罷。』我吃飯的時候，他們父女都坐在那裡陪我談話，飯後不久，我們就寢了。我當時實在太疲勞了，他們父女則都有早睡的習慣。

「第二天早上，我們都在天剛破曉之時就起床了。我向他們告別，準備上路，但他們卻挽留我多住些時間。因為盛情難卻，我便沒有馬上離去，和他們在一起吃過午飯之後，我對他們的熱誠招待表示深深的謝意，然後舉手作別，打道回家了。我們現今仍然保持著彼此之間的友誼。」

「哈哈，」毛澤東驚叫道：「現在我知道你為甚麼對叫化生活這樣感到有興趣了！原來你仍然想去看看那個農夫和他的女兒呀！」

「去年冬天當我回家的時候，我曾順道去看過他們一趟。」我解釋說，「我給他們帶了一點小禮物。那位姑娘已經出嫁了，並且已有了一個兩歲大的孩子；她父親和他們居住在一起。這次出去行乞，我打算走一條新路。我想看看新的事物，並且希望獲得全新的經驗。最有趣的是對困難的克服；天下任何困難也不及身無分文而要想法生活在別人的社會中更困難的了。我打算嘗試一下我怎樣能克服那種困難。」

毛澤東很是興奮。「那真是很有趣呀。我可以和你一起去嗎？」他問道。

「當然可以，假定你願意的話。實在說來，叫化生活只能是一個人，

而最多亦不能超過兩個。但我們兩個一定要好好相處。」

「很好！我要跟你一起去。我們甚麼時候動身？」

「我的暑假下個禮拜開始，但是我要等一個禮拜，等到你放假，然後我們再決定確切的日期和全部細節。」

第十七章　乞丐出發了

起程日期終於決定了。行乞的主意既是由我提出的，因此，我事前便決定從我住的楚怡中學出發。那是個美麗的夏日，毛澤東一早就趕到了。他穿了一套學校的制服，那是一身白褲褂，已經很破舊了。那時我因為是個教員，日常在學校中便穿著傳統的長衫；但為了適應叫化生活，我就改著短裝和布鞋。毛澤東永遠是剃大兵式的光頭；因此，在出發的前一天，我也學樣把頭剃個精光。我的化裝就這樣完成了。

毛澤東帶一把舊雨傘和一個小包袱。包袱中包著一套可供換洗的衣裳、洗臉巾、筆記簿、毛筆和墨盒。我們攜帶的東西愈輕就愈能走得快；因此，我們事前曾經說定不帶更多的東西。我也帶了一把雨傘和一個小包袱。包袱中的東西和毛澤東的差不多，只不過多了一些信紙信封，一本《詩韻集成》而已；攜帶《詩韻集成》是為了一旦有靈感而作詩之用。

我已經把我的錢交給學校的會計代為保管，現在又把口袋裡的零用錢拿出放在書桌的抽屜裡。我們兩個人身上都沒有攜帶一文錢；各人所攜帶者只不過是一把雨傘和一個小包袱捲而已。

一切準備停當之後，我說：「請你等一會，我要去看看校長，並且向他告別。」

當校長的聽差看到我之後，他睜大了眼睛，注視著我身上穿的一套

舊褲褂。猶豫了好一陣之後，顯然他是一時不知說甚麼才好。最後他問道：「蕭先生，這是怎麼回事？發生了甚麼事情？你跟誰——你跟誰打架了嗎？」

看了我這身穿著之後，他所能想像到的唯一解釋是我和別人打架，現在則是向校長來投訴來了。

「我要跟誰打架呀？」我問道，「我只不過來和校長說幾句話而已。」

校長也和他的聽差一樣驚奇：「蕭先生！」他不勝詫異地問道，「你好嗎？發生了甚麼事情，為甚麼穿得這個樣子呀？」

「沒有發生甚麼事情，」我安詳地回答道，「我只不過要去作一次旅行罷了。」

「你穿著這一套衣裳究竟到甚麼地方去？」他追問道。

「我想熟悉熟悉本省的情況，因此決定作一次徒步旅行。穿著這樣的衣裳走起路來最是舒服。」我解釋道。

「你在路上可要當心點。」他繼續說，他對我的安全甚表關切。

「謝謝你，」我回答道，「我還有一個同伴毛澤東同行呢。」

「啊哈！他就是常來找你的那個年青人嗎？當我在第四師範教書時，他還是我的學生呢。一個奇怪的小伙子！你和他一起出去旅行，兩個奇怪的小伙子！很好，但你們兩個人在路上也要當心。」

我從校長辦公室走回宿舍的時候，大廳裡迎面遇見我一個最好的學生。他一時目瞪口呆地瞧著我，在相距約莫十步之地向我鞠躬為禮。等我們走到對臉之時，我問他為甚麼還留在學校裡，因為所有的學生都在一個禮拜之前離校度假去了。但他卻立時沉默起來，一句話也說不出口。他的臉紅了，低下頭不敢再瞧我。不待說我已經明白是甚麼一回事；他必是認為我的衣裝奇形怪狀，活像一個工人，看上去沒有一點尊嚴，但他卻不敢問任何問題。當我再說話之時，他的頭低得更厲害，深深地鞠

了一個躬，便迅速地走開了。

　　我回到房間之後，毛澤東和我商量我們走哪條路的問題；出門之後是向左走還是向右走。向左或向右本來是沒有多大關係的，因為就乞討生涯來說，橫豎都是一樣，但卻也有一點差異。假定我們出了學校門而右走的話，十分鐘之後，便可走到城外，來到曠野之中。但假定我們轉向左走的話，那麼，在十分鐘之內我們就得越渡湘江。

　　毛澤東道：「你在前頭走，我跟著你就是。」

　　「我要向左走，渡過湘江。」

　　「很好，」他回答道，「我們就向左走罷。但是你為甚麼要過江呢？」

　　「假定我們向右走的話，那就完全是空曠的平地，毫無阻礙，但也就沒有甚麼趣味了。但假定我向左走的話，我們就必須設法渡過大江，那我們就要遭遇到第一個障礙。」

　　毛澤東縱聲大笑道：「那確是真的！我們必須要避易而就難。好，咱們就走罷！向左走。」

我們拿起了包袱，鎖上了房門，便踏上行乞之道了。我們把包袱掛在傘桿的一端，將傘抬在右肩上，而包袱則靠近脊背；這樣重量便分配得比較勻稱，背起來也感覺到輕鬆些。這個門道是我在以往的行乞經驗中學到的。我本來提議由毛澤東帶頭，但經過一陣辯論之後，他還是堅持仍由我帶頭，他在後面跟著走。於是我們就起程了，我在前面走，毛澤東則在後面跟著。在一整月的行乞生活中，我們走起來總是這樣一個次序，只有很少的幾次例外。

當我們走出校門的時候，門房走了過來，眼睛瞪著我們，面現驚異之色。他緩緩地張開了口，但卻沒有說出話來。

我對他說：「老盧，我出去旅行，如果有我的信件，不要轉寄出去，我在一個月之內就會回來的。」

他仍然張口瞪著我，好像他完全沒有聽到我的話似的。因此，我問他道：「老盧，你聽明白我對你說的甚麼沒有？」

他張口結舌地回答道：「是的，蕭先生，是的，是的！……」看門房中的幾個工人都帶著奇異的目光，在後面瞧著我們，我們繼續走我們的路。我知道他們必定感到奇怪，究竟是發生了甚麼事情，他們平日看來一位很莊嚴的教員，竟穿著得這樣的奇形怪狀，走到街上去？

但是以後我們就不再是人們注視的焦點了，因為大路上很多人都穿著這類破舊的衣裳。我們的穿著也正是那種式樣。

第十八章　克服第一道難關

出長沙小西門，步行幾分鐘，便到江邊了。那裡江面寬約五六百公尺。我們經常看到很大的汽船在江中行駛，所以知道江水一定甚深。到

了江邊，我們當然不能再繼續前進，於是便在草地上坐了下來，呆望著江水在前面滾滾奔流。

「我們怎樣過江呢？」二人不約而同地問。渡過江去只有三個辦法。第一、是游水，可是我們兩個都不會游泳，而且我們還帶著兩個包袱，假如游水的話，我們的東西就會完全弄濕了。因此，游水過江的辦法不能考慮。第二、如果我們沿江邊向南走一里半左右，就可以乘公船免費過江；但是我們兩個人都不願意這樣做，這似乎太容易了。假定我們那樣做的話，就表示我們避重就輕，不去克服困難。第三、我們坐著的地方就有一種小渡船；但乘坐這種小渡船，每人須付兩個銅板。照説那是很便宜的，很多人都乘這種渡船過江，但我們兩個人卻是全無分文。我們是一文不名的叫化。

就在那裡坐著，看著小船上乘滿了人，向著對岸划去，約莫十分鐘就有一艘。我們已經眼光光的看著同一艘船來回三次了。如果我們只是坐在那裡觀望，便永世不會過得江那邊去，我們必須採取行動。毛澤東提議，我們走過去和擺渡的商量商量，告訴他們身上沒有帶錢，請把我們划過去。

我對毛澤東的提議不以為然，「他一定不會答應。」我説，「萬一他一口拒絕了，那麼，我們下一步又怎樣呢？」

「我不在乎，」毛澤東説，「我去跟他講。」於是他帶著堅決的神情，向我們附近的那艘小船走過去，很有禮貌地請求那個擺渡，把我們免費載過去，因為我們身上沒有錢。

那年青船夫斬釘截鐵的粗聲説道：「要是你們沒有錢，為甚麼不去乘官渡，從這裡走一會就到了。」

毛澤東回來之後，問我下一步應該怎樣辦。

我回答道：「我早就知道他不會答應載我們過去的。我倒有個打算，

我們也像一般乘客一樣，一句話也不說先行上船。當他們收錢的時候，渡船已經到了江心。那時我們才告訴他，我們身上沒有錢。這樣，他既不能送我們回來，亦不能把我們拋下江裡。如此這般，我們就可以過去了。他決不會從那邊再把我們送回來，因為他需要空地方載別的乘客。走，咱們去試試。」

於是我們站起來，迅速登上一隻剛剛靠岸的小船，旁若無人地直向船艙的中心走去。因為那種小渡船根本無座位可坐，每個乘客都站立在那裡，等到上滿十四個人之後，就宣告滿座了。只聽得船夫喊一聲：「開船！」他把長竹竿向岸上使勁一撐，船就離岸了。船划行得很快，一會工夫便已經到了江心。

一個五、六歲的小姑娘手拿著一個盤子向乘客收錢。每個乘客丟進去兩個銅圓，只聽見銅板落在盤子裡的聲音，當，當，當的響個不絕。當她走到我們面前時，那種當當的聲音卻驀地停止了。擺渡的朝我們看了一看。說道：「那兩位體面的先生請把錢付給她呀！每人兩個銅板，請吧。」

「很對不起，我們沒有錢。」毛澤東說，「你難道不載我們過去嗎？」

「甚麼，沒有錢？」那擺渡的表示不信，問道，「那麼，你們為甚麼要上這隻船？我不載不付錢的乘客。請你們趕快付錢吧。」

「我們真的沒有錢。」我插嘴道，「我們兩個身上連一個子兒也沒有。請把我們划過去吧，一個月後我們一定加倍付給你。」

「一個月之後？那時我還認得你們嗎？」他說，「如果你們沒有錢，那麼留下一把傘給我好了。」

「那，不行。」毛澤東答道，「傘我們在路上還要用呢。再說，一把傘值銅板十四枚，我們兩個人過一次江，加在一起也不過四個銅板罷了！」

「但是，若果你們不付錢，你們就不能過江！」那擺渡的嚷道。

「你說我們不能過江嗎？」我說道，「我們現在已經到了江中心。看你能把我們怎麼樣？」

「你們簡直是強盜！」擺渡的嚷道，「我要把你們送回去。」

這時，其他所有乘客都大聲提出抗議。他們先是帶著隔岸觀火的心情聽我們的談話，但現在他們都大嚷起來了：「不行，不行。我們急著要過江，我們已經付了錢！快點把我們划過去。」

乘客之中，有一位態度溫和的老人走上來說道：「我願意替他們出兩個銅板，其他乘客可付另外兩個銅板。我們千萬不能再划回去。」

另外有好幾個乘客都對那老人的意見表示贊同。但我和毛澤東卻高聲叫道：「不成，不成！我們不同意，你們不能替我們付錢！」這時我腦子靈機一觸，想出一個主意。於是，我宣佈道：「現在渡船已經到了江心。擺渡的可以歇歇，讓我們替他來划。用這個辦法來補償我們坐渡船的費用。」

但那船夫卻不同意。「那我仍是損失四個銅板，而且我也不需要休息。」他說，「善心的乘客既然願意替你們付錢，你們又為甚麼不讓他們

付呢？你們故意跟我找麻煩！你們簡直是活強盜！」

乘客這時都不耐煩地叫了起來：「快划呀！」那位老人又再三向擺渡的保證，船靠岸時，他一定代我們付錢。

其他乘客一上了岸之後，那擺渡就馬上把船撐離岸邊，讓船停在離岸約莫二十碼之處，意思是怕我們逃跑了。那位老人還在船上，又要替我們付錢，但毛澤東卻堅持說，我們在一個月之內必定回來，我們要等那時候再付給他。

我也插嘴道：「老先生，要是你付了四個銅板的話，就無異是打我們的耳光，也是故意使我們為難。」

擺渡的聽了我的話之後，立刻大叫道：「甚麼打不打耳光？你們若不付錢，我就給你們好看！」

「你如果要打架，我們決不在乎。」毛澤東道。

此時，岸上已經有些打算過江的人等著，另外一隻渡船又已經到了江心。那擺渡的十分清楚，假定另外一隻船先靠岸，他就會失去那些乘客了。於是，他終於自認倒霉，再把船撐到岸邊，但口裡卻咕嚕著把我們痛罵了一頓。渡船一靠岸，那位老人及毛澤東和我三人便跳下船來，我們隨即向那位船夫莞爾一笑，說道：「謝謝你，再見。」

那老人很快就上路了，我們也沿著面前的大路走去。也不理會那條路會把我們領到甚麼地方。只知道那是一條從長沙通到寧鄉縣城的大路。

「那個要替我們付錢的老頭很和氣，」我一邊走一邊說，「我們既然是叫化子，本來是可以接受的；但如果我們接受了，就又避重就輕了。無論做甚麼事情，我們一定要選最吃力的方式。」

「讓很多人在江邊上白等確是不好。」毛澤東思量著說，「假定那裡沒有人，我們就可能和那個船夫好好地打上一架！」

我們朝著寧鄉縣城走去。

第十九章　第二道難關：飢餓

　　那個時候，行駛汽車的現代公路根本是夢想不到的。我們走的那條大路，寬僅一公尺左右，中間鋪以小石板，凹凸不平，它唯一的好處，只是在雨季裡較少泥濘而已。道路兩旁長著幼嫩禾苗的稻田。每個十字路口都豎著一塊路牌，但我們從不去看。我們寧可就路認路，永遠選擇最寬的路走。

　　太陽曬得炙人如火，我們又沒有帽子，但是我們仍然不用傘來保護我們剃過的光頭。我們的腳燙得厲害！石板似乎像火一般的熱，路面儘管平滑，但我們卻寧可走在兩旁的草地上。我們離開學校之時，腳上都是穿著厚重的布鞋；但在渡過湘江之後，我們便已經換上草鞋了。

　　我一路走下去，擺在我們面前的又長又直的大路，像磁鐵一般吸住我們。在這樣平坦的路上行走真是單調乏味，但不到一刻，我們便看到前面有一座山，這座山我們是要爬過去的！當景物一旦改變，我們又感到愉快起來了。

　　但在山裡行走，也會漸漸感到厭倦，於是我們又渴望平原了。但當我們在坦蕩蕩的平原上行走時，腦中則又記起山中美景。大自然似乎對人類這樣的特性甚為熟稔，因而總是在漫長的平原上又配襯以美麗的山景。我們究竟經過了多少田地和山嶺，也無法數得出來，唯一知道的就是無盡無窮的旅程。

　　我們一邊走著，一邊談論各種各樣的有趣事情。時間對我們已經不存在了。我們兩個人都沒有戴錶，完全用日影來判斷時間。當日影指向東方之時，我們即斷定那一定是下午兩點鐘；忽然之間，我們發覺我們都還沒有吃東西，立時感到飢餓起來！我們一直全神貫注於談話，因而根本就沒有注意時間的問題，忽然發現時在下午，因而飢餓在我們的空

胃中就更增加了痛苦難耐之感。我們愈是想著就愈感到飢餓。我們兩條腿更像火燙一樣，疲勞的程度亦隨著跨出的步伐而增加。

　　一會以後，我們走到一間設在路旁邊的小食店面前。那是一般行人習慣停下來休息的地方，即使他們並不一定想歇息，也會在此吃點甚麼東西。謝天謝地，當時涼蔭下正有兩把空著的椅子，於是我們便躺在上面，倒頭大睡起來，這趟酣睡，我根本不知睡了多久，當我醒來之時，毛澤東卻仍然在睡夢之中。但過了一會，便有一輛又大又重的車子從他身旁經過，他終於被那行車的聲音驚醒過來。

　　那位小食店的女人帶著好奇的神情向我們打量。毫無疑問，她一定覺得我們趕路趕得滿頭大汗，疲勞不堪，而到了她那裡，竟然也不買點茶水喝喝，會感到有點奇怪。她問我們是否需要吃茶，我們說不喝，對她的好意表示感謝。我們並不需要喝茶，這倒是真的，我們最需要的是一些能抵餓的食物，因為我們餓得實在太厲害了！我們應該向她討點東西來吃嗎？看來她為人很和善，多半會給我們米飯一碗，但直接向她乞討就太容易了，因而我便打消了這個念頭。她一定猜想到我們當時的窘境，因為過了一會，她就給我們端了兩杯茶來，並且表示那是不要錢的。我們呼呼兩口就把茶喝了下去，但卻馬上又後悔起來，因為這樣一來，我們感到餓得更厲害了。

　　「走。」毛澤東說，「咱們開始去討飯。我一秒鐘也不能再等下去了。我已經快要餓死了。咱們就從那些農家開始。」

　　「這卻有點麻煩，」我解釋著說，「每家人家只能給我們少少一點東西，我們要連續討上四、五家，才能夠一頓飯。況且，有些人家可能只給我們一點生米，這對我們毫無用處。我以為最好的辦法，是打聽打聽附近有沒有讀書人家，假定有的話，咱們就登門拜訪。毫無疑問，我們會得到較好的招待。」

毛澤東轉頭問那女人道：「你知道就近有讀書的人家嗎？」

「有的。」她答道，「離這裡一里左右有一家姓王的。他們有兩個兒子在長沙念書，但他的鄰居都姓曹。那家長是一位大夫，他那十五歲的兒子也在家裡習醫。另外在這店子後面那個小山坡上，住著一位姓劉的紳士。他是一位翰林，現在已告老在家。他沒有兒子，但有幾個女兒，都已經出嫁了。」

「潤之，」我嚷著說道，「劉先生要成為我們今天的東道了！我們第一個就該向他進攻。我認為最好的辦法是寫一首詩送給他，用象徵的語言表示我們拜訪他的用意。」

「好主意！」毛澤東表示同意，「讓我想想，頭一句可以這樣寫：翻山渡水之名郡。」

「很好，」我讚賞道，「第二句：竹杖草履謁學尊。接下去的一句可以寫為：途見白雲如晶海。」

「最後可以這樣結尾：沾衣晨露浸餓身。」毛澤東結束了全詩。

詩中第三句對「白雲」的形容，係稱讚劉氏能擺脫俗事的牽纏在山中別墅過隱居生活。「翻山渡水」和「浸餓身」二處含意似乎夠明顯了。

這首聯句做成之後，我們仔細再讀了數遍，感到相當滿意。「劉翰林應該佩服我們的勇氣！」毛澤東道，「我們馬上就去看他，看看究竟他是怎樣的一位學者。」我們又再吟讀了一遍，發現確是很好，兩人都由衷地大笑起來，一時連餓肚子的事情也忘到九霄雲外去了。

我打開包袱，把筆、墨、紙和信封拿了出來，竭盡全力以我最佳筆法把那首詩寫在一張紙上，並且兩個人分別簽上各人的真名。信封上則寫「劉翰林台啟」幾個字。那個女人看到我們寫信封，以為我們是要寄家信，便走過來告訴我們說：「這裡沒有郵局，你們必須拿到寧鄉縣城才能寄發。」

　　謝過那個女人之後，我們便起身去拜訪劉翰林。走出小食店，向左轉個彎，然後又爬上一個斜坡，很快就到了小丘的頂上。從那裡我們看到山腳下有一座用白磚砌成的房子。料知那必是劉翰林的住宅無疑，於是我們便朝著那個地方走去。

　　那白房子後面的山坡上長著齊整的青綠樹叢，在這景色的襯托之下，雖然站在很遠的地方，這座白色房子也看得清清楚楚。房子前面的窗戶和柱石都是一色朱紅，一道長長的圍牆，上面覆著整齊的一色黑瓦，看來就像一座城牆一樣。右手是進出的大門，大門兩旁長著一些紅花燦爛的大樹。圍牆前面有一個大水塘，水面上滿是碩大的青綠荷葉和異常美麗的蓮花。遠遠地看上去，那風景有如一幅顏色極濃的彩色畫，但卻需要一位藝術家獨具匠心，才能表現得恰到好處。我們走到那座堂皇的住宅門前之後，看到一副用正楷書寫的嵌在油漆大門上的紅色對聯。上聯是：「照人秋月」，下聯是：「惠我春風」。這副對聯的書法令人讚賞，我們猜想這必是出於劉翰林的手筆：因為他既參加過殿試，則書法和詩文必有相當的造詣。因為翰林都是出色的書法家。我們希望，這位書法家和詩文鑒賞家的劉翰林，對我們送給他的傑作，也感到喜悦。

　　圍牆大門關閉著，並加上了鎖。我們可以從門縫裡看到，約莫十公尺之外的第二道大門，也是關閉起來的。從兩道門縫中看過去，那座房子坐落在一個大院子裡，門窗則完全敞開。我們在大門上敲了三、四下之後，立刻便有幾隻惡犬在第二進院子中狂吠起來。惡犬狂吠的聲音，一時使我們頗感驚恐。因為它們吠聲異常兇狠，很可能竄將出來。但當我們停止打門之後，犬吠聲也隨之停了。我們以往全無對付惡犬的經驗，只好暫時停止敲門，商量應付之策。我們手裡的雨傘若用來對付惡犬，可以說毫無用處；因為如果惡犬向前撲一下，很可能便把傘桿折斷。這時毛澤東便急忙爬上附近的乾枯樹幹上，折了兩根又粗又硬的樹枝下來。

每條有五、六尺長，堅硬如鋼。

　　這兩根棍子使我們壯了膽子，就用它來敲打大門。我們愈敲，那些惡狗也就吠得愈厲害。但是現在我們已不用害怕了；不管它們怎樣狂吠，我們仍然繼續敲打不已。大約敲了五分鐘光景，所得的唯一結果就是那些惡犬似乎已經疲倦，吠聲沒有先前那樣兇了。又過了幾分鐘，我們從門縫看到一位短裝老人從房子內走了出來。這一定是劉翰林的僕人了。他慢慢穿過庭院，走向第二道大門，半打左右的大狗隨在他的身後，仍是在那裡狂吠不已。他打開了第二道大門，便繼續朝我們面前的頭一道大門走來。到了大門邊，他停下腳步，用粗野的聲音問我們來幹甚麼。毛澤東透過門縫說道：「我們是從省城來的，替劉翰林帶來一封書信。」

　　我從門縫把信遞過去，他用較溫和的語調說：「請你們稍等一會。」便轉身向內走去。無疑他認為那封信是我們從長沙一路帶來的，我們一想，也覺好笑。那些惡犬似乎已從僕人的聲音認出，我們是主人的朋友；因而，它們不僅停止了狂吠，並且搖尾表示歡迎了。

　　我們坐在石階上等待著，除了屋後樹枝上的鳥叫之外，一切聲音都平靜下來。我們耐心地等了十幾分鐘，毛澤東又要去敲門，但是我告訴他再等一會，因為劉翰林一定會對我們的詩大加讚賞。又等了相當長的一段時間，仍然是靜悄悄的，一無動靜。我們等得不耐煩了，於是便再度敲門，那些大狗也再度吠了起來。幾乎是在頃刻之間，那個老頭走了出來，並且把大門打開。「少爺，請進。」他招呼道。我們隨在他的後面，穿過兩道大門到了內院。他又說道：「對不起，我回來得稍遲一點。因為主人午睡剛剛轉醒。看信之前，他又洗了把臉，看了信之後，他就告訴我立刻把兩位請進來。」

　　他領著我們從房子的中門走進去，穿過一個大房間。那大房子裡滿牆都是字畫，但我們卻未能仔細去欣賞；因為我們只是跟著那個老頭匆

匆走過，轉往另一個較小的房間去。把我們領到小房間之後，他走開了。我們猜想那必是劉翰林的書房。因此，沒有坐下來。

劉翰林終於走出來了。他是一位年約七十歲的老人，生得矮而瘦小，並且略現駝背。白鬍稀疏得只剩下幾根了，頭頂已經全禿。他穿著一件白長衫，手裡拿一把綢扇子。我們向他深深鞠了一躬，他帶著驚奇的眼光站在那裡注視我們：「你們為甚麼穿成這個樣子？你們遭到甚麼意外了嗎？請坐！請坐！」

我們坐下之後，劉翰林繼續問道：「你們在路上遇著強盜了嗎？」

「沒有，我們沒有遭到甚麼麻煩。」毛澤東答。

「你們從哪裡來的？又要到哪裡去呀？」劉翰林問道。

「我們從長沙來，打算到寧鄉縣城去。」我答道。

「你們在長沙做甚麼事情呀？」

「我們是省城裡的學生。」毛澤東說。

「你們或許是在哪個洋學堂念書的吧？我明白了，你們也會作詩。你們作得很好，書法也很不錯。」劉翰林一面說著，一面端詳我們。

「我們在學堂裡不僅要學作詩，並且還要研究古書呢。」我解釋道。

「噢，你們研究古書？甚麼古書呀？」

毛澤東告訴他我讀過《十三經》、《老子》和《莊子》，他甚為高興。「你們既然研究過《老子》和《莊子》，對這兩部書你們認為誰的注最好呀？」

「最好的《老子》注是王弼，最好的《莊子》注則是郭象的。」我答道。

他對我的回答很感滿意，說道：「非常正確！我同意！你們家鄉在哪裡？」

「我的朋友毛澤東是湘潭人，我是湘鄉人，但是住在和湘潭交界的邊境上。事實上我們彼此相距不遠。」

「曾國藩就是湘鄉人。」劉翰林說。

「是的，我的高祖曾在曾國藩家裡當過教師。」我接口說。

「他既然在曾家教書，那一定是出色的學者了。請你們稍等一會。」他一邊說著，一邊站了起來，向裡走去。

在這種情形之下，我們只有耐心地等待。我們的空胃直打鼓，對那些美麗的繪畫和工巧的書法都難以欣賞了。不過，我和毛澤東二人互相安慰，猜想他多半是去叫廚師做一頓豐富的飯來招待我們，因而需要較多的時間。很顯然，他決不會不明白我們詩中含意的！那是一定的解釋。這就是為甚麼他去了這樣久還不回來的原因。但是我們愈想到飲食，也就愈感到飢餓！

最後劉翰林終於面帶笑容地走了回來。但並沒有提到吃飯的事情。他只是從寬大的衣袖裡拿出一個紅紙包，微笑著遞給了我們，未再說一句話。從那紙包的形狀我們立刻猜知，其中必然是一些錢。接過來之後，從它的分量我已猜到那是一個不小的數目。我們兩個人向他申謝之後，即行告別。

他伴隨我們走到房舍的門前，然後叫那老傭人送我們出去。穿過院子和兩道大門，我們走了出來。一走出大門之後，我們便立刻閃到一棵大樹的後面，將紅包打開。忽然之間，我們富有起來了！原來紅包中竟然是四十個銅圓。

根本不需要商量，我們就知道應該做甚麼！我們用最快的速度趕回那家路旁的小食店，請那個女人盡速替我們準備飲食！不到一會的工夫，我們的飯就拿上來了，除了米飯之外，還有一些蔬菜和青豆。我們狼吞虎嚥地吃了三大碗飯之後，終於吃飽了。這頓飯每人花銅圓四枚，因此，我們仍然有三十二枚銅圓剩下來！

略事休息之後，就又上路了。每當走到岔叉路口，我們仍然選最寬的一條路走。但全沒有想到究竟到哪裡去，也沒有想到前面可能有甚麼

危險。到了天黑時，我們決定在路旁的小旅店投宿一晚，作其「雞鳴早看天」的旅客。

在旅店吃過晚飯之後，我們討論第二天的計劃。我們立刻想到那位綽號「何鬍子」的朋友何叔衡來。因為他就住在寧鄉縣區，於是我們乃決定去拜訪他。我日記上有他的地址，據旅店的老闆說，從那裡前往約莫一百四十里左右便到，那需要一天的路好走。明天夜裡我們就要與何鬍子在一起了。

第二十章　何鬍子的家

第二天一早，起床之後，我們匆匆地洗了把臉，便朝何鬍子的家鄉走去。我們決定每天早上吃早飯之前，先走二十里路。湖南人每天都吃一頓早飯，和中飯晚飯同樣豐盛。這和北京、上海、蘇州等城市，人們在早上只吃稀飯的習慣頗不相同。湖南是魚米之鄉，湖南人除非到了極窮困的時候，才吃稀飯。

今天我們走起路來，又輕鬆又愉快，因為我們已經有錢，不要再向人乞討了。還有，我們在日落時分就會到達朋友的家，將會受到熱烈的款待和歡迎！因此，我們在心裡真的感到是回歸家鄉一樣。

我們在路上談起房白縱其人的生平來，這是一個怪人。他是我的表兄，又娶了我的姐姐。毛澤東聽我說過這個人，對他的一切都感到很大興趣。房白縱是我外祖父的第四個孫子，我小時候叫他振球哥。我父親的文采頗為人稱道。他娶我的母親時，家境並不富有。因此，外祖父便撥出一些田產作為我母親的嫁奩，以備不時之需。三十年後，我母親因需要錢供給我弟弟讀書，便把陪嫁的田產賣掉了。這個時候，房家的家

境亦已衰落，大部分田產都沒有了，房白縱也不能完成他的學業。

於是他開了一間雜貨舖，後來又學紡織，不久又做裁縫、建造房屋，最後製造傢具。奇怪的是，他對所有這些東西都能做得異常精巧，雖則他不曾正式學過師。類似裁縫這一類手藝，至少需要當學徒三年，但房白縱只要幾天工夫便上手了。他善於摹仿，任何一種手藝他都做得盡善盡美。

毛澤東對他的天賦大為驚歎，認為他生在中國是糟蹋了，因為在中國，這種天才無人加以培植，也沒有人欣賞。「假定他生在意大利，很可能成為另外一個彌蓋朗琪羅[1]！」毛澤東慨歎不已。

我又說，房白縱還是小孩子的時候，他對製造各種木材和竹子的玩具便極有興趣。因此，家裡便給他弄了一套小巧的工具：錐子、刀子、鋸子等等，應有盡有，事實上他等於擁有一個雛形的工廠。不過，他雖然在各種手藝上是天才，然而書法和繪畫方面，卻沒有半點才份。毛澤東認為，那是因為各人才能不同，因此教育原則應該是因才施教云。

我們那次談話五、六年之後，房白縱在勤工儉學的資助下到了法國。他是和周恩來、李立三、李維漢及蔡和森等一道去的。他留法四年後回到中國。但不幸在四十歲便去世了。他的兒子名叫房連，也有同樣的才能。中日戰爭期間，因在川北遭到土匪的襲擊而被殺害，死時還不到三十歲。

我曾經答應毛澤東以後介紹房白縱給他認識，然而一直沒有機會，他們二人也就從無一面之緣。

那天我們在路上談房白縱就一直談到正午。太陽曬得很厲害。於是我們便在路邊一個茶館，找個位置坐下歇息。那裡蔭涼蔽日，非常舒服，

---

[1]　米開朗琪羅，意大利文藝復興三傑之一，雕刻家。

我們不知不覺竟睡著了。等到醒過來的時候，發現我們睡了很久，茶館老闆告訴我們說，我們要去何鬍子的家，還得再走八十里路。

　　我們馬上趕路，但都不再說話了，集中全力，邁開大步向何鬍子的家鄉走去，希望在夜間可以到達。

　　黃昏時分，我們在路旁一家小飯舖吃晚飯，叫了米飯、蔬菜和幾個煎雞蛋。那家飯舖的老闆告訴我們說，我們還得再走四十里路才到目的地。於是我們草草把晚飯吃了，便即上路。走到一個岔叉路口，面前有幾條羊腸小徑，而路牌一個也沒有。在這進退維谷之下，我們別無他法，只有等過路人來加以詢問。後來一個過路人指示我們穿越前面山崗的一條小徑。原來何鬍子的家坐落在離開大路很遠的地方，當我們走進山崗之後，竟然又碰到了一個岔叉路口。那裡異常偏僻，根本沒有人可問，究竟選擇哪一條路走呢，我們經過一番討論，兩條路都差不多，便決定選向右轉出山那一條。我們選擇這條路，是希望在走到山坡下之後，能找到人加以詢問。

　　現在月亮已經出來了，但在山中的樹林裡面，光線仍是甚為幽暗。並且可以聽到很多野獸叫鬧的聲音。但我們並不害怕，因為那裡是小樹林，諒無老虎出沒。還有，我們畢竟是兩個人同行，膽子也壯了，約莫一個小時之後，我們走完了山路。出現在我們前面的是一片廣闊的平原，一條大路貫穿其間。我們看到遠處有兩戶人家，但沒有燈火。裡面住的人顯然已經歇息了。我們既已迷了路，於是便走到較近的一家敲門詢問。那家主人起來告訴我們說，我們走錯路了，在山中的岔路口處，我們應該向左轉，而不應該向右。那麼從那裡向左再走三十里左右，就可以到達何鬍子的家了。俗語說：「行百里者半九十。」這句話用在我們當時的情形，實在是再恰當不過了。

　　從那以後，在路上已遇不到行人。每逢岔叉路口時，我們便到附近

的住家去詢問。最後，當我們確知已經到達了目的地，便問道：「這是何
鬍子的家嗎？」這樣問了好幾次，得到了幾個否定的回答：「不是，你們
沿這條路走過去那一家就是了。」

我們終於到達了！直衝到何鬍子的大門前，興奮地在門上敲打[1]。「何
鬍子！何鬍子！」我們高聲叫道，「趕快起來，讓我們進去呀！」

一盞燈在其中的一間屋裡點著了。接著何鬍子把大門打開走了出來。
他愉快地大笑著，抱住了我們。「蕭鬍子！你們怎樣會走來的？潤之也來
了呀？我做夢也想不到你們兩個會到這裡來！請進，請進！」

我們走進一間大房子，何鬍子的父親也從另外一個房門走了出來。
他約莫五十歲年紀，看來是一個標準的農人。我們朋友的弟弟也出來了，
何鬍子在楚怡中學任教時，我們曾經見過他。他十二歲的侄子接著也出
現了。我知道他是楚怡學校的學生。何鬍子又叫他的太太和弟媳婦進來
和我們見面。那簡直像一個家庭聚會，歡迎闊別重逢的家人。我們真是
感到回到家中了。

經過一番介紹和招呼之後，何鬍子問道：「蕭鬍子，你們從哪裡
來的？」

我告訴他我們從長沙來，毛澤東又接著說：「我們一路從長沙走到這
裡，專程來拜訪你！」

「啊，不敢當，不敢當。」何鬍子道，「非常歡迎，非常高興看到你們，
但你們為甚麼一路走著來呢？你們一定累壞了！」

「噢，」我回答道，「走路並不是壞事情呀。事實上，我們還正打算徒
步走遍全省呢。」

「你瞧。」毛澤東道，「我們是作一個試驗。打算走得愈遠愈好，身上

---

[1]　何叔衡故居在今湖南省寧鄉縣沙田鎮杓子沖。

卻分文不帶。我們要像叫化子一樣生活。」

　　何鬍子顯然甚感吃驚:「像叫化子一樣生活?」他問道。

　　「是的。」我接著説道,「我們離開長沙時,身上一個子兒也沒有,因此,在路上我們便必須乞討過活了。」

　　「但是我真的不了解,你們為甚麼要這樣做呢?」何鬍子道。

　　「我們的想法是,看看我們能不能克服困難;在分文不帶的情形下,我們是否能夠一樣過我們的旅行生活。總之,我們是練習克服困難。」我解釋説。

何鬍子大笑道：「你們真是兩個怪物。你們做的事情真是奇哉怪也！」

何鬍子的弟弟拿了一瓶酒出來，我們就說，我們都已經吃過晚飯了。但我們每人還是喝了點酒，吃了一些水果。當我們就寢之時，已經是次晨兩點鐘了。經過了一天的長途跋涉——一百五、六十里之後，我們實在太疲倦了。而我們也知道，在這一夜之中，我們對他們的打擾太過分了。

第二十一章　從何家農場到寧鄉縣城

何家是典型的農家，儘管夜裡受到了打擾，但第二天剛破曉，他們就都起床了。於是我和毛澤東也起來，首先我們在日記上記錄了頭一天的經過，我還把毛澤東對房白縱生平的評語，也寫了下來。

與何家寒暄一番，吃過早飯之後，何老先生領我們去參觀他的農場。一個豬欄裡面有十隻豬，其中有些是黑色的，有些是白色的，其他的則是黑白相間。這是何氏最寶貴的財產。其中有一隻大肥豬脊背上黑黝黝的，像一條小牛一樣。毛澤東問這隻豬有多重，年齡多大。「我看你並非內行，」何老先生笑道：「這頭豬體重約三百二十斤。一隻豬長到兩歲的時候，它的肉已經太老，不好吃了。這頭豬還只有十一個月。」

「只有十一個月就長得這樣大了嗎？」我問道。

「豬的大小決定於它們的品種及所吃飼料。這隻豬的品種特別好。我會養到它四百斤重為止。」何老先生說。

在我們以往的生活經驗中，從來不曾見過這樣優良的豬種，因此我們便在那些豬欄之前徘徊了好一陣子，何老先生向我們取笑說：「現在你們也許有個好題目，可以寫佳句了！」我後來確曾在日記中以「肥豬」為題寫了一首短詩。

　　我們從豬欄走向菜園之時，何老先生說道：「這些豬是我們家庭的財富。沒有這些豬，我們的生活就很難維持了。全年的油、鹽、茶和肉類等等的費用，都是從它們身上得來，還有盈餘。真的，沒有這些豬，我們實在難以為生。」我和毛澤東都完全了解這些動物對湖南農民的重要性。湖南是中國最主要的豬肉生產區，那時候湖南的肉類出口為全國最大宗。

　　廣大的菜園長滿了肥美的菜蔬，園中連一根莠草也沒有。菜園的整齊清潔，尤使我們讚歎。我向何老先生提到這一點，他感到非常喜悅，乃用書呆子口吻搖頭擺胸的說：「莠草有如人品低劣、心術不正之徒，一定要鏟除之，其對秀美之菜蔬之為害也，大矣哉，『君子乎』，『聖人乎』！」

　　何鬍子由衷地笑起來說：「你們看我父親的古文怎麼樣？不錯吧？有其父必有其子！」

　　最後我們參觀了何家的稻田。那些稻田當時還是滿灌著水，但苗長的秧苗已經欣欣透出水面來。何鬍子的弟弟是在田裡工作的，他告訴我們說，再有兩個月時間，田裡的稻子就可以收割了。這些稻子可供他們全家一年之需。他們自己養豬、種菜和耕田，全家自食其力。他們又必須種一些胡麻，作為紡織之用，他們只需再購買一些棉花，就萬事俱備了。

　　何鬍子是何家的長子，受過良好教育，當時是中學教員。他們就是所謂「耕讀之家」。我和毛澤東兩個人的家庭也都屬於同樣的階層。

　　那天中飯，我們享受到一桌十分豐盛的宴席：剛從水塘裡撈出來的鮮魚，活殺了幾隻雞，還切了一些熏肉。此外，再佐以剛從園子裡摘下來的非常鮮美的青菜。總共有十幾道菜之多，真是應有盡有。看到他們製備了這樣一桌豪華的宴席，我和毛澤東深感叨擾太甚，乃道：「你們實在不應該這樣破費呀。你知道我們現在還過著叫化子的生活呢！」

　　何鬍子正要開口說話，他的父親卻搶先說：「你們兩位都是學者，並且都是叔衡的好友。你們是我家的貴賓，怎麼還說你們是叫化子呢！」

　　何老先生對我們之所以過叫化子的生活，是永遠無法了解的。他對我們在他家作客，確實有蓬蓽生輝之感。不過，他雖然不了解我們，但我們對他卻是甚為了解。他既不喜歡我們做叫化子，我們便謹慎的不再提起這件事。從那以後，我們也就以貴賓身份自居。

　　但這種身份不合於我們的計劃，因此，吃過飯謝過主人的殷勤招待之後，我們便說要繼續我們的行程了。何老先生聽了頗不高興。「這是怎麼回事呢？」他問道：「你們老遠跑來看我們，吃了一頓飯就走。我以為你們至少要住一個禮拜的。我已經宰了一頭豬，準備了很多菜，你們現在竟然說要走了。你們還沒有嘗到我們的菜味呢。請你們再多住一些時候。今天下午，我領你們到山上去看看我們的樹林。」

　　我們覺得如果再堅持要走，就實在過意不去了，於是便答應多留一天，再作一天貴賓。後來，我們又偷偷逼著何鬍子，叫他勸父親不要再強留我們了。

　　吃過茶之後，何老先生就領我們去看他的樹林。他們家裡所燒木材都是從那裡砍伐得來的。在何家的山林裡，雖然大部分都是松樹，但其中也有很多種樹我們全不熟悉。一面山邊長的全是竹子。在春天的時

候，幼嫩的竹筍茁出，可供家中菜食之用；將來長成的竹竿又可作種種家庭用途。我們從矮小的山頂上往下看，可以看到一片大平原，一直伸展到遠處，景色幽美之極。於是我們四個人便坐下來，觀賞當前的景色。清風陣陣，涼爽怡人。何老先生開始述說他早年為生計而奮鬥的故事。何鬍子靜靜地聽著，當父親敘述到某些悲慘的段落時，他竟感動得流下淚來。

　　晚餐的菜式又是非常豐富，更使我們感到心裡不安。我們目前要過的是節約的生活，這顯然與我們的想法背道而馳！在離開飯桌之前，我們便說我們打算明天一早動身。何老先生的神情顯得十分頹喪，但沒有再說甚麼。又閒談了一陣之後，大家便分別就寢了。

　　第二天清晨，吃過早飯之後，我們向他們全家一再表示謝意，便作別而去。何鬍子伴我們走了很長一段路，並且極力勸我們帶點錢在身上，以備不時之需，但我們堅拒不受，並請他大可放心。現在我們再開始過

乞討的生活，決無挨餓的危險。「你們真是怪物。」他又一次說，可是他仍然不放心：「你們多半不會餓死，不過，千萬要當心。」因為他提起要給我們一些錢帶在身上，乃使我們想到還有劉翰林給我們的錢剩下來，於是便請他把那些錢帶回去。但何鬍子堅決拒絕，我們只好放在包袱裡面，盡量忘掉我們還有錢這件事情。

　　和何鬍子握別之後，我們匆匆走向通往寧鄉城的大路。路上，我們談說何家的情形，心下快慰。他們家是多麼愉快和安定啊。但在那個時候的中國，這類農村家庭到處都是。到了正午時分，我們感到餓了，決定不在路旁飯店裡停留。我們走到一個大院子的門前，大模大樣的穿過大門，到了院子裡，當時我們每人手裡都有一根粗重的大棍子，但沒有惡犬上來狂吠，於是我們便敲打院門。告訴那家的女主人說我們是叫化子，向他們討些飯吃。她一句話不說，轉回房中，一會工夫，便給我們每人拿了一小碗沒有蔬菜的冷飯來。當時因為我們已經飢餓，一會就吃光了，又向她再討一些，但她回答說：「任何要飯的人來，我們照例給這麼多。這還不夠嗎？」毛澤東告訴她，假定我們不餓，也就不會再向她乞討了，她便提議我們最好是到另外一家去討。

　　我們已經體驗到，向人乞食和在飯館裡叫飯點菜截然不同。在飯館裡，一個人只要有錢付賬，便可以隨心所欲；但一個叫化子卻必須對湊拼著乞來的食物，甘之如飴，而且，要連續乞討幾家，才得一飽。在這農村地區，住戶多是散居的，有時一家和另一家的距離有二三里之遙。

　　在第二家我們沒有甚麼好收穫。那家主人說：「我們沒有現成的飯。但可以給你們一點生米。」但生米對我們沒有任何用處，於是我們再繼續乞討。

　　到了第三家，主人非常慷慨，給我們每人一大碗米飯和一些蔬菜。他的米飯雖然粗糙，然而我們吃得很飽。

我們有一位同學住在寧鄉縣城，但我們決定不去拜訪。因為有了在何鬍子家的經驗，假定我們再用這種避重就輕的方法來解決生活，那麼我們的叫化生活就失去了意義了。寧鄉縣城本身並無甚麼奇特之處[1]，在縣城近郊，有稱為玉潭的一泓清溪，廣闊的潭面上橫跨著一座精巧的橋樑，橋附近則群集著很多小船。從潭邊遠望，可以看見一座小山崗，稱為獅固山，山坡上種滿松樹。

我和毛澤東坐在河邊上，觀賞玉潭和周圍大自然的景色。我們寫了一首小詩，我感到其中最得意的兩句是：雲封獅固樓，橋鎖玉潭舟。

第二十二章　溈山之行

靜靜的坐在河畔上，我們商議決定前往溈山。溈山之所以出名，固然是由於它美麗的風景，另一方面是由於一座巨大廟宇，這座古廟建築於山坡上，自唐代起即甚為出名[2]。這座廟產業很多，主持方丈又是一位大學者。我們要訪問這座名剎，由於兩個原因：第一，我們要看看廟裡的組織，了解僧眾的生活；第二，我們都渴望結識那位有名方丈。

我們現在不必急於趕路，因此信步而行，一邊談談問題，一邊欣賞不斷轉換的大自然景色。

離開寧鄉約莫二十里遠近，我們攀登一座不知名的山丘，正面山坡上的嶙峋大石，老遠就望得見。山坡上有一棵枝葉茂密的古松，它的枝幹向四面伸展，有如鳥翼一樣形成一個巨大的蔭影。周圍則有很多突出的巨石，恰如一條鎖鏈鎖住樹身一樣。我們放下包袱和雨傘，背靠著古

---

[1]　今寧鄉縣政府仍駐玉潭鎮。

[2]　即唐元和二年（807）修建的密印寺。

松，坐在「鎖鏈」上。在清馨而涼爽的氣氛之中，我們為之心曠神怡。我們想起與何老先生在一起的那個愉快的下午，於是我說：「何老先生以耕種自食其力。日出而作，日入而息。這種生活不是很寫意嗎？」

「他一直說他是快樂的。」毛澤東答道，「很可惜，他在年青的時候，沒有受教育的機會。你應該看得出來，他沒有受過多少教育。」

「他辛勤的體力勞動給他一種愉快的心境。這是為甚麼他這樣自得其樂，而且身體健康的原因。」我說，「你記得『為古人擔憂』這句話嗎？假定何老先生讀過書，他就可能不會這樣快樂了。」

「是的！」毛澤東附和著說，「知識這東西固然是好事，但有時候沒有知識反而更好一些。」

「他唯一所擔憂的事，是穀子的收成和豬的成長。他獲得足夠的家用，他就快樂了。但是要知道，他是小地主，他能夠自食其力，這就是為甚麼他感到愉快。但那些必須為別人工作的農夫，卻是痛苦的。他們起五更睡半夜辛勤工作，到頭來必須把勞動果實交給地主！」

「是的，」毛澤東道，「更不幸的是，有些想要在田間出賣勞力，往往亦無人雇用。這類事情在中國屢見不鮮。」

我不大同意毛澤東這種說法。「那些人大多數也是快樂的。」我說，「窮的比富的更快樂，也更健康。」

「你說的對極了。」毛澤東表示同意，「這種情形可以叫作富人命運的悲哀。」

我們在清涼的微風之中閒談，感到非常暢快和舒服，後來不知不覺沉沉睡著了。我睡了半個多小時，醒來之後，毛澤東還嘴巴張開酣睡不已。但一會兒他睜開眼睛笑道：「睡了一陣子後，我感到精神得多了。」

「像佛祖在菩提樹下一樣，我們也在這裡靜坐幾天，你以為如何？」我提議道。

「如果我像他那樣靜坐，毫無問題，我一定又睡著了。」毛澤東説。

「我是認真的和你談論這件事情，你是否願意在這裡停留幾天？」我説。

「首先，我要到溈山廟去看看和尚。看他們如何靜坐，然後我們再回到這裡來，照樣學習一番。」毛澤東笑著説。

我贊同他的意見，我接著説，我已經餓了，應該下山去討飯。我們雖然都極不願意離開那棵古松，但不得不把小包袱背起來了。我們朝著古松和巨石鞠了一躬，謝謝它們給我們憩息，便往山下走去。我們看到山腳附近有一房子，於是便急忙趕了過去。

一切都是靜悄悄的。顯然這家人沒有養狗，這使我們想到劉翰林家的狗所給我們的狂吠真算是由衷的歡迎了。我們正懷疑裡面是否有人時，一個畸形怪狀的老頭兒走了出來，他聽了我們是叫化子之後，拒絕給我們任何食物，並且以侮蔑性的口吻向我們說話。我們自是大不高興，因此，便用同樣的方式對付他。

「我沒有東西打發叫化子。」他說，「你們再賴下去也是白等。」

「你連打發叫化子的飯都沒有，那算是甚麼人家？你們根本就不配稱為住家。」

「住嘴，給我滾開！」他嚷叫道。

我們說除非他能給我們滿意的解釋，為甚麼不打發叫化子，否則，我們決不離開。說完就坐在大門框上，讓他無法關門。當時我們還緊緊抓住包袱，以防被他奪去。他看到我們不願意離開，便狂怒起來。臉色幾乎紅得發紫，連脖子上一條條的青筋都鼓起來。「你們真的不走嗎？」他帶著恐嚇的神情問道。

我們和他討價還價，向他說，「除非你告訴我們為甚麼不打發叫化子，或者是拿飯給我們吃，我們才會走開。我們走遍天下，從來沒有碰到不打發叫化子的人家。」我們嚷著，「你們究竟屬於甚麼人家？討飯並不犯法。只有殘忍和心地不良的人才拒絕打發叫化子。」

那個老頭看見我們並不怕他，臉上泛出一種奸笑。「我沒有熟飯。」他道，「不過，我給你們一點生米，你們走不走？」

「除非你答應以後好好對待上門討飯的乞丐，並且給他們飯吃，否則我們就不走。」毛澤東堅持道。

老頭並沒有回答。他坐在那裡，對毛澤東的話好像全沒有聽到似的，我們重說一遍我們的條件，他終於說道：「好了！好了！我答應你們！」

於是我們拿起包袱，大剌剌的向他表示謝意，在轉身要走之時，對他

説道：「過幾天，我們回來路過這裡，一定要來向你討飯。」

走了約莫一里路遠近，我們到了另一處人家，一對和善的老夫婦給我們米飯和蔬菜，吃飽之後，我們和他們作了一次很有趣味的談話。那老頭姓王，他告訴我們說他有兩個兒子。「大兒子十年前去了新疆，但已經五年沒有得到他的音信。二兒子在寧鄉開了一間茶舖，生意不錯。他有兩個孩子，都住在寧鄉縣城。」

我恭維他道：「老先生，你很了不起呀。一定讀過很多書了？」

「我對讀書很感興趣。」他答道：「但當時我家很窮，僅僅能夠在學校裡讀四年書。隨後我跟一個裁縫做學徒，後來很幸運，我在縣衙門裡獲得了一個守衛的工作。我在那裡賺了不少錢！但是你們兩個小伙子，你們看上去一點也不像叫化子。你們為甚麼一定要以討飯為生呢？」

「我們的家庭也都很窮，」毛澤東答道，「但是我們為了要旅行，唯一的辦法便是乞討。」

「討飯沒有甚麼不對。」他説，「叫化子總比賊盜要強一點。」

「叫化子是最誠實的人，」我辯解道，「比做官的要誠實得多。」

「你説的太對了！」他笑著説，「多數官吏都是不誠實的。我在衙門裡做守衛時，縣太爺滿腦子想的就是錢！他審判一件案子，給他錢最多的一邊照例是打贏官司。向他求情是沒有用的，除非花大錢向他賄賂。」

「我想你在衙門當守衛，也得到不少錢吧？」毛澤東問道。

「不過一點零用錢，和縣太爺所得的不可以道里計！」

「他們向縣太爺送錢，你又怎樣知道呢？」我詢問道。

「他們告訴我的。」他説。

「假定原告和被告都送錢給他，」我問道，「那麼，他又如何處理呢？」

「那就要看哪一方面送他的錢多了，多錢的一邊一定贏。輸的一邊總是異常氣惱，他們常常告訴我關於行賄的事情。」

「難道縣太爺一點不怕別人告發？」毛澤東問道。

「懼怕甚麼？」我們的主人問道。

「打輸的一邊可能到省城告他一狀呀。」毛澤東說。

「他倒並不在乎！」老頭說，「在省城打官司比在縣裡花費更多；如果沒有很多錢去行賄，在省城就更沒有贏官司的希望。連在縣衙門賄賂縣太爺的錢都拿不出來，就更付不起在省城行賄所需的錢了。總之，官官相護是盡人皆知的。」

「真是不成體統！」毛澤東慨歎說。

「但也不是說完全沒有好官吏。」老頭連忙補充道，「我在縣衙門做了七、八年守衛，總共經歷過三個縣官。頭一個是貪官，另外兩個卻都清廉正直。但是一般人似乎沒有是非觀念。在這個社會中根本無正義可言！你們可以想得到，貪官污吏固然人們抱怨；但一般人對兩位拒絕受賄的縣官亦同樣抱怨不已。我告訴那些人說，賄賂是沒有好結果的，但他們怎樣都不相信。『這算是甚麼縣官，居然不肯接受禮物？』他們會這樣說。他們絕不相信會有不受錢的事情，因此他們甚至認為那兩位廉官比貪官更加惡劣。在這種情況之下，叫人怎樣不接受金錢呢？這恐怕就是好官不多的原因了。」

我們都認為他的結論可能是正確的。又談了幾分鐘之後，我們乃向這對老夫婦告別，繼續我們的行程。在路上我們又談了一陣可悲的世事。下層階級多數人無知無識，相信他們所聽到的一切；他們完全聽任官吏擺佈。

我們遠望溈山，有似一片低的雲層，但在我們走近之後，山的形狀就漸漸顯露出來了。

第二十三章　潙山的寺院

黃昏時分，我們到達潙山了。我們走近之時，先前遠望一色碧綠的背景，漸漸顯出是圍繞著寺院的樹林。我們很快到達山腳下，開始登上山坡。

有兩個和尚走出廟門來歡迎我們，陪著我們走進寺院。他們以為我們必是經過長途跋涉來朝山進香的。為了免致產生進一步的誤解，我們乃告訴他們說，我們係為乞討而來。他們說道：「拜佛和乞討本來就是一回事。」

我們不了解話中的含義，但料想其中必有深奧的哲理。可能符合佛祖眾生平等的教義。我們沒有作任何詢問，便跟著他們穿過第二道大門，抵達後面的禪院。看到有上百僧人在那裡緩緩散步。我們給引進到一間禪房之後，他們叫我們放下包袱去沐浴。我們不勝感激，便照著去辦了。

洗澡回來之後，和尚讓我們到佛前燒香，但我們告訴他們，我們並非為拜佛而來，我們解釋說，我們是要見方丈。他們看了看我們叫化子的穿著，便說方丈不隨便接見客人！繼又補充說，方丈講經說法之時，我們可能看到他。我們說我們不僅要看到他，並且就要在當天晚上和他談話！由於一再堅持，他們乃大為感動，但因為方丈不認識我們，他們卻不敢前去打擾。最後我們託請他們把我用心撰寫而由毛澤東和我兩人簽名的一張便條送給方丈。

約莫十分鐘時間，他們回來說方丈願意和我們談談，並且請我們立刻前往。那位方丈約莫五十歲年紀，面目慈祥，方丈室的四壁都擺著書刊，我們看到其中有《老子》和《莊子》，此外還有一些佛家經典和論說。大房子中間一張桌子上擺著一隻高花瓶和一個矮花盆，此外別無他物。我們不能和他討論佛典，對中國古代經籍卻興致勃勃地談了近一個小時。

方丈非常高興，留我們同進晚餐。晚餐後，我們回到大殿之時，那裡又聚集了很多很多僧人。

他們看到我們從方丈室走出來，並且曾和方丈同進晚餐，猜想我們一定是廟裡的貴賓，因而便都站起來向我們寒暄。既然能和方丈做朋友，我們必是出色的學者，或第一流的書法家，於是他們便紛紛請我們在紙扇或卷頭上題字留念，這使我們幾乎忙到半夜。

第二天早晨，我們說要走的時候，和尚告訴我們，方丈請我們盤桓數日，當天下午他還要接見我們。上午則由和尚帶我們參觀菜園、香積廚、齋堂和廟中的其他部分。園丁、廚師和擔水夫等等皆由和尚充任！

當天下午，我和毛澤東再到方丈室，方丈又熱誠地接待我們。這次他顯然決定要和我們談「生意」了。他用極婉轉的口吻對佛教的美德加以稱頌，要喚起我們宗教的興趣。但我們無意討論宗教問題，只是禮貌地傾聽著，極力控制自己不表露同意或不同意的態度，他繼續說下去，最後提到孔子和老子，我們發現了自己熟悉的題目，便表示我們的意見。真正使我們感到興趣的並非佛學，而是佛教在中國的組織。於是我們在這方面問了他一些問題。

我們問廟裡僧人數目多少，他笑著說：「約莫百名和尚屬於本寺。但經常有來自遠方的遊僧。因此，廟裡常常住有三、四百人之多。那些在這裡的遊僧，通常住幾天便離去了。從前這裡一度住有八百僧人，這是建廟以來的最高紀錄。但那是在我以前的事了。」

「數千里之外的和尚，為甚麼會跑到這裡來呢？」毛澤東問道，「他們來這裡幹甚麼呢？」

方丈解釋道：「他們是來聽經和傳戒的。本寺方丈向以說法著名。這裡廟產甚豐，招待掛單客停留若干時間，並無困難。全國僧人多半知道這個地方。你們也知道，和尚是出家人；對他們來說，所有的寺院都是

他們的家。雲遊四方，相互談經論道，彼此都能得到啟發。」

「請問全國有多少和尚？」這是我想知道的。

「這倒沒有確切的統計數字，」方丈說，「除了蒙古和西藏之外，在中原地區至少有數萬人。蒙古和西藏的僧人所佔比數極大，把他們加在一起，為數約百萬，或可能更多。」

「像溈山這種講經的中心全國有多少？」我問道。

「至少亦有百處，如把規模較小的地方也算在內，當在千處左右。」

「有甚麼佛教的書籍出版嗎？」毛澤東問道。

「當然有，並且很多，特別是在上海、南京和杭州一帶的地方。」

「我們打算訪問一些大寺院，」我解釋道，「你能給我們寫幾封介紹信嗎？」

「那是不必要的。你們不需要任何介紹信，因為無論走到哪個廟裡，都會受到像在這裡同樣的歡迎。」

我們向他申謝，接著告訴他我們打算次日離此他住，他說，我們既然要走，他也不便挽留，但希望在離去之前，再和我們見一次面，我們向他解釋說，我們喜歡一早動身，因此，再次向他謝過之後，便向他告別了。

我們走進大殿，那些和尚又起來歡迎我們。他們知道我們第二天清早就要離去，又紛紛請我們題字留念。他們把我們團團地圍了起來，紛紛地提出他們的請求，我們亦盡可能使他們獲得滿足。

那些和尚之中，有五個係特別年青的；他們多半在十四、五歲之間。其中一個名叫法一的小和尚給我的印象最深。

法一，十五歲，很會說話，字也寫得很好。從我們初到那裡起，他就引起我們的注意。我們停留期間，他絕不放過和我們談話的機會。他無法告訴我們他是哪裡的人和出家之前的姓名，他只記得曾經有人告訴過他，他是在一歲的時候到廟裡來的，我們猜想他一定是私生子，後來

由廟裡的和尚把他養大。我向毛澤東開玩笑，他和法一有相似之點，他也不甘示弱地説，那是毫無疑問的，你也和他有相同的地方。

　　除佛經之外，法一熱切希望能對儒家的著作以及唐代著名詩篇加以研究。他已經能夠背誦一些唐詩了。起初我們勸他放棄和尚的生活，出廟還俗。他很願意這樣做，但同時卻有點害怕；因為他和俗家從無來往，而他也沒有甚麼財產。當時我們問他，他為甚麼不和我們一樣，身上分文不帶，只帶一套換洗的衣裳，而自由自在的遨遊呢？這給他的印象很深，但當他表示猶豫之時，我們卻有點害怕了；我們害怕他可能試圖逃走，跟隨著我們，因為這樣一來方丈就會説我們誘他逃跑，大加譴責。還有，他現在還太年青；因此，我們改變話題，勸他多多讀書。有些和尚的學問甚好，他可以向他們領教，現在他卻不應該離廟還俗。

　　那天夜裡，我用最佳書法給他寫了幾首詩留作紀念。

　　第二天剛破曉，我和毛澤東即離開了寺院，向山下走去。法一送我們到山腳，灑淚而別。可憐的法一！渺小的法一！

第二十四章　　到安化途中

　　在為山山腳下與小和尚法一作別之後，走了百碼左右，我回過頭來看他時，他細小的身影正在慢慢向著山上的古廟爬去。當時他距離我們很遠，然而他還是一樣顯得寂寞和可憐。他是多麼的憂傷，我為他感到難過。

　　我們朝安化縣城走下去。安化是湖南重要的產米區之一，走到安化縣城需要兩天的時間。但我們卻無須趕路，因為沿途風景優美，我們又有許多話題來消磨時間。

　　我們對溈山寺的僧人生活留下很多有趣的印象，因此，我們行經路旁的一家茶館之時，便決定停下來休息，寫我們的日記。可是只寫了兩三行，我們就把筆放下，開始談論起來。

　　「佛教在中國的影響真是太大了。」我說，「甚至儒家也受它的影響，在唐、宋兩代尤其如此。」

　　「佛教為甚麼發展到這樣大的勢力呢？」毛澤東問道。

　　我解釋說：「第一、因為它對普遍的真理有重要的闡揚，並提供了一種完滿的人生哲學。第二、歷史上的中國帝王都有宗教的天性或哲學的傾向。」

　　「帝王有宗教的天性？」毛澤東問道。

　　「是的，」我答道，「特別是唐代的帝王。你知道他們曾封孔子以『王』的尊號，並勒令全國各州府縣一律修建孔廟。這個運動始自唐代，差不多同時，他們又把類似的榮譽贈給老子，因為老子姓李，和皇帝同宗之故。他們宣稱老子是道家的始祖。道教道觀的建立也是在唐代開始的，由官方發動而遍及全國。佛教雖然是外來的宗教，但也受到歡迎，當時佛教的寺院也遍及全國各地。於是，在唐代，中國便有了三個由官方承認的宗教：儒教、道教和佛教，共存於一種和諧的狀態之下……」

　　「是的，我知道。」毛澤東說，「我記得，唐代有一個皇帝，曾有意把佛骨搬到中國來。」

　　「當時有一個著名的學者和尚玄奘，在印度住了十多年，研究佛教理論。」我接下去說，「他帶回中國來的佛經，超過六百五十卷，他和他的弟子翻譯了其中的七十五卷。玄奘是家傳戶曉的人物——他也是唐朝人。」

　　「太奇異了！」毛澤東評論說，「三個大宗教彷彿都是在唐代開始傳播的。不過孔子只能算是哲學家而非教主。」

「是的。」我表示同意,「雖然老子後來被道教徒尊為始祖,但他也只能算是哲學家。中國人現實主義的性格,我們加以研究,就會發現這是很有趣的事情。中國人可能有宗教信仰以指引生活,但絕少發展到宗教狂熱的地步。那就是為甚麼三個宗教能夠和平共存的原因。」

「是的,幾個宗教能夠和諧地共存,對國家來說,是很好的事情。」毛澤東說道,「那就是說,我們沒有像其他國家那樣的宗教戰爭。歷史上有些宗教戰爭竟持續百年之久!在中國歷史上,我們從不曾聽說過有這樣的事情發生。」

「是的,那確是真的。」我同意說,「但還不止此。在中國,幾個宗教不僅可以在社會中和平共存,並且也和諧地存在於每個人的心靈之中;這和唐代的皇帝是沒有甚麼相干的。在我自己的家庭中,就有這種現象,便是很好的例子:像其他任何家庭一樣,我們有一個刻著天、地、君、親、師的牌位;但我祖母希望我們對聖人懷有特別的敬意,於是又加上了一個孔夫子的牌位。後來她對佛教也有好感,於是又懸掛了一幅釋迦牟尼佛的畫像。最有趣的是,當她聽過歐美的基督教傳教士講過道之後,她認為那些人既然從很遠的地方跑來傳教,那麼,他們的宗教必然也有利於人生之處。於是,她在佛祖的旁邊又掛上了一幅背著十字架的耶穌畫像。我常常把我祖母所設的神壇稱為『宗教共和國』。這是很多中國人宗教信仰的典型事例。」

「這不僅是我們宗教自由的一個好例證,並且,正如你剛才所說的,也顯示我們中國人宗教本性的薄弱。」毛澤東說,「還有一個事實是,儒家思想在中國的影響比佛教和道教都更廣泛和巨大,佛道二家僅被認為單純的宗教。但孔子的思想為甚麼會有這樣巨大的力量呢?在兩千多年之後的今天,它的影響力依然不衰。那些帝王為甚麼會對孔子的估價這樣高呢?是不是由於孔子堅強的人格呢?」

「儒家影響力之所以能夠持續不衰，係由於兩個原因。」我解釋說，「碰巧那些帝王們和所有的高級官吏，都對孔子特別崇敬，於是他們規定在高等考試中，孔子哲理是與試者必須通過的要目。在這種情形之下，假定你不研究孔子的哲理，那麼，在你一生中，你便不可能獲得好的職位！還有，他的哲理也的確可以作為處理人與人之間相互關係的指南。他非常恰當地告訴世人，甚麼是應該的，甚麼是不應該的。在另一方面，老子和佛家的理論則沒有這些。在我們的日常生活中，孔子給我們一些實際而具體的訓示。」

「我認為我們現在應該停止討論，把這些都寫在我們的日記上。」毛澤東道，「這是很重要的。」

於是我們便停止討論，開始寫日記。我們寫完之後，時間已近正午。我們也感到餓了。訪問過潙山之後，我們有很多問題要談，也有很多東西要記下來，因此，我們已經錯了我們長途步行的節奏，現在我們既然仍坐在那裡繼續談下去，便決定在那家茶館吃中飯，吃過飯之後再行上路。

毛澤東問女店主是否有米飯。她說有，但卻沒有甚麼菜：沒有魚，沒有肉，甚至連一個雞蛋也沒有，只有一些蔬菜。我們認為有蔬菜便已經很夠了，我們的消化系統已習慣於素食。然而我們是否還有錢呢？

毛澤東說，他知道我們的包袱裡還有些錢，他提議我們好好地吃上一頓米飯和蔬菜，把所有的錢用光。「然後看看我們前途的遭遇將會如何。」他說。我表示同意，並認為這是個好主意。

吃過中飯之後，由於天氣太熱，難以行路，於是我們便在茶館的蔭涼下睡了一個午覺。當我們緩緩地再上路之時，已經是下午四點鐘左右了。

第二十五章　　沙灘上的一夜

　　離那家茶館不遠，有一條沿著一座高山山腳下的路。我們雖然不知道那座高山的名字，但卻知道現在我們已經是在安化境內了。

　　這座山出產兩種物品。安化以產茶著名，而這座高山的山坡上正是滿種茶樹。另外還有一種物產，用作覆蓋房頂的樅樹皮；除了覆蓋房頂之外，這種樹皮還有一些別的用途。山上數以千計的樅樹，樹皮都已經被剝去，只剩下一棵棵呈乳白色的奇異樹身。

　　我們在一個小戶農家，討得一餐非常滿意的晚飯，晚飯過後，我們便沿著一條不知名的河岸，向前慢慢地遊蕩。我們繼續走了約莫十多里，那條小路卻仍然沿著河岸而下。那河的河床很寬，但其中只有一條流水涓涓而流，其餘盡是覆滿圓石蛋的沙灘，一望無盡，岸邊長著斜垂的樹木，樹枝披散在河岸上面，彷彿像是要討點水喝的樣子。

　　不到一會功夫，月亮照得異常明亮，宛如白畫，辰星大都消失不見，只有那些最大最亮的星還發出點點光芒。路上印著我們兩個人的影子，輪廓異常明晰，往往就像有四個人，在那寂寞的午夜，在路上遊蕩。

　　我們無法想像，再走多遠才能找到旅店住宿；村莊裡的人都已安眠了，我們連一個可以問路的人也碰不到。光明的月亮和清晰的影子成了一種新奇而動人的景色；於是我們在柔軟的沙岸上坐了下來，著意欣賞一番。

　　「我真不知要再走多遠，才能找到旅店。」毛澤東道，「今晚我們不知住在甚麼地方。四顧茫茫，不知哪裡住有人家。一片空寂，渺無人跡。」

　　「是的，四周真是茫茫然，空無所有。」我說，「但我們也是空無所有了，我們現在一文不名；縱使找到了旅店，旅店主人如果知道我們付不出房錢，也不會讓我們住宿。」

「這倒是真的。」毛澤東答道，「我忘了已經沒有錢這回事了。我們就在這裡消磨一夜，你以為如何？這沙灘豈不也可以作很舒適的床嗎？」

「是的，」我表示同意，「你說的很對。就把沙灘當睡床吧。我們甚至可以住到比這裡還壞的地方；藍天要成為我們的帳幔了。」

「那棵老樹就是我們的衣櫃。」毛澤東一邊拿起我們的包袱，一邊說道，「現在且讓我把我們的包袱，掛到我們今晚的衣櫃中。」

「月亮不也正像一隻大燈籠嗎？」我說道，「我們今天夜裡就點著燈籠睡覺吧，好不好？」

我們找到了兩塊又大又平的石頭當作枕頭，但那兩塊石頭實在太高太大，因此，我們便把每塊石頭的一半埋在沙子裡面。睡倒之後，我們齊聲讚賞說：真是再舒服沒有了。

躺下之後不久，我又起來說：「在睡覺之前，我得到下面河裡洗洗腳。」

　　毛澤東責備我說：「我們過叫花子生活，睡在空曠的沙灘上，你卻仍然保持著這種布爾喬亞的臭習慣！」

　　「在睡覺之前，我照例要洗腳的。」我解釋道，「這是我多年來的習慣，如果我不洗腳，我就睡不好覺。」

　　「你今天夜裡就試一試，看看不洗腳是否能睡得好！」

　　「可是，我為甚麼要不洗腳呢？」我問道，「我還想洗個澡呢。」

　　「我知道了，原來你是個紳士叫花子呀！」他一邊說，一邊倒頭大睡起來。

　　我從包袱裡拿出毛巾，走到河底下洗腳。等到我回來的時候，毛澤東已經呼呼睡著了。我感到渾身潔淨，清馨和爽快，但糟糕的是，這時我已經被冷水完全振奮起來，一時無法入睡。忽然之間，我看到一個人匆匆地沿著河邊小路走過來。他顯然是一個趕路的人，他不能像我們一樣隨遇而安。那個人走過去之後，我想到，假定我們兩人都睡在路旁，而我們的包袱就掛在路旁的樹枝上，給月光明亮的照射著，但誰能保證明天早晨我們醒來之前，路上會走過甚麼人呢。我們的財產已經少到不能再少，確實不能再冒被偷竊的危險了。因此，我當時想到，假定我們能夠移到離路邊較遠的沙灘上睡覺，那麼，我們就不會被過路人看得清楚，我們的包袱就比較安全。於是我決定把毛澤東叫醒。

　　毛澤東睡得太熟了。我一邊搖撼他，一邊喊叫他起來，但結果竟是全無反應。我甚至還在他臉上打了幾下，最後他終於睜開眼睛了。於是我便立刻把我的意思向他解釋，強迫他遷移陣地，他在半睡半醒的情況下，唔唔呀呀地說道：「你不必擔心有甚麼賊。就睡在這裡好了……」話未說完，他的眼睛又合上了，又睡得昏天黑地。我知道要想再叫醒他，一定會比頭一次還要困難；即使能夠把他叫醒，他多半還會懶著不動；可是，在另一方面，假定我勉強睡在那裡，我就會放不下心來。

　　考慮了一陣之後，我決定單獨到另外一個沙灘去睡。我拿了我們兩個人的包袱和雨傘，走到約莫四十公尺外的一個同樣的沙灘。這沙灘離開行人道頗遠，並且有一些小樹叢圍繞著，甚為隱蔽。我把「臥床」準備好，便很快入睡了。

　　毛澤東在夜裡醒來，發現我失蹤了。當他看到我們的包袱和雨傘都已不見，站了起來，高聲叫我的名字，但未得到回應。因為當時我正睡得很香，甚麼也未聽到。他無法猜想到我在甚麼地方，便沿著那一帶的河邊，在沙灘上來回找了十多次。因為被樹叢圍繞著，樹下的情形根本無法看得清楚。他叫了幾次之後，得不到回應，便斷定包袱和雨傘必是都被我拿去了，大概不會失落，於是便又倒頭大睡起來。第二天早晨，他說：「我猜想你必定在河那邊的某個地方睡著了。你是不會一個人先走的。」

　　雖然我不曾聽到毛澤東的喊叫，但睡得也並不安靜。我醒來之後，不禁怔怔地仰望著那藍色天空中光明的月亮。宇宙是這樣的偉大，人類是如何渺小和微不足道呵！曾經有多少人類的種族驚奇地注視過這同一光明的月亮，凝視過覆蓋於我們頂上的無邊無垠的冷冷的夜天呵！……古代的民族都已逝去無蹤，現代人都不能及見了？這個寂靜而晶瑩的月亮，銀白的光輝，照射在黑暗的人類世界上，不知已有幾許歲月，冥想著它的年齡，會使人陷於迷惑之境。我們人類的生命呢？和月亮比較，那實在是太短促而不足道了！這時我開始慢慢地吟詠寫於千年前的陳子昂的名作：

　　「前不見古人，後不見來者，

　　念天地之悠悠，獨愴然而涕下！」

　　我不知道是在甚麼時候又睡著了，但睡著之後，做了一個噩夢。夢到一隻老虎雄踞在河邊的高坡上，目不轉睛地瞪著我，在那裡弓腰作勢，

準備擇人而噬，隨時可能衝下山坡，以銅牙利爪向手無寸鐵的我攻擊！我全身顫抖，驀地驚醒過來。月亮已經換了位置，寂靜的天空仍然覆蓋著我。我深深地抽了一口氣——原來是南柯一夢！

　　夢中的恐怖感漸次消失之後，我轉臉朝高坡上一望，一顆心幾乎從口腔裡跳了出來。一個又黑又大的野獸正踞坐在那裡，注視著我！當時我完全清醒著，這絕不是夢了。這是一隻真的老虎。它已經嗅到了我的所在，蹲在那裡，準備隨時撲過來。防衛感或某種第六感覺已經在先前的夢中向我警示，我能從夢裡醒轉過來，獲得脫逃的機會！但是我怎樣逃脫呢？我不敢移動，只是靜靜地躺在那裡，用眼角注視著老虎的行動。

　　我帶著極度緊張和不安的心情在那裡停留了十幾分鐘，老虎卻並無行動；於是我開始產生一線希望。我懷疑它是否真正看到了我。它可能認為我是一根倒下來的樹幹罷了，或者認為是一棵樹的影子。它可能剛巧停在那裡休息。無論如何，假定我一移動，它一定會看到我，閃電般地向我撲過來了。我便仍然躺在那裡裝死，大氣也不敢透。

　　過了一會，我忽然想到，毛澤東正在熟睡，對當前危險全無所知。假定他醒來，一有動靜，或喊叫，那麼，老虎定然會向他進攻。我開始想像到他隨時會醒過來，於是，我乃拚命思索，怎樣才能拯救他。

　　我把危機告知他是我的責任，我必須即刻冒任何必要的危險。我必須爬到他睡覺的地方。我當時推想，假定我爬得很慢很慢，老虎可能不會察覺我的動作。於是我開始移動了，我每次只能爬行一寸左右，我移動的情形與其說是爬行，還不如說作蝸牛式的蠕動更恰當些。在這樣的速率之下，頭一公尺的路程花了我超過一分鐘的時間；我以最大的耐心，經過一個多鐘頭，才爬到一片能夠掩護我的叢樹後面。

　　在這個新位置上，我轉過身子，透過樹叢枝葉向高坡上探視，發現老虎並未移動；這時我感到我的耐心獲得了報償了。我已經安全了。但我

還得越過一段相當長的空曠地，或是作一個大的迂迴；還需再花上一點鐘的時間才能完全脫出老虎的視界。於是我迅速地站起來，用我所能跑得最快的速度，跑到毛澤東睡臥之處。他正張著大口酣睡不已，唾沫則正自他的口角慢慢流出。甚至在這個時候，我仍然不敢做聲。我不能叫他。怕的是，縱然能把他叫醒，他在一旦醒來之後，就會高聲講話；講話的聲音勢將把老虎立刻引到我們的面前。

我悄悄地在毛澤東的旁邊躺下來，並想最好就是睡著。但在精神極度緊張之下，這是絕不可能的。不一會，農夫們開始在田裡出現了，並且有好幾個人從我們很近的路旁行過。毛澤東睡醒了。天已破曉，有人在附近走動，危險可以說是過去了。來不及告訴毛澤東昨天夜裡虎口餘生的經過，我便跑到那邊樹下取我們的包袱和雨傘。現在已經沒有被攻擊的恐懼了。

把東西取下來之後，準備以最高速度往回跑之前，我匆忙轉頭朝昨夜老虎踞坐之處一看，發現那隻大黑老虎仍然在那裡。它一動不動，再定睛一看，發現那隻兇猛的大黑老虎原來是一塊天然的黑石頭！

第二十六章　離開沙灘之後

我們離開昨夜歇宿的地方，決定仍然沿著河岸繼續前進，因為這似乎是到安化唯一的道路。

我們拿起包袱，準備開始今天的行程之時，一條大青蛇忽然從河岸低處的草叢中爬了出來。那裡正是離毛澤東幾分鐘前還在睡覺的地方不遠之處。這使我頗為吃驚，因為昨天夜裡，這條看來含有劇毒的爬蟲當離此不遠。假定當時它發現了毛澤東，是否會咬他一口呢？又假定它爬

過樹林時，我當時的處境也極其危險，那隻老虎原來只是我神經過敏幻想出來的，這條毒蛇才是實實在在的東西。我想到人們聽說假定被毒蛇咬著，毒液會順著血管流到血槽，很快會傳遍全身的情形。在這人跡稀疏的地方，萬一被毒蛇所咬，那是萬無生望，因為要尋找醫生或任何治療都不可能。我把想到的情形告訴毛澤東，彼此決定再不在荒野露宿了。

　　我們單調地走著，那條河岸似乎無盡無窮。沿著河岸，每隔一段距離，便有一段又矮又直的樹叢。我們走過之時，常常想到這好像是軍隊閱兵時的樣子。我們似乎是在閱兵，而軍隊正在向我們敬禮。

　　走了約莫一個鐘頭，到了一座石橋之前。橋的石板上刻著「到安化縣城走右邊」幾個大字。於是，我們過了橋，順著右邊的一條路走下去。這條路雖然已與那條河分開來了，但卻又把我們帶到一群山崗之中。在一個小山腳下的路邊上，有一個由四根柱子搭起來的方形涼棚，四邊無牆，就像通常的涼亭一樣。涼棚下邊擺著一條長凳子，以供行人坐息。

　　我們在那條凳子上坐下來，舉目向四周眺望一環，我看到一條羊腸

小徑，直通到一座小山之頂，山頂上有一座小廟。我告訴毛澤東讓他等
我一會，便急急跑到山頂，發現那座廟非常的小，廟牆寬僅四、五公尺，
高亦不過七公尺左右。正中間供著一尊石像。牆是白色的，並無刻字。
那裡景色甚好，站在山頂上極目遠眺，東、南、西、北一望無際。我走
下山去，從包袱裡取出筆墨，然後又回到廟裡，在白牆上寫了兩個大字：
遠大。

及至我回到毛澤東歇息之處，發現多了一個路人，他們正在交談。
毛澤東問我那廟的名字。我答：「不知道它名字，但我剛剛在牆上寫了『遠
大』兩個字。你記得，在學校裡楊（懷中）先生教我們人格修養的五個原
則，其中頭一個便是『遠大』。他說『遠大』的意義，便是一個人的行為
和思想應該放得遠，目標應該放得高。一個人應該不斷想到超於平庸的
某些東西。我一直沒有忘記他所講的那一課，當時那話嵌進了我的心靈。
對我來說，這些話實在意義深遠。」

毛澤東立時領悟，說道：「對極了，確實對極了！」

離開涼棚，走了一小段路之後，便見到一間路邊茶館。我們便向茶
館主人乞討早飯。它和一般同類茶館一樣，店主是一位二十歲上下的女
人，她看來人很和氣，通達，不一會便給我們每人拿來一大碗米飯。當
時我忽然想到，她是否知道那座山頂小廟的來歷呢？於是就問她小廟的
名字。

「這是劉邦廟。」她答道。

「劉邦？」毛澤東問道，「那兩個字怎樣寫？」

「我不會寫字。我只知道那個廟叫劉邦廟。」

「這附近有叫劉邦的人嗎？」毛澤東繼續問。

「那我就不知道了。」女店主說，「我在安化縣城出生，在那裡結婚，
搬到這裡才只兩年的時間。對本地的事情實在知道的太少。」

　　毛澤東沉思片刻，又説道：「劉邦是漢朝第一個皇帝的名字。他不是這裡的人，甚至他生前是否曾巡遊過這一帶地區也成疑問。因此，我實在想不出這廟為甚麼要取他的名字。」

　　「我的確不知道。」女店主答道，「我連劉邦是漢朝第一個皇帝也不知道。」

　　「你知道那個廟為甚麼要修建在山頂上嗎？」毛澤東追問道。

　　「那我更不知道了。」她很有耐性的回答。

　　正巧那時有一個男人走了進來，看來像是女店主的丈夫，於是我們就把關於那小廟的問題向他請教。下面就是他告訴我們的話：「這所小廟為甚麼會取名劉邦廟，我們並不知道真正的原因。有人説劉邦是皇帝，另外一些人又説劉邦廟的劉邦只是和劉邦皇帝同名的另外一個人。究竟哪個説法正確，我亦不知道。關於這個小廟建造的故事則是這樣的：很多年以前，有一個人生了病，病得很厲害，已經到了死亡的邊沿。每一個人都認為他沒有康復的希望了。後來有天晚上他做了一個夢，夢到一個名叫劉邦的人，給他開了一個藥方，告訴他吃下那藥之後，他的病就會好了。他醒來之後，便叫他的兒子照方煎藥。服藥之後，他的病果真霍然而癒。為了紀念他夢中遇見的劉邦，於是他便修建了這座廟。」

　　「這劉邦是皇帝嗎？」我問道。

　　「這我就不知道了。」女店主的丈夫回答説，「有人説他是皇帝，另外的人説不是。我弄不清楚。」

　　「這廟修建了多長時間？」毛澤東問道。

　　「我也不知道。我記得，我很小的時候就已經看到這個廟，現在我已經二十六歲了。這裡很多人都説，那是一座古廟。這種説法是否可靠，我就無法判斷了。」

　　向店家兩夫婦致謝過後，拿起包袱和雨傘，我們又再踏上漫遊之途。

第二十七章　安化縣城中的困厄

　　自離開劉邦廟之後，我們對旅程的安排比較來的從容自在。因為我們對談論極有興趣，對前進速度反而淡然置之，是以在離開劉邦廟後，在路上花了好幾天的時間，我們才到安化縣城。一進城裡，我們感到確實已經離開家鄉很遠了。那裡的人說話的口音和我們的頗不相同，對他們的生活習慣，我們也感到陌生，真有點置身異鄉的感覺了。

　　雖然我們有些同學住在那裡，但我們決定不去拜訪。因為恐怕他們又像何鬍子家裡一樣，對我們殷勤招待。不過，由於我們連最後的一文錢，也早就用去了，因此在進城之後，下一步究竟應該怎樣做，卻是全無主意。我們成為真正的叫化子了，我們須靠機智來換取生活。

　　我們到達縣城之時，約莫是在上午十點鐘左右。由於還不曾吃早飯，當時已經餓得很厲害。走到一家茶館門前，站在那裡猶豫了片刻，望瞭望裡面的情形，我們便昂然地走了進去。揀了靠近窗子的一張方桌坐了下來，將包袱和雨傘放在旁邊，接著便叫了茶和早餐。

　　我們的飢餓獲得相當程度的抵消之後，便開始討論如何付賬的問題。總得設法在那裡乞討，或賺些錢來，這是毫無疑問的。我提議毛澤東留在那裡寫日記，我則到街上去走走，看看有甚麼法子可想。

　　我走出去之後，很快就發現：安化縣城的店員不肯打發叫化。我一次再次的被拒絕：「我們這裡不打發叫化子！」「不要站在這裡妨礙我們的生意！」有好幾個地方，他們根本不准我進門，常常會有一個人攔著我就說：「這裡沒有東西打發你！走你的路罷！」他話說得非常粗鄙，臉上現出一副冷漠殘忍的神情。也有少數人勉強給我一兩文錢，但那麼少量的錢對我們亦沒有任何用度。花了一個半鐘頭的時間，走遍了兩條街，結果我只討到二十一文錢。於是我便放棄了這個吃力的工作，返回茶館。

　　我告訴毛澤東，這個城市乞討實在太難，走了兩條街只討到二十一文，這個數目還不足我們早餐所費之一半。我們如何付賬呢？怎樣離開這間茶館呢？毛澤東提議我留在茶館裡寫日記，由他到另外一條街去試試；但我知道，那將是徒勞無功的。後來我終於想出了一個計劃。我提議我拿著先討來的二十一文錢去買些紙來，然後像那些送字先生似的，書寫若干副對聯，分別送給那些商店的店主。這是知識分子的乞討方式，是一種間接乞食方法。不過所送對聯需要自己書寫，受之者則贈送少許金錢作為酬報。

　　「用這種方式我們或許能多弄一點錢。」我說，「你在這裡把筆墨弄好，我去買紙。」

　　毛澤東對這個提議熱烈擁護，立即開始磨墨。我在街上買紙時，順便把沿街的若干重要店舖名字抄了下來。每張紙約莫長一公尺半，寬三十公分；於是我們便把這種紙一分為二。

　　以我最佳的書法，謹慎地在每一副對聯的頂端寫上一間大店舖名字，這是最緊要的一點。因為某一副對聯只能送給某一家，在這種情形之下，他們是不好拒絕的。我更希望，他們看到這種特定的對聯之後，會感到一種光榮。我只贈給大的店面，因為估量著它們擁有很多錢財。

　　在頭一家店舖裡，一個青年雇員接到了寫給他們的對聯之後，轉遞給三個年紀較大的人。他們將它展開了看，都面帶微笑，表示欣賞。他們是否真正能欣賞我的書法頗可懷疑，但至少他們已經承認他們自己是寫不出來的。

　　他們看看我又看看那副對聯，一再地重複道：「寫得很好，寫得真好！」於是他們相互之間開始耳語，我猜想他們是在商量應該給我多少錢的問題。假如他們給多了，店主將會不高興；假定給得太少了，他們又怕得罪了一個學者！他們耳語了一陣之後，仍然不能決定，於是其中

一個便拿了對聯到後面去見店主。立刻便有一個人面帶笑容走了出來，並且伸手遞給我四個銅圓。四個銅圓亦即是四十大文。

　　他問我從何處而來，為甚麼會弄到這樣窮困的地步，及一些類似的問題，而正當我要回答他時，另外一個穿得很體面的人從後面的房間中走了出來。此人看上去約莫四十歲年紀，很肥胖，顯然是這家店舖的主人，因為他走出來之後，其他的五個人便立刻散去，只剩下他和我兩個人。他很禮貌地問了我幾個問題，接著又把先前出來的那個青年人叫了過來，問他送給我多少錢。年青人答道：「四個銅圓。」

　　「再多給他四枚！」那個胖子說。我向他道謝之後，便離開那間店舖。這八個銅圓已經是我起先苦苦地乞討的四倍了！我想到那些接待我的人之冷漠和殘酷的表情，以及歡迎我寫對聯的笑臉，我得到了安慰。我感到學問是怎樣被人尊重呀；於是我帶著更大的信心走進第二家店舖。

　　然而，花不常開，月不常圓，人也並非永遠都是愉快的。希望愈大，失望愈大。在第二家店舖裡，店主以極不耐煩的態度揮手讓我走開：「字對我有甚麼用？把你的對聯拿去送給別人罷！」

　　我提出抗議道：「這是專為你舖子而寫的。請你看看，你舖子的名字已經寫在上面。你縱然不願意出錢，也請你收下。」

　　那店主現在開始看我的書法了，他果然看到了他店舖的名字，勉強地將對聯收下，塞了兩個銅圓給我。我很禮貌地謝了謝他，即轉身離去。

　　從第二家店舖走出來之後，我想毛澤東正在茶館裡等我，假定我把所有的對聯送完後才回去，他勢將在那裡等候很長的時間。於是，我乃決定先回茶館一趟。

　　我們付了賬之後，乃商量下一步的行動。我們雖然並不即刻需要更多的錢，但那些寫好了的對聯如果不加以利用，卻是很可惜的事情。於是，我們把這些對聯分成兩部分，由我們兩個人分頭去送，送完之後，再

在茶館裡碰面。

第二次開始送字，頭一家店舖，那店主一看到他的店名，便立刻表示接受。第二家賣茶葉的，店主是一位讀過書的人，也會寫字，對我的書法讚了一陣，便邀請我到他的書房，並把我介紹給他孩子的家庭教師。他們二人一再端詳我所寫的對聯。後來店主請我為他的家庭寫一副對子，我很快便寫了出來。當我請教他們寫點甚麼時，他們都只是微笑。後來店主指著牆上所掛的一副對子說，那便是教師的手筆。他的書法倒也不錯，然而，我認為我的卻比他更好。

他們以香茗饗客。我們三個人作了一段很有趣的談話。「學問和書法是很難的事情，」店主說，「這實在是無價的財產。在近代社會中，學者不被尊重，確是很不幸的事情。我讀過幾年書，但找不到工作；因此，最後我決定開設這家茶葉莊。假定我當時繼續讀書，恐怕早在多年之前便已經餓死了！」

「假定你不開這家茶葉莊，我定然不會有事可做。」那位教師補充道，「在餓死鬼的名單上，將會增加一個讀書人。」

「假定你不開這家茶葉莊，」我補充說，「我今天也無法獲得和你們兩位讀書人暢談的機會，另一方面，我多半會在安化城中餓死了！」

店主聽了之後，哈哈大笑道：「可惜這個舖子太小，否則，我一定要請你們兩位同任教席！」

「假定一個人讀了書，他就有餓死的危險；但假定不讀書，他就得不到文化的陶冶。那麼，他應該怎樣選擇呢？」那老師問道。

「在我看來，你們的東翁似乎選擇了最好的計劃。」我回答道，「先讀書，然後去做生意。」

「既然已經改換了職業，我就不被稱為學者了。」店主說，「但是我有三個兒子，其中的兩個我決定讓他們去做生意，而讓第三個專心致志於

讀書。這樣安排之後，可以保持我們家庭讀書風氣，也可能不致有人會餓死。」

「這樣安排對你來說實在太好了，因為你有三個兒子。」那家庭教師說，「但是只有一個兒子的人怎麼辦呢？」

「這是作父親的計謀，」我提示說，「這是以家庭作單位的計劃。但是你一定要記住，兒子並不僅僅為了維持家庭而存在。他應該獲准自己去計劃他的未來。他必須認識到他是社會一分子，應該為社會的幸福著想。」

他顯然不了解這種觀念，但是在這個問題上我們已經討論了很長時間，因此，我覺得最好不作進一步的解釋。我還需要訪問其他店舖，於是我告訴他們，我們必須作別了。店主向他的辦公處走去，等他回來之後，他遞了個信封給我，我向他表示謝意，作別以後，便向街上走去。我打開信封一看，發現裡面是二十個銅圓！我又去送了幾個地方，都獲得成功。於是我便回到茶館去找毛澤東。我們旅程的下一站是益陽縣城。

第二十八章　到益陽縣城的路上

離開安化之後，我們沿著大路走下去，很快就走到一個路碑之前，路碑上刻著「向右到益陽縣城」幾個字。益陽縣城是我們下一站目的地。從起程時我們就已決定只沿最寬的大路走，道路通到甚麼地方，我們就到甚麼地方。

到益陽縣城的路程究竟有多遠，我們全不知道；我們對道路的遠近距離也毫不在意，因此，我們也不向別人打聽，是遠是近對我們都是一樣的。我們的雙足單調地向前走著，一步一步，有如用尺量路一般；不

過，這樣的走動完全是機械性的，我們的興趣完全集中在談話方面，對其他事物便不甚留意了。

離開安化之後，我們便開始談論我和那家茶葉店老闆的談話，關於如何安排他三個兒子的事業的問題，他讓一個兒子做學問，但學問並非可靠的謀生之術，因此讓另外兩個兒子學做生意。他們計劃將來每人經營一項不同的買賣，假定其中一個失敗了，另外一個仍可支撐。我批評那個做父親的決定，是自私自利的方法，因為他只照顧他的家庭利益，對他兒子個人的願望，以及對社會全體的利益，卻全然不加考慮。我這個批評，使我與毛澤東之間引起了關於家庭制度的大辯論。我說那個店舖老闆是典型的中國父親，不過，他這種觀念卻是太古老太落伍了。

毛澤東道：「你知道養兒防老的古訓！這已是中國無數代的制度了；父母衰老之時，兒子的主要責任是照顧父母。父母完全依靠兒子。」

「很奇怪，這種自私的家庭觀念，我一直不以為然。」我申述道，「假定我有一個兒子，我很自然的會喜歡他；然而我卻永遠不會按照我自己的需要，把他當作財產一樣看待。他應該是社會的一分子，把他養大，讓他接受良好的教育，自然是我的責任，但以後的生活，他對我的態度，則應該決定於他個人的情操。我永遠不會想到，我老了之後還需要他的照顧！我父親雖然屬於前一代的人，但也和我抱有類似的觀念；他反對父親對兒子有自私的打算。」

「我以為因為中國人家庭觀念太重，所以缺少民族情感。」毛澤東道。

「兒子並不完全屬於家庭，」我補充說，「但也並不完全屬於國家！誇大了國家觀念，其害處絕不遜於誇大家庭觀念。」

「你對子女有這樣的觀念，連我都覺得奇怪。」毛澤東驚訝地說。

我解釋道：「認真的說來，一個人生而為家庭的成員，同時在國家之中，他亦是不可分離的一分子；在另外一方面，他又是全世界的一個公

民。他對他的家庭、他的國家,以及對整個世界都有責任。總之一句話:
他對社會負有責任。」

毛澤東卻表示不同意:「我認為國家應該佔最優先的地位。」他說。

我進一步加以解釋:「我想的是一個人的抉擇問題,假定一個人面臨
有利於己而有損於家庭的行為,他便不應該去做;假定面臨有利於家庭
而有損於國家的行為,他亦不應該去做。尤其重要的是,假定一種行為
有利於國家而有損於世界及社會時,他就更加不應該去做。檢定行為的
最後標準,是社會的終極之善。」

「但是國家是保護人民的,」毛澤東辯駁道,「因此,人民便有保衛國
家的義務,人民是國家的子民。在未來最理想的國家中,兒童應該脫離
父母,而由國家教養。」

「那麼,這就必須要有兩種制度。」我說,「其一是兒童的教養,其二
是老人的收容。假定你把傳統的養老制度取消了,那麼,老年人的生活
就應該另外設法加以照顧。」

「最最重要的第一件事,」毛澤東強調著說,「是需要一個強有力的
政府!這樣的政府一旦建立起來,人民也就可以組織起來了!」

「但是如果政府過於強大,那麼,人民的自由就要受到損害。那情形
好像是,人民變成了羊群,而政府則成了牧人。那是不應該有的制度。」
我反駁道,「人民應該是主人,政府只應該做他們的僕人!不過,所有的
政府都毫無疑問的想做牧人或主人!」

「不過,我的確認為人民是羊群。」毛澤東堅持著說,「非常顯明,政
府一定要充任牧人的角色。假定沒有牧人,由誰來保衛羊群呢?」

「對這個問題我有另一種看法。」我說,「假定人民是羊群,政府也必
須是羊,但那是最壞的一種形式;在這種情形之下,那些圖謀取得權力
的人就要成為主人了。綿羊政府中的官吏定會說他們是最聰明、最能幹

的，他們永遠不會認為這些人是一批土匪！」

「根據你的想法，」毛澤東道，「假定你不讓羊群成立政府時，那麼，誰是牧人呢？」

「假定羊由人來照管，那就意味著它們已失去自由了。它們係生活在牧人的慈悲之下，已全無自由可言。牧人可以對它們生殺予奪。所留給它們的唯一事情只是吃飯、工作和睡眠，它們為甚麼還要牧人呢？」

辯論到這個當兒，我們看到幾隻牛靜靜地在路旁吃草，旁邊沒有人管理它們。「潤之，你看，」我說，「看看這些牛。它們不是很快樂和滿足嗎？它們需要更好的組織嗎？」毛澤東沒有回答。於是我們便注視著那些牛，沉默地向前走下去。等到我們快要走到牛的身邊之時，一個手拿長鞭的人突然出現。那些牛對鞭子似乎特別敏感，因為當拿鞭的人走近時，它們很快地四散開來。連安靜地臥在那裡的牛也立刻站了起來，那些本來站著的則開始奔跑。頃刻之間，秩序大亂，它們已經害怕得無法吃草了。

我著意地看了看毛澤東。「你看到牧人對畜牲的效果了嗎？他一到這裡，那些牛就立刻生活在恐怖之中！」

毛澤東頑固地回答道:「牛必須加以管制!這個人手裡有一條鞭子,他必須用來鞭策它們。這個牧人太軟弱無能了!」

「只可惜這些牛不能了解你的高論!」我諷刺道。

「正是由於它們不懂人言,因此必須用鞭子來打,它們也必須有人來加以照顧。」毛澤東答道。

當毛澤東説話時,最前面的一隻大黃牛忽然停下來,抬起頭,張口大叫。似乎是在抗議。我説道:「假定他們繼續作威作福時,有一天甚至牛羊也會起來反抗他們的。」

第二十九章　到了益陽縣城

約莫是在下午三點鐘,我們走到益陽縣城。這個縣城與其他差不多大小的縣城並無顯著不同。街上店舖林立,行人擁擠,沒有甚麼新奇之處。不過,我忽然看到了一件有趣的東西。「潤之,你看!」我驚奇地叫道,「你看到牆上所貼的縣長佈告嗎?」

「是的,我看到了。」毛澤東答道,「我對這種東西沒有興趣。你為甚麼這麼興奮呢?你為甚麼問這個問題呢?」

「這裡又有一張。」我停下來説道,「你仔細看看。」

毛澤東看了之後,回頭對我説:「所有的縣城都有這種貼在牆上的佈告的。」他説,「我實在看不出這張佈告有甚麼特別之處!」

「你看看縣長的簽署,」我提示道,「這個人是誰?」

「字寫得很清楚,」毛澤東答道,「他的名字是張康峰。」「但是你知道張康峰是誰嗎?」我問道。

「不知道。」毛澤東説:「我為甚麼要知道?他是誰呀?」

「他是第一師範的化學教員。」我説。

「噢，原來如此。他只教高年級學生，所以，我不認識他。」毛澤東道，「我們的化學教員是王先生，你能斷定這個張康峰和第一師範化學教員是同一個人嗎？同名的人很多哩。」

「是的，我能斷定是他，他是益陽縣城的人，我記得他那濃重的益陽口音，並且知道他是在暑假之前兩個月離開學校的。劉先生接替他教員的位置，現在我才知道他是回來做縣長。」

「你和他的交情很好嗎？」毛澤東問道。

「是的，他非常喜歡我，每次考試，他都給我一百分。我們作過多次有趣的談話，每次談起政治問題來，他都感到很大的興趣。」

「假定那樣的話，」毛澤東提議道，「你就應該去看看他。」

我對他的建議大笑了起來。「不要忘了，」我説，「在這個社會上，政府官員和叫化子是兩種天壤有別的身份。他們分別代表社會上最高的和最低的兩個階層。——沒有比政府官員再瞧不起叫化子的了。我們是以叫化子的身份從長沙來的，我們有很多有趣的經驗。但是我們卻從不曾拜訪過縣太爺。我認為你説的很對。我們就利用這個機會來獲取新的經驗，你以為如何？」

「反正你是認識他的，他不會把我們當作叫化子看待。」毛澤東滿懷信心地説。

「最大的問題，」我指出説，「是怎樣通過守衛和衙門裡的下人的關口。張康峰本人決不會把我們當作叫化子，不過，他左右的人就不同了。問題是怎樣通過他左右的人。走，咱們去試試，看看結果如何。」

毛澤東非常高興。「好！」他驚叫起來，「這是我們這次冒險中最特出的插曲：叫化子拜訪官吏！我們就這個樣子去好不好？穿著草鞋和其他一切？」

「當然。我們是以叫化子身份去拜訪張康峰縣長！」我說。

縣長是縣區的最高行政首長，是地方最重要的行政官吏，獲得人民的高度尊重。他的職位遠較其他國家的市長為重要，他的衙門或官邸有如宮廷，警衛森嚴——和絕大多數西方國家的辦公處大不相同。

我和毛澤東兩人問了好幾次路，才走到那所莊嚴的衙門之前。前面是一個廣場，廣場的中心，恰恰與縣府圍牆的中間大門相對，從那裡一直看過去，可以望見兩道相同的大門。穿過這兩道大門，就是法庭了。縣長的私人住宅則在法庭的後面。靠近第一道大門的右邊，是守衛人員站崗之處。守衛的也算重要人物，因為他的角色，是對求見者加以檢察；只有和縣長約定有要事要談的，才准許內進。

我們走過廣場，到了縣政府的大門，守衛立刻攔住了我們。我們要求到裡邊，他猶豫了一陣，終於准許我們到門房去商量。那些守衛在我們印象中，是懶惰而不負責任的。他們似乎採取事不關己的態度。

但門房卻是高大而粗獷的傢伙，他大踏步走出來，高聲嚷道：「滾開，趕快離開這裡！叫化子到衙門裡來幹甚麼？」他向我們瞪了一會，看到我們的短衫、草鞋、雨傘和包袱，於是又大嚷了起來。這次他喊叫的聲音似乎還要高些：「滾開！我問你們，你們到這裡來幹甚麼？」

「我們來拜訪縣長。」我一邊說，一邊掏出名片，將毛澤東的名字寫在上面。

「請你替我們傳達一聲好嗎？」我把名片緩緩遞給了他。

他呆呆的站在那裡。「叫化子還帶著名片！甚麼名字？蕭旭東和毛澤東！你給我這張名片幹甚麼？」他問道。

「請你交給縣長——告訴他我們想見見他。」我笑著說。

「你們為甚麼要見他？你們要告甚麼人嗎？你們知道需要先呈狀子嗎？」

「但是，我們並不是來控告別人。」我說，「我們因為在此路過，不過順便來看看他而已。」那個可憐的傢伙站在那裡，用眼睛瞪著我們，似乎不能相信他自己的耳朵。可以想像得到，他把我們看作兩個精神病漢了。他帶著迷惘的聲音問道：「叫化子哪能跟縣長有甚麼往來？」

「貴縣長是很好的官吏，並且是非常和氣的人。我十分有把握，他一定願意和兩個叫化子談談的。請你進去看看，你只把名片交上再問他就行了。」

那門房又大嚷道：「你們瘋了！要是我進去告訴他，說有兩個叫化子要見他，他一定認為我發神經病。他一定立刻把我開除！你們不要胡纏了！假定你們不知好歹，我就要守衛把你們趕出去，滾，快滾！」

「我們不走，」我抗議道，「我們一定要見縣長。」

毛澤東加以助陣：「我們是叫化子，是的，不過，我們一定要見縣長！」

至此，門房十分不耐煩了。他高聲叫道：「好罷，假定你們不可理喻，我就要用武力來趕你們了！衛兵！衛兵！衛兵！衛兵！快來！」

看來那個門房真正要有所行動了。站在那裡的兩個衛兵走了過來。

「我看誰敢用武力對付縣長的客人？」我叫道，「你們不怕被革職嗎？」

「我們要見縣長。」毛澤東道，「我們並沒有做甚麼犯法的事情。看看誰敢強迫我們走！」

我坐在大門裡的石板上，說道：「若見不到縣長，我們兩個叫化子就不離開這裡。」毛澤東在我的旁邊也坐了下來。

這時有三個人從門房的辦公室走了出來，另外一個衛兵也加入了他們的陣營。有些面貌兇惡，有些則態度和善。他們圍成半個圓圈，用眼睛瞪著我們。他們異口同聲的說，我們必須走開，但卻沒有人敢動手。

其中一個老年人，忽然對那個門房說：「你何不進去報告縣長呢？你就告訴他有兩個傻瓜要見他，說他們給我們惹麻煩，不肯離開。」

「我怎可以這樣做呢？」門房問道，「上禮拜縣長的一個窮朋友就來求救濟。當時我想都不想就去報告縣長，等那個人走了之後，縣長卻把我大罵一頓。因為我一通報，他就不好拒絕接見，只好給了那人一點錢。他說我的主要任務，是要注意訪客，只選擇那些認為他必須見的人。假定我認為他們是不受歡迎的人物，有權自行打發，免得麻煩他。那次事情剛剛過去，我怎樣還能為這兩個叫化子通報呢？他們雖然是瘋子，但我並不瘋！」

那老人表示同意，但說道：「讓我來試試看。我進去報告縣長，就說他們在這裡胡纏，我們雖盡量設法讓他們走開，但他們卻死賴不走。我去請示他，看看我們應該怎樣辦。除非是他問到，否則，我就不把他們的名片拿出來。完全由他自己來決定，我們都不須負任何責任。」

那個人走進房去，穿上一件長衫，又梳了梳頭髮。於是他把我的名片放在他的口袋中，慢慢的向裡邊走進去。那個態度惡劣的年青門房在後面還大嚷道：「你在縣長那裡討個命令，把這兩個傻瓜捆起來，送到監獄裡關上幾天。好好地教訓教訓他們，使他們以後不敢再擾亂良民了！」

我知道他這是有意警告我們，我們詐作沒聽見，安靜地坐在那裡，但卻禁不住偷偷發笑。

那老人走了不久，便忽然在第二道大門處出現。他快步走了出來，面帶笑容，直向那個年青門房跑去，對他說道：「縣長說趕快把這兩位先生請到他的書房裡去！」

我們仍然安靜地坐在石板上，假裝未聽見他們的談話，但看到那一夥人，接到這個出乎意外的命令，臉上吃驚的表情，煞是有趣。那相貌

粗獷的門房低聲的焦急的問那老人家説，他是否聽清楚了縣長的話，縣長是否真的説要把他們帶到書房裡去？

「是的，」老人答道，「我聽得很清楚，絕沒錯。他告訴我兩次，叫立刻把他們兩個人領到他的書房！」

他們談了幾句話，那門房便走到我們的面前，恭恭敬敬地鞠了一個躬説：「縣長要立刻接見兩位，請隨我來好嗎？」

我們拿起包袱和雨傘，那老人搶著要替我們拿，但我們説道：「不，謝謝你。你知道，叫化子總是拿著自己的東西的。」我們跟著他，經過第二道第三道大門，又穿過一座花園，便到了縣長的書房了。這時張康峰先生正在他的書房等著我們。

那門房走開之後，張先生帶著驚訝的聲音問道：「蕭先生，發生了甚麼事情？你們是從哪裡來的？看來你們好像遭遇到甚麼煩事哩！」

「我是從長沙來的，」我答道，「這是毛澤東。他是第一師範第十四班的同學。」

張先生和毛澤東握手，問道：「你們兩個人，都是從長沙直接到益陽來的嗎？」

「我們從長沙出發，經過寧鄉和安化，來到這裡。」我答道。

「你們怎樣老遠來到這裡來看我呢？」他問道。

「我們是偶然而來。」我解釋説，「在進城之時，我們看到貼在牆上的縣長佈告；斷定你就是縣長，就決定來拜訪你。我們打算從這裡到沅江。」

「原來如此，」張先生道，「那麼，你們從沅江再到哪裡呢？」

「我們只順著大路向前走，走到哪裡算哪裡。」我語焉不詳地答道。

「但是你們究竟要到哪裡去呢？你們是要幹甚麼呢？」他帶著迷惑的神色問道。

我知道張先生完全不能了解這種奇異的情勢，因此，我便給他詳細地解釋，我們用叫化子的方式來過暑假的生活，並告訴他一些沿途經驗。他聽了之後大為驚奇，但對我們這種試驗的勇氣卻表示讚賞。「絕大多數人是不能了解的。」張先生評論道，「這就是為甚麼剛才那個門房告訴我，有兩個傻叫化子堅持要見我，賴著不肯走！當我問叫化子是誰時，他遞出你的名片，因此我才知道是你們。但是，説真話，我看到你們的穿裝打扮時，我完全能諒解門房的態度，現在你們兩位先去洗個澡，換換衣裳和鞋子，然後咱們再好好的談談。」

我們和張先生談了好幾個鐘頭，並且和他同進晚餐。在飯桌上，他告訴我們，我們以前的一位同學現在益陽縣任教育局長，另外一位任中學校長，還有一位擔任小學校長。一共有六個同學在當地的教育圈裡獲得了重要職位。他要分別為他們每個人送一個信，請他們第二天早上到縣政府裡，為我們舉行一個歡迎會。

我們表示不贊同，不需要這樣一個歡迎會，但張先生卻堅持他的意見。「我怎樣能不把你們的訪問告訴他們呢？」他説，「他們都一定非常高興看到你們！」最後我們只得同意，但我們卻要各自去拜訪他們。

於是，兩個叫化子又轉為上賓了。在動身到沅江去之前，我們在益陽停留了三天。我們向張先生告辭時，他堅持要我們帶四塊錢在身邊，以為不時之需，他並且命令門房伴送我們到城門。我們説不需要人相送，但他卻堅持一定要這樣。

我們走向城門的途中，我向那個門房説：「你們的主人是個大好人！他不願意叫化子被縛起來送進監獄。相反，他卻盛意的招待我們！」那門房只是低著頭，一言不發。

第三十章　沅江泛洪

　　一出城門，就有一塊路碑，指著去沅江縣城的大路，沅江縣城是湖南省最大的縣城之一。張先生的門房送我們到了這裡，就回去了。現在剩下我們兩人，可以討論一下我們剛經過的這次經驗。

　　毛澤東批評我們的東道主張先生，他說：「那門房雖然可憎可厭，但他的主人張先生比他更壞。因為門房只是遵從張先生的命令，他不過奉命執行，不讓窮人進來。張先生真可以說得是勢利小人，像他這樣的人，人生的主要目的就是金錢和權勢，除此之外，他的頭腦不會有高尚一點的思想。至於那門房，是因人而不同的，我見過許多門房都比他好得多。」

　　「同樣，也不是所有縣長都像張先生一樣的。」我回答說，「古語有云，衙門八字開；但如果要打官司，無論曲直，沒有錢是不成的，簡直就沒有正義可言，金錢就是正義！」

　　「不錯，」毛澤東表示同意，「社會上的人，很少不是有這種看法的，在人生世事當中，金錢具有最大的操縱力。金錢就是權力。」

　　「權力是壞東西，」我嚷著說，「所有權力都是不好的。而運用個人的權力魚肉人民，更是罪惡。」

　　「那不一定，」毛澤東反駁說，「你說所有的權力，究竟你所指是哪種權力呢？」

　　我解釋說：「在初民時代，有權力的人，他在氏族中戰勝別人，打獵覓食，因此權力最先是藉體力而得來的。但到後來，權力就歸於兵士，歸於武器了。再後來，就有了金錢權力，又有了政治權力。」

　　「你是說有四種權力，全部都是不好的？」毛澤東問道。

　　「權力本身沒有甚麼好壞可言，」我解釋說，「主要是看怎樣去運用

它。強迫別人去做不願意做的事，是罪惡。權力就像一把刀，本身不好也不壞，但如果用它來殺人，就可能是罪惡了。」

「那麼，你認為政治權力也像一把刀麼？」毛澤東問道，「當然，你絕不可以說，因為刀能傷人，因此就不要製刀？刀也可以用來雕刻精美的木刻和雕塑呢。同一道理，政治權力也可以用來把國家組織起來，發展起來。」

「你不應把政治和藝術創作混為一談，」我反辯說，「從歷史上看，不論中外，你都會發現，搞政治的人沒有不殺他的政敵的。甚至最好的政治家，也會殺戮人民，傷害百姓，我不認為這是好事情。」

「我認為政治權力比金錢權力較為善良，」毛澤東說，「資本家的金錢權力，純粹就是榨取勞動人民的血汗而得來的。一個人不管他有沒有文化修養，有沒有學識，不管他如何為非作歹，胡天胡帝，但一旦他有了財富，社會上的人就推崇他，尊敬他。

「一個人可以公開的作壞事，只要他有錢，人們就會對他百般奉承，向他打恭作揖，說他是怎樣怎樣的大好人！正如你所說，『金錢就是正義』，總之，金錢萬能，錢可通神，不是嗎？如果我們穿著體面的衣服，去見張先生，那門房不是會對我們笑面相迎嗎？假若我們給他一點小錢，他不是會對我們打恭作揖嗎？錢可通神！人們都崇拜金錢！」

「你說政治權力北金錢權力良善得多，這點我不同意。」我說，「金錢權力無疑很壞，但政治權力卻更壞！你不可不注意一個重要的事實：政治權力已包含了金錢權力及軍事權力於其中。一個人有了政治權力，其他兩項權力就都有了。金錢權力只是一種罪惡之源，但政治權力卻混涵著幾種罪惡之源。一個毫無良心沒有教養的人，一旦取得了政治權力，他就在國家中佔了高高在上的位置。人們尊他為皇帝，為總統，於是他可以為所欲為，生殺予奪。然而，他還大言不慚地說，他這是為人民、

愛人民。他成為國家的基石，人民的救星。

「就因為這個緣故，在中國歷史上，很多高風亮節的學者，拒絕出仕。即使皇帝三番四次禮聘他，有些學者還是不願意去做官，因為他們不願向沒有教養和沒有教育的人叩頭屈膝。這些學者絕不認為政治權力會增加一個人的內在品德。他們知道，政治權力是集各種罪惡淵源之大成，而皇帝自己，又往往不過是一名成功了的賊寇而已。這些學者心甘情願的放棄權力，因此被人稱為君子和賢人？」

「晉朝的皇甫謐，」我繼續說，「他寫過一部書，叫《高士傳》，其中列舉了將近一百個古代學者，都是不屑於向社會權貴卑顏屈膝的，他們獨行其是，捨高官厚爵而不為，這部書寫於將近兩千年以前了，自此以後，正不知有多少千萬的人跟著走同樣的道路。」

這冗長的一段話，毛澤東聽了以後，答道：「這只是你的高論，認為政治權力集各種罪惡之大成，說得固然很動聽，但道理太高深了，恐怕一般人下能了解和欣賞，你比我們這些老粗清高得多；事實上，你似乎是站在雲端上說話，除非你聲大如雷，否則地上的人是無法聽得見的。我倒是從較低的標準說話，我同意勢利小人是可憎的，簡單的說來，我認為就是這樣：如果你有錢，或者你是大官，這些人就會對你笑臉相迎，打恭作揖；但假若你沒有錢，你不是官老爺，他們就根本不理你，那門房就是這樣對待我們，這是司空見慣的事。」

「勢利小人這句成語，與另一個相對的成語道義君子，都是從很古就相傳下來的了。這就是說，凡是小人，就必然是崇拜權勢的，所以為聖賢所恥。三四千年以來，中國學者都相信這個道理。孔子說道：『君子憂道不憂貧。』孟子也說：『飽乎仁義也，所以不願人之膏粱之味也』，漢朝的董仲舒也說：『正其義下謀其利，明其道不計其功。』總之，人類的行為準則，應該建立於這些聖賢道訓之上，但政治權力和金錢權力的影響

太大，破壞了這些教訓。」我反駁他說。

　　毛澤東聽了以後，答道：「你說得好極了，但是在現實生活中，這些高尚準則是很難辦得到的。一個快要餓死的人，絕不會再想到甚麼道德修養的問題。我倒是相信管仲的話：『衣食足而後知榮辱。』這與孔老夫子的說法剛剛相反，他說：『君子謀道不謀食。』」

　　「可是，你知道『道高一尺，魔高一丈』這句老話嗎？」我反辯道，「人類的道德發展是慢慢才能達到的，但物質進步卻往往一日千里。這就是說，道德只有百分之一的進步，而物質卻已有百分之十的進步了。軍備和飛機的發展不是很大嗎？槍桿大炮的威力愈來愈大，所殺的人更多了，相反道德卻沒有一點點的進步。中國的聖賢一直強調道德與正義，但仍然很難去勸服人類，收斂起他們卑下的本性。」

　　毛澤東不耐煩了，他答道：「所有這些道德教訓，聽起來都是冠冕堂皇的，但對人類的饑饉又有屁用。」

　　我們沿著沅江的大路，走了幾天之久。大多數時間都在談論著大同小異的問題。某天傍晚，我們在一家旅館停留下來，準備吃晚飯，然後在那裡度宿一宵。那店裡的主人，是非常美麗的少婦，大約二十歲上下，因為沒有其他客人，她就走過來我們的桌子，與我們談話。「這兩位先生是從甚麼地方來的呀？」她問道。

　　毛澤東告訴她，我們來自益陽縣。她就說：「你卻沒有益陽口音呢。」

　　「我們是湘潭縣和湘鄉縣人。」毛澤東補充說。

　　「啊呀！」她驚叫起來，「那地方距離這裡很遠呀！」

　　毛澤東說大概有一千里左右，她就問我們到甚麼地方去。我們告訴她沒有特定的目的地，她表示不能相信。我告訴她，我們就是要在全湖南省到處逛逛，我們都是乞丐，因此我們的旅行是沒有甚麼目的的。

　　她聽了之後，一陣驚愕，然後放懷大笑起來，露出她美麗的牙齒。

「你們是乞丐？怎麼可能！你們這樣斯文！你們真是叫化子？」她表示不相信的說。

「我們何必騙你呢，」我說，「我們從長沙一路步行到這間旅店，一直都是叫化子。」

她仍是不信，而且有點火了。毛澤東就說：「為甚麼你不相信呢？」

「簡單得很，就是你們看起來絕對不像叫化子呀！」她激動地說。

「乞丐的樣子有甚麼特徵嗎？」我問道，「你怎麼說我們不像呢？」

她凝神注視了我們一會，說道，「我知道你們兩位都是了不起的人物！」

「甚麼是了不起的人物？」我問道：「難道你會看相麼？」

她點點頭，「是的，看相，我確是懂得一點，並且還會測字，能卜凶問吉，這是我爺爺教我的。我爺爺是詩人，出版過一本集子，叫《桃園曲》。我父親也是一位大學者，但他們在三年之間竟都先後去世了，只剩下母親和我孤伶伶的在這個世界上。因為生計無著，所以開了這爿小店。」

「那你還沒有出嫁呢？」我問這位書香世代的年青女子，「無疑你一定是很有學問的。不知你肯不肯讓我看看令祖父的詩集？」

「我跟父親讀了七八年書，他去世的時候，我正開始學作詩。」她答道，「我祖父的詩集《桃園曲》收藏在箱子裡，明天我找出來給你看看。」

「你說你懂得看相，可以給我們看看嗎？」毛澤東問道。

她遲疑了一陣，然後回答說：「好的，如果你們願意，但假如我說錯了，你們不要介意。」

她剛說完，大概是給她母親聽見了，從後面房間裡向她喊道：「茹英，不要胡鬧了，你不怕得罪貴客嗎？談別的吧！」

但毛澤東馬上說：「不，不，我們毫不介意，請你照實的說吧；你想到甚麼就告訴我們甚麼好了，我們絕不生氣就是！」

這位女子認真地給我們相起面來。她預測我們今後幾十年的富貴功名和凶吉禍福。毛澤東和我聽了，都只覺得有趣，對她所說的不大理會。毛澤東更無半點不快之感，我們把它當作笑料。

講完以後，她就問我們做叫化子的由來，我們便源源本本一五一十的告訴她，她聽了感到萬分有趣，並說假若她不是上有老母在堂，一定也要試試過叫化子的生活。

第二天早上，吃過早餐之後，我們就要告辭，她要留我們多住一天。我們要付她食宿費，她卻堅持不受。我們問她的姓名，她叫胡茹英，我

説：「假如有一天毛先生做了國務總理，或者是山大王，説不定他會寫信給你，邀你做他的顧問哩！」

聽了這個笑談，她大笑起來，答道：「那時候他會完全把我忘記；連我的影子也忘得一乾二淨了。」

許多年來，我一直保留了她的地址，但從未給她寫過信。她那美麗的容貌，她的親切與開朗的性格，卻在這許多年來，清晰的印在我的記憶之中。

別過了美麗的茹英之後，我們繼續走路，三個鐘頭以後，沅江縣城已在望了。

我們看見縣城的周圍，全給水浸了，大為驚奇，一家店主告訴我們，這是西水，每年夏天總要來的。因為長江發源於高山地帶，春夏之交冰雪融化，澎湃的洪水便自西方上游滾滾流下。洪水一下就浸滿全城的街道，四五天之後，洪水高漲，一切與外界的交通都告斷絕，因這一帶是處於低窪地帶。

在這種情形之下，我們覺得乞丐生涯無法再繼續下去了；由於這個突然變故，我們的冒險生活得告結束，於是，我們決定乘搭河船，徑直返回長沙。

第三十一章　返回長沙

毛澤東和我上了船，但覺河水暴漲高與天齊。整個景色全然改觀，無數房屋、樹木給淹沒了，在洶湧的洪水中僅能見到樹梢和屋頂。船上擠滿了人，哭聲震天，母親呼叫兒女，兒女哭叫父母。

因為我們要書寫日記，乃在一個角落找到座位。但剛要下筆，兩條

漢子就在我們跟前打將起來。兩人都似是五十歲光景，一個臉白無鬚，鼻架眼鏡，另一個則唇披小髭，沒有眼鏡。兩人都穿著光鮮，看來他們是有社會地位的。我們聽不懂他們在吵甚麼。拳來腳往之際，那個有小髭的人把另一人的眼鏡扯掉，擲到船頭，再一腳踢入江裡。掉了眼鏡的人反過來撕下對方的長袍，用力將長袍撕開兩片。很多人迅速圍攏過來，毛澤東和我也走過去看個究竟。我們很想知道他們為甚麼打架，但聽不懂他們的土話，又不好向其他旁人詢問。

他們靜下來以後，那個有小髭的人拾起他的爛袍，圍在身上，又執起包袱，要找一個地方來坐。他走去我們停放東西的角落，於是，我趁機向他探問個究竟。

我說：「告訴我吧，為甚麼那傢伙撕爛你的長袍？他真是無賴！」

他怒吼道：「那惡棍呀！他居然沒有給我拋到江裡去，算他幸運！」

我追問道：「他甚麼地方得罪你呢？」

「他真是無賴！」他激動地說，「那傢伙要找地方坐，於是我移開些，讓他坐在我的右手邊。他似乎十分高興，自稱是常德衙門的文書。這時，我把兩包香煙放在右邊，那是我買來的。過了一會，我找煙吃，卻找不到了。看見他正拿著一包在手，準備抽一根出來，另一包卻放在他袋裡。我看得十分清楚，因為他的袋口不深。開頭他坐下來時，手裡和袋裡原都是空的，而我吸的牌子並不常見。不用說，他一定偷了我的兩包香煙，我問他，我的煙呢？他就喊打喊殺，跟著就動武了。他不知道我是沅江縣城的捕快，可是，無論如何，抓住這種小偷真是易如反掌！」

我安慰他說：「算了吧，不要再生氣啦，現在一切都過去了。」

我們交談之際，毛澤東坐在旁邊看著，一聲不響，及至那人自稱是捕快時，才露出驚訝之色。他向我微微冷笑，我便說道：「潤之，你曾說過『衣食足而後知榮辱』。這就是一個好例子，那兩個人為甚麼打架？其中一個是捕快，另一個是衙門文書，他們都不會是沒有飯吃那一類人呀，

他們的衣著也很光鮮，你都看得見的，這件事你怎樣去解釋呢？」

毛澤東歎了口氣，沒有做聲。那捕快不會聽到我的話，只是斷斷續續的聽到幾個字眼。

他問道：「你是說我沒有吃飯？不錯呀。我為著趕路上船，所以來不及吃飯。現在我要走開一會，找些東西吃吃。拜託你為我守著這個位置，我一會便回來。」

他離開後，我在那裡偷笑。毛澤東不放過這個機會，扯扯我的腿，說道：「你看，他真是沒有吃過東西呢，這就是為甚麼他要打架了。」

這時，我們完全被洪水包圍著。放目四野，盡是無邊無際的海洋，我們好像在天上浮游。由朝至晚，簡直說不出哪裡是天的起點，哪裡是水的盡頭，因為迷蒙的水平線完全沒入水中了。

這是難得的機會，我們談論太陽下的眾生相，以及我們所經過的種種冒險生涯。我們甚至評斷諸色搭客的方言，和默察某幾個人的舉止，這時不知是誰突然喊道：半個鐘頭內，便要抵達長沙了。

我轉過頭來，向毛澤東建議道：「潤之，半個鐘頭內，我們便要回長沙了，自從離開長沙，所發生過的一切事情，讓我們作一個大概的總結吧，你看怎麼樣？」

毛澤東表示同意，說道：「好主意！首先，我認為克服重重困難並非不可能，只要我們能夠充分全面認清我們的目的就可以了。袋裡雖然不多一文，並就是要餓死，我們一樣能設法過活。直到現在，我們的叫化生活，還不致有餓死之虞。我們也設法解決了好些困難，克服了很多障礙。可是，還有另外幾點呢。」

我附議道：「不錯，還有其他事情。最棘手的問題是捱餓，整日空著肚子真是難受——肚餓時，連手腳也沒勁。很多人在這個世界上，大半生都是這樣捱飢抵餓的。但是，還有呢？」

毛澤東接著說：「我們發現社會上差不多每個人都是勢利小人，都是

靈魂齷齪的拜金者！他們所思所想的只是金錢！我們離開長沙時，袋裡一個子兒也沒有，結果受過很多刻薄的話語和十分可恨的待遇！叫化子被視為下賤的討厭的人，因為他們沒有銅板！」

我提醒他說：「不要忘記那個俏姐兒，那個擅於看相，說你將來大富大貴的俏姐兒呀！她就不是拜金的人！」

毛澤東表示同意：「對的，在我們整個旅途中，只有她是不拜金的人。」

我跟著說：「可是，還有呢！不要忘記那個捕快和衙門文書，他們食盡珍饈美味，卻還是偷東西，還因此鬥個你死我活。這證明金錢無助於修心養性，只有博學廣識能之。」

「還有甚麼？」毛澤東問。

「唔，你千萬不要忘記那些沒有牧童管理的牛，它們非常滿足和安詳地吃草；一旦手拿長鞭的牧牛人出現，結果唯有秩序大亂。」

「還有呢？」毛澤東又問。

「還有一點。我們現在完全明白，古語所云『叫化做三年，有官都不做』這句話確是至理明言。為甚麼呢？因為叫化生活是完全自由自在的生活。」

　　這時，其他的搭客喧譁嘈吵，我們不能聽到自己的說話。全船的人都忙於收拾行李，你叫我喊，使我們無法繼續交談。船一會兒就靠近岸邊，一大堆人朝跳板擁去，都想擠過他人，以便率先離船。

　　不一會，我們又身在西門了。

　　就在西門內，我們拍了一張照片，雨傘搭在右肩，背負包袱，恰像我們在旅途上攜帶著的模樣。我記得毛澤東站在我的左邊。我們的確拍了一張妙趣橫生的照片，我們的頭髮修得很短，我們的短褲和草鞋，都破爛得不能再穿了。這張照片留在湖南我出生的屋子裡。

　　拍過照後，我們返回楚怡中學，兩人在那兒洗了澡，吃過飯，然後坐下來，打開包袱。我們寫完日記，便逐一逐二數銅板。我們剩下兩文四十個銅板，便平分為二，作為叫化子的家當。然後，我對毛澤東說：「我現在要回家了，我爹娘一定在想念我。你呢？」

　　「我也要回家了，」他答道，「他們給我做了兩雙鞋子，他們一定在等著我哩。」[1]

第三十二章　留學運動的發起

　　我在「楚怡」教了兩年多的書，在這一段時期裡，毛澤東常常來看我——一週裡總見幾次面，所有的學生都知道他是我的好友，同學們既然敬重我，對他自然也禮讓三分。

　　我們所討論過的許多事情，不可能在這裡一一細說。但有一天我們所討論的問題卻相當重要。

---

[1]　這次遊學經歷自 1917 年 7 月中旬至 8 月 16 日，途經五縣，行程九百餘里。以後毛澤東又和蔡和森作了同樣的旅行考察。

　　毛澤東一再詢問我的教書生活。他說：「你似乎對教書很有興趣，你在這裡可以長期耽下去嗎？」我告訴他，我實在是不想再教書了。他臉露驚訝之色，問道：「你在『楚怡』做事，可沒有『修業學校』那麼辛苦呀？」

　　「不呢，」我說，「放學後我還得給學生溫習功課，常常在深夜十點鐘仍跟他們在一起。上課之外，又要評改學生的作文、習字和筆記。每天我至少要工作十二小時，我倒不是因為這樣而感到厭倦，反而覺得其樂無窮，不過我不願繼續教書，因為我另有別的計劃。」

　　「有甚麼計劃呀？我一直以為教書是你的終身職業呢？」

　　「不，不！」我說，「我想出國留學。」

　　「哦，是嗎？」毛澤東問道，「那麼，你可以告訴我，你想去哪一國？」

　　「還不知道。法國、美國、英國，也許日本，還未決定。」

　　「你有甚麼門路找錢出洋？」毛澤東不大相信似的說。

　　「錢？那慢慢再說。這本來就是『新民學會』的事情呀。你知道，我們都說過要出洋留學的。」

　　「是呀，這倒是真的。」毛澤東同意說，「但我們必須擬訂具體步驟去實行。」

　　「第一步是把那十來個人叫來，召開一次會議，討論一下進行的方法。」

　　「好極了。」毛澤東說，「你是文書，那你就發通知，讓我們見見面，看能做些甚麼。」

　　毛澤東和我繼續討論「新民學會」的會員怎樣到國外留學的問題。最棘手的切要問題是怎樣去籌募經費。

　　我主張：「如果我們等到財源充足才動身，那就永遠到不了外國。我們必須立定決心，一定要踏出國門，然後才開始談旅費問題。」

　　毛澤東堅持先召開所有「新民學會」的會員一起商談。我不同意，我

建議，為了激發我們的熱情，應先同他們個別談話，然後再集體磋商。毛澤東最後同意，於是我先找熊光祖與陳昌談話。

　　他們兩人都覺得這計劃在原則上不錯，但陳昌身為獨子，如果他出洋，便沒人看家了。熊光祖和我勸他賣掉田地，將妻兒帶在身邊，但他說他不夠錢支付一家人的費用。這對他簡直是毫無辦法！「新民學會」會員的老大哥熊光祖，一向讀書甚勤，他對出洋為之雀躍不已。他說他會請他的兄弟，照顧妻兒。

　　接著，我跟蔡和森作了一次長談，他對出洋計劃亦大為稱讚。他說這是他朝思夢想的，必須趕快實現。興高采烈的問道：「你喜歡去哪個國家？」

　　我說：「法國是上選，其次美國。但即使去英國或日本，也就很好了。」

　　他說他也喜歡去法國，但跟著就問：「我們怎樣去籌旅費呢？」

　　我說：「我聽說有一個叫『華法教育學會』的組織，會長是北京大學的校長蔡元培先生，我打算跟他談談，了解了解情況。」

　　「好！」蔡和森說，「我們就這樣辦。法國現在正打仗，有十多萬華工在那裡工作，他們多數是留下妻兒在鄉下，我們可以為他們寫家書，亦可教導在法的華童，我想我們可以賴此糊口。只要我們能得溫飽，就能讀書。」

　　我說：「除了教導華童，我們不妨把華工集合起來，鼓勵他們念法文，學習技能，以及了解一下法國的社會政治組織。那麼，他們返華後，便能在下層階級成為改革運動的中堅分子。在這些華工中，我們可以為改造中國的偉業找到很多同道。」

　　蔡和森覺得這實在很有意義，主張不要浪費時間，立即進行赴法的計劃。我告訴他，我打算通知「新民學會」的會員，在下禮拜日的下午聚集，進一步大家討論，我請蔡和森務必到會，提供意見。

　　開會時，我對出席者說：「今日集會的目的是討論會員出國留學的辦法。我們希望所有『新民學會』的會員都能留學，但首先想知道，個別會員喜歡去哪個國家。然後，我們會討論怎樣去實行。由現在起，『留學』必須是我們的口號，是我們戰鬥的呼聲！我們務必協助每個會員出國留學！」我在會上又說，我聽說有一位張靜江先生，他在巴黎開了一間茶葉公司，後來成為規模龐大的中國古玩店。他發財後，把家當無條件拱手獻給孫中山先生，贊助革命。「我對他萬分仰慕。」我告訴與會代表說：「我見到他的話，會促請他為作育英才而慷慨解囊，幫助用功勤奮的窮學生，為進一步改造中國而努力。」

　　接著，毛澤東說：「我們必須先決定去哪一國，然後才談到去的方法，一切都要有嚴密的組織。我以為最好是大家分別到不同的國家。主要的是美、英、法、日等。」

　　蔡和森隨即說：「蕭先生同我已決定去法國。蕭先生是否可以告訴大家，他去法國的詳細計劃？」

　　接著，熊光祖說：「我以為蕭先生留法的安排用意至善，留法是切實可行的，大多數學生都能去。我自己亦決定去法國。」毛澤東插嘴道：「好些會員對蕭先生的想法完全不知道，我建議請他解釋一下。」

　　我向他們介紹了「華法教育會」以及第一次大戰期間，在法工作的華工等等，我把計劃大致說過以後，大家都認為這是萬全之策，切實可行，便都願意到法國去。只有一位會員周明德說他喜歡去日本。陳昌又說他因沒人照料妻兒，所以不能去了。不過，他說他留在長沙，在那裡盡可能幫助我們。

　　再經過一陣討論之後，我說：「楊懷中先生接受北大的聘請，到北京去了。我會寫信給他說明我們赴法的計劃，請他從北大校長蔡先生那裡，探聽一下『華法教育會』的情形。我一接到他的答覆，便請大家開第二次會議。」

第三十三章　「勤工儉學」運動

「新民學會」在一九一八年六月，即剛在放暑假之前所召開的集會，成為留法勤工儉學運動實際的開端。僅僅一年之間，便有二千多人利用這勤工儉學計劃赴法，他們之中，約有二十人是北京舞台上的主要人物，諸如李維漢、李富春、李立三、周恩來、陳毅、饒漱石、徐特立、蔡暢等。

集會之後一星期左右，我接獲楊懷中「老夫子」的覆信，這是一張寫給我個人的明信片，他很喜歡寫明信片。信文簡短扼要。他說：

「昨接來書，今即走訪蔡子民校長。蔡稱彼乃『華法教育會會長』，今留法勤工儉學已組成『儉學會』，汝欲赴法勤工儉學，必得償所願……」

接誦之下，我自然大喜過望，馬上去找毛澤東。他亦雀躍萬分，他看過明信片後，笑容滿臉，心花怒放。接著，我過江找蔡和森。

我把明信片交他，他大叫起來：「你看，你的計劃成功了！勤工儉學組織解決了一切問題！媽姆（他的母親和妹妹就坐在我們旁邊），你和妹妹同我們一起去法國嗎？現在沒有不可克服的困難！這真是大好的訊息！」

我到蔡家時，蔡和森的愛人向警予亦在座。當時，她靜靜的說：「蕭先生，我也決定去法國。」開朗的微笑露出她潔白齊整的牙齒。我對他說，明日下午三時在第一師範舉行集會，請他們務必準時參加。

開會的時侯，各人都讀了楊懷中先生的明信片。就算是一張中獎的彩票，也不能令他們這樣的高興！大家都全心全意做著赴法的美夢，以為一下子大家都可以在花都了！我說：「我們第一步必須到北京找楊懷中先生和蔡子民校長。下星期我先回家走一趟，回來長沙以後，就可以馬上動身去北京。有沒有人願意一起去？誰需要火車費？」我這樣問，是因為我知道在座中只有我一人因為教書而有固定收入的。蔡和森與毛澤東，

我也知道他們很想去北京，但恐怕付不出車費。

　　楊懷中先生到北京任教之前，由於他的潛移默化，不僅因為他的講解論述，更因為他自己曾出過洋，無形中影響我們也考慮到出國問題。他在長沙講學六年，最後受聘為北大教授，這自然是一項重要的成就。我們認為這是由於他曾出洋鍍金的結果，因此也想跟著他的路子走。況且，如果沒有他的幫助，我們怎能將計劃付諸實現。在情在理，我們都要對他感謝。

　　當年夏天的七月末或八月初，我們有十個人去了北京。毛澤東、熊光祖、張昆弟和我，是第一批抵達的。楊懷中先生熱心地留我們住在他家裡，即在豆腐池胡同門外後面。直到後來我們在北京大學附近的三眼井胡同租了一間有兩間房的房子，才搬出來。

　　我們把屋內一間房子，用作讀書，另一間作睡眠。臥床是一溜炕，用磚塊做成，在下面生火取暖。冰天雪地的時候，我們七個人就睡在這張大床上，擠在一塊取暖，因為我們在炕下生火。房裡只有一個小得可憐的爐子，用來煮食。任何事情我們都是通力合作來做，北京的冬天冷得厲害，我們七個人只有一件大衣，在氣溫特別低的時候，只有穿著它輪流外出，到了年底，大衣已由一件增至三件，但毛澤東一直不設法為自己添置一件大衣。

　　國立北京大學校長蔡子民先生由皇帝敕賜翰林，這是讀書人可獲得最高學歷品位，又曾在德國研究哲學，後來還參加革命，民國成立後，成為第一任教育總長。以後再遊學國外，在法國研究教育。回國後獲聘為國立北京大學校長。他是當時教育界公認的領袖。他天資聰慧，識見淵博。我們拜訪他的時候，他恂恂儒雅的態度令我們深為感動。他真是一個偉大的學者和君子，他給我的印象永遠不能磨滅。

　　拜訪蔡家之後，當日二時，我帶著蔡校長給我寫好的介紹信找李煜

瀛先生[1]。李先生住在遂安伯胡同。他不在家，門房説他五點鐘會回來。我五點鐘再去，他還未返；傭人叫我等一會。不一刻，李先生便回來了。他約莫四十歲年紀，留著八字鬍。我把留法計劃向他説明，問了他很多問題。他對我説：前些時，他們曾囑咐學生要略有積蓄然後才可赴法，因為法國生活費用比日本要大些，而且要學習過節儉的生活。已有一百多人去了，結果甚為成功。

「最近，」他繼續説：「蔡孑民校長、吳稚暉先生[2]同我組成一個留法勤工儉學團體，一切細則都釐訂好了，但成員甚少。不過，勤工儉學必須推行，付諸實現。你們湖南人以刻苦硬幹著稱，我認為你們一定得償所願。你最好馬上著手學法文同時要學些手藝——例如繪畫，或者鑄造場的一般技能，大戰很快便要結束，你們到時就可啟程，你們按部就班的做，一定會馬到功成的。」

我一回家，便一五一十的向大家轉述李煜瀛先生所説的一切。李先生的樂觀意見，使他們極感興奮。他們問我對李先生的印象如何，我説，他似乎很精明，一言一語皆經過深思熟慮。他跟蔡孑民先生完全不同，蔡校長是典型的中國君子，而李煜瀛給人的印象，是長期在外國念洋書的中國人。進一步説，蔡校長看來像大學教授，但李先生像革命家。李煜瀛鼓吹自由思想和大同主義，我贊成他的道理。蔡和森、熊光祖和我立刻安排念法文及學做手藝的課程，預算所有「新民學會」的會員都來上課。

一日，我同蔡和森商討大計，我説：「大戰快打完了，法國將獲勝。

---

[1]　即李石曾，河北高陽人。清末留學法國，加入同盟會。後與蔡元培等人發起留法勤工儉學運動，1916 年成立華法教育會，任書記，幫助大批青年去法國。北伐後當選為國民黨中央委員。

[2]　即吳敬恆（1866—1953），江蘇武進人。1905 年在法國參加同盟會，後宣傳無政府主義，1924 年起任國民黨中央監察委員。為國民黨元老之一。

到時必會大興土木，重建家園，這樣一來，法國必缺乏勞工，不單只我們『新民學會』的會員，甚至其他諸色人等也都會半工半讀的。這個運動要是展開，很多年青人都會受到鼓舞，到法國留學。你想想有多少學生在急切的希望出洋，只是沒有錢成行罷了。有了半工半讀的辦法，他們就統統去得成了，一千、一萬人都去得了，將來他們帶回所學的知識，對中國是大大有利的。」

　　我滿懷熱情的談話，使和森也興奮起來，他說：「對啊，我完全同意你的意見。由現在開始，我們盡力推展我們的運動，使更多人能去法國！」

　　可是，在我們動身之前，有兩個重要問題仍待解決。首先，由中國赴法的旅費一定要大量減省；其次，抵法後，學生在未找到工作之前，住宿起居在在需錢，這得靠「華法教育會」加以援手。我跟蔡子民校長和李煜瀛先生，作了好幾次冗長的談話，不厭其詳的再三討論，最後，釐訂了滿意的解決辦法。法國輪船公司同意特價優待，把我們劃為四等搭客，只付一百元中國大洋（當時普通的三等客的船費亦須三百多大洋）。抵法後，「華法教育會」負責照料我們，直至我們能服當地水土，安排學生到各地進學校念法文，同時協助尋找合適的工作。學生在校的開銷和入學費用由該會支付。

　　我們得到這項保證，便即著手加緊宣傳，使留法勤工儉學引起更多人的注目。我們又進一步起草更詳細的組織細則。最初只有四十名學生參加北京的法文預備班，但很快的便有第二、第三班相繼開課，最後學生超過四百名。

　　十一月，第一次大戰告終，我們都想著乘船赴法為期不遠了！我受聘擔任「華法教育會」的秘書。一九一九年，我和李煜瀛先生同往上海，再轉赴巴黎。

當時，蔡孑民先生是「華法教育會」中國方面的會長，李煜瀛先生是秘書長。他們邀我協助處理勤工儉學的事務，還擔任大戰期間在法華工的教育問題。在法華工人數超過十萬名。

「華法教育會」在華的組織未臻完善，赴法學生由各省組成，所以各組人數參差不齊。例如，一組有五十人，另一組卻達一百二十人。學生在國內大多未經預備訓練，抵達目的地又缺乏金錢維持生計。該會要照料所有學生，實是費盡九牛二虎之力。我們最初的工作，很多未盡愜意，但這是無可奈何的。

國內勤工儉學計劃的進展，卻異常良好，一年之內，便有二千多名學生抵達法國。湖南表現最佳，共佔五百多人；川、粵次之，每省約三百人；江浙又次之，各佔二百餘人。還有其他省份，但人數較少。這些人都分配到法國各地的學校，同時給他們大多數人覓工廠工作。

這些青年人由我們辦事處安排學習。大部分返回國後都擔任重要的職位，諸如政府部長、駐外使節、地方官吏、大學教授、藝術家、實業領袖等。有很多是現今中共統治下身居政界領袖、軍人之類高位的。我們「新民學會」的早期會員，蔡和森和他的母親以及他妹妹蔡暢，和森的愛人向警予，都送入「蒙達尼公學」，該校後來成為共產黨向中國留學生宣傳的主要場所。

第三十四章　毛澤東留在北京

蔡和森、熊光祖以及其他人和我著手組織勤工儉學預備班，毛澤東也幫忙。但經過多次跟和森與我討論後，毛澤東終於決定不去法國，他說他喜歡留在北京。

　　有四個理由，使他作此決定。首先是路費問題，毛澤東一文不名，船費雖然減低到一百大洋，但對他來說，仍是非常寵大的數目，他自己知道無人會借這一大筆錢給他。其次是在語言方面，他說不上純熟。他在學校時，連最簡單的英文發音也弄不清。第三，留在北京，他可以繼續讀書，同時又能為我們的新民學會徵求新會員。而我們留法學生當然需要有一個可靠的聯絡員留在北京。第四，他認為要在政治上有成就，不一定要讀書或求學問，要緊的是一個人有能力去組織政黨，並糾集一大群忠心的徒眾。基本上，毛澤東是行動派人物，他不適宜做學者：總之，他沒有為了讀書而跑到外國去的興趣。

　　蔡和森跟我都同意毛澤東留在北京，實現像我們在法國那樣的勤工儉學計劃。這就產生了無可避免的問題，要找工作給毛澤東糊口，我們三人對這個問題討論多次。當時，我們正在國立北京大學為新民學會徵求會員，於是告訴毛澤東，認為他最好是在北大找一份工作。我們想到一份課室清潔員的工作，因為他做完簡單的工作之後，可旁聽講課。北大確需雇用一人，在下課後清潔黑板和打掃課室。這是輕便的工作，而且有額外的好處，可使該工作人員經常接觸他所負責的幾個課室內的教授和學生。我們一致同意這對毛澤東是理想的安排。

　　橫在眼前的問題便是怎樣獲得工作。負責雇人做這些工作的，是一名地位十分高的教授，他另身居其他要職，工作繁忙，我們不知道怎樣為這份卑微的工作求見他。終於我們想起蔡子民校長，他一直對我們很關心愛護，我們給他寫了一封信，問他可否下一個公事，為我們一位朋友，找個課室清潔員的工作。蔡校長是位可敬的人，他馬上了解我們的困難。不過，他有一個更好的意見：他建議，毛澤東與其做課室清潔員，不如就在圖書館工作。於是，他寫了張條子給北大圖書館長李大釗先生，說：「毛澤東君實行勤工儉學計劃，想在校內做事，請安插他在圖書館——」

蔡校長沒有指出毛澤東是由長沙來的，也沒有說他是「青年領袖」。李大釗於是讓毛澤東負責整理圖書館，這是十分簡單的差事。完全是靠蔡校長的幫忙，因為李大釗身居高位，雇用低職工人的事情與他沒有直接關係。[1]

一九二一年，李大釗和陳獨秀都成了共產黨在北京的秘密領袖，毛澤東在湖南也佔著同樣的地位。在我第二次赴法之前，我曾跟李大釗數度長談。返國後，由一九二四年至一九二六年間，我們一起搞革命反對張作霖。常常躲避軍事當局的搜捕，但是我們總是相約秘密會見。我們曾談及毛澤東，有一次，他說：「我給毛澤東整理圖書館的工作，不過是遵從蔡校長的指示。我根本不認識你的好朋友。」一九二六年，李大釗在北京俄國使館被張作霖逮捕，並遭絞殺。

毛澤東對蔡孑民校長一直非常感激，他給蔡校長一封信，每一封都是以「蔡夫子大人」起筆。他自承是蔡校長的學生，永遠對他表示恭維和敬慕。一九三八年，蔡孑民先生匿居九龍，這是距他逝世前十二個月左右，我常到他家促膝閒談，我們好幾次偶然談及毛澤東，垂暮之年的蔡校長已忘記許多細節，他只記得毛澤東寫給他的信，卻不能憶及毛澤東的容貌和口音了。

就圖書館的工作來說，毛澤東成績不算好。他依照我們原來的計劃，凡到圖書館看書的學生都盡量藉故攀談，以吸收新民學會會員，但這項工作亦做得不算好，他讀書亦沒有多大成績。他寫信對我說：北大學生，像傅斯年、段錫明、羅志希等人，他在長沙聽說過他們是最優秀的學生，都使他十分失望。

一九一九年，毛澤東返回長沙，參加「驅張行動」（推翻湖南的暴虐

---

[1] 按《毛澤東年譜》，工作是通過楊昌濟託李大釗解決的。

總督張敬堯）。驅張的唯一途徑是説服駐湘粵交界的軍隊，開進長沙，協
助革命，然後請前任總督譚延闓重掌大權，在教育界開展革命運動的主
要策動人是易培基，他在第一師範曾是毛澤東的國文老師。實際上整個
教育界都捲入旋渦，張敬堯被指為湖南人民的公敵。易培基與毛澤東及
其他學生，籌劃起義大計，他們稱起義是「與邪惡勢力的鬥爭」。

　　要了解毛澤東離開北京的原因，這裡必須一提北大校內的兩位激
進領袖：文學院長陳獨秀和圖書館長李大釗。這兩位都曾寫文章頌揚
一九一七年俄國十月革命，他們後來跟俄人秘密聯繫，接受俄人建議在
中國組織共產黨。

　　因為不能公開以組織共產團體為名義，於是發起「馬克思研究會」和
「社會主義青年團」，總部設在北大。另一個重要步驟是「外國語文學校」
的創設，該校的唯一目的是教人學俄文。在這些領袖的計劃裡並未把毛
澤東考慮在內。因為毛澤東當時僅係圖書館的一名工人，而且未在北大
註冊。他們甚至沒有注意到他的存在。這樣一來，毛澤東便覺得以他的
處境看，他是不可能獲得任何重要的位置的。而且，他自己在北大的工
作亦無成效，於是，幾個月後，他便決定返回長沙，在那裡從頭幹起。他
仍舊是新民學會的核心分子，希望將新民學會發展成為強有力的組織。[1]

　　這是一九一九年的情況，就在蔡和森與我抵法後不久發生的。毛澤
東、蔡和森和我三個人仍是新民學會的主要負責人，蔡和森與我在法國
徵求到三、四十名新會員，毛澤東在長沙則徵募了百多人。不過，他將
我們堅守的精挑細選的原則棄而不用，而僅以思想基礎來挑選會員。他
出版了一本雜誌「新民學會會員通信集」，內容包括函札和評論，會員在
上面發表他們自己的見解。但這刊物出了三次就完了，除了新民學會的

---

[1]　1919 年 3 月毛澤東離開北京返回湖南，主要原因是母親病重。

工作之外，毛澤東還編印了一份週報，稱為《湘江評論》。[1] 當時他正籌劃湖南革命，該週報的文章十分偏激。很多年輕學生甚至自動到街上推銷《湘江評論》。為了宣傳，我從巴黎寫去的信常常刊在這份週報上。大約就在這個時候，他開辦文化書社，售賣新思潮刊物。這間店子是由他的頭一個愛人陶斯詠料理的 [2]，我們這位最年長又最可敬的女夥伴，我在前面已經談過了。

湖南革命馬到功成，張敬堯滾蛋了，譚延闓復任總督。最初煽動起義的易培基接掌新政府五名閣員的職務：總督第一秘書、陸軍司令第一秘書、湖南教育會會長、省圖書館館長、第一師範校長。第一師範是長沙知識分子的集中地，易培基任命毛澤東為附屬小學的校長。

同時，年高德劭的「新民」會友何叔衡（我們叫他何鬍子）被任命為《平民教育日報》社長。[3] 該報是最優良的出版物，因為它有很多讀者，何鬍子獲任新職，埋頭苦幹，很有成績，影響了不少下層階級的人。他手下有好幾個十分優秀的編輯，其中一名謝覺哉 [4] 後來成為北京共產黨政府的司法部長，後任內政部長。謝、何來自同一鄉鎮，是好朋友。何叔衡後來介紹謝覺哉給我們，於是大家又成為密友，我們也昵稱他為「鬍子」。這兩位夥伴是新民學會最年長的會員，約在三十五歲左右，大部分會員平均比他們年輕十歲。何叔衡是我們多年的摯友，我們一起在楚怡小學教過書。對於謝鬍子我雖然認識不深，但因為他是何叔衡的好朋友，所以我亦喜歡他。

現在，新民學會在長沙有了兩個基地：一是《平民教育日報》，一是

---

[1]　《湘江評論》於 1919 年 7 月 14 日創刊。

[2]　主持文化書社的是易禮容，陶毅只是投資者之一。

[3]　1920 年 9 月何叔衡任湖南通俗教育社社長，主持編輯《湖南通俗報》。

[4]　謝覺哉（1884—1971），湖南寧鄉人，1920 年到《湖南通俗報》任主編。1925 年入黨，長期從事文化教育工作。建國後任內務部部長、最高人民法院院長、全國政協副主席等職。

第一師範附屬小學。又有蔡和森、熊光祖、向警予、李維漢、陳紹修，以及其他好幾個新會員的協助。我自己則指揮在法國的第三基地。毛澤東返回湖南後，由於易培基和譚延闓統理省政，他行動上的自由絕無問題。

　　當時並無中國共產黨的組織，我們所有活動都集中在新民學會上，雖然很多會員盲目信仰俄國共產主義，以為它是能夠改造中國的魔術棒。

　　不過，兩年之後，一九二一年，新民學會分裂為兩個截然不同的組織，較大的一個是百分之百的共產黨人，在毛澤東領導下，成為湖南的共產黨。

第三十五章　中共在法國的萌芽

　　一九一八年十一月十一日，休戰條約簽署。翌年一月初（凡爾賽和會召開），我跟隨李煜瀛先生在巴黎，開展華法教育會，協助勤工儉學學生，編組參戰華工等等工作。

　　我們先在巴黎近郊嘉蘭‧哥倫布買下一幢房屋，在那兒設立「華僑協社」，作為勤工儉學學生和參戰華工的匯集場所。我們和其他人手的大部分時間，都花在接待自華來法的勤工儉學學生身上。但我除了應付學生的工作外，還是《華工雜誌》的主編，那是印給參戰華工們看的。蔡子民校長在法國的時候，曾為這份刊物寫了許多文章，該刊是我們僑居在法國的十萬同胞唯一能讀到的華文雜誌。在都爾城有一所中文印刷所，因此在編印上也很醒目。

　　抵法數天後，我便寫信告訴毛澤東關於我們的行動。並請他向我們家裡的親友報告一二。我將該信的一節摘引如下：

　　勤工儉學與華工組織極具功效，我們人力仍可應付至少多一千名的學生。在此一千人之中，應可挑選一二百名為新民學會新會員。至於參戰華工，業已超過十萬名，從其中挑選一萬名，諒非難事。循此，我們定能增強新民學會，使成為改造中國的堅實基礎。在目前，我全力集中於華工的選拔，因為徵求學生為會員的工作，須待蔡和森抵埠後，才能正式開始。

　　毛澤東的回信萬分熱烈，他寫道：「吾等正奠下改革中國的基石！弟當努力於長沙之擴展運動，唯目前兄等在法似乎較易進行……」

　　當時，我們雙方都謹守新民學會的最初原則，注意會員的道德修養，主要目標是促進新民學會的成長，把它當作傳播文化知識的搖籃。很多活躍聰明的學生，在半天工作的計劃下，由華來法。不過我們不認識他們，所以很難邀請他們加入新民學會，這使不少人產生了嫉妒心理，在當時這倒是免不了的。

　　另一個無可避免的困難，是華法教育會的基金不夠應付日益增加的勤工儉學生，許多人抵法時，只懂一點點法文，或完全不懂，要照顧所有這些青年人，為他們尋找適當的工作，絕非易事。於是怨言很多，那時經濟情況不穩的學生，對我們諸多批評。

　　這上千上萬在法國的華人──參戰華工和學生，大多不懂共產主義為何物，倒是有不同程度的無政府主義的傾向，這很自然成為共產黨宣傳的對象。他們耳聞目睹俄國下層階級取得革命成功的事實，至於對抽象的理論基礎，有時間和能力去研究的可說沒有幾人，大部分人都是從現實的日常生活來了解馬克思這三個字，他們並非站在分析和批評的立場上去看新俄羅斯的理論，而是把它當作一種新宗教，盲從馬克思和他的教訓，恰如基督教徒信奉耶穌基督一般。但即使這些人採取這樣的態度和信念，仍還是他們自己個人的信奉，因為那時還沒有組織性的宣傳工作。

　　一九一九年春天，蔡和森抵法，一有機會他就發表談話，總告訴同胞，共產主義是好東西。當時，他仍沒有一個組織可以使他們加入，他也不曾研究過馬克思或任何其他的革命理論。不過，在此之前很久，和森自己已經倡言「打倒資本主義！」的口號。他對我說：「我寫了一封長信給潤之，說俄人一定要遣人到中國，在華組織秘密共產黨，我認為我們應該效法俄國的榜樣，而且應馬上進行，我們已無時間事先研究所有的細節了。」

　　我清楚記得我們在這個問題上有過的交談。我堅持道：「我們在制訂任何決策之前一定要把事情小心研究，我原則上同意應推翻資本主義，但我絕不盲從俄國共產主義的理論！」

　　「不管那是甚麼形態的共產主義，都沒有關係？」蔡和森說，「我們越研究便越難下決策，俄國的計劃現成的擺在那裡，一切都詳細擬訂妥當。為甚麼還要去研究其他形態的主義呢？俄人的整個計劃一色俱備，且已寫在白紙黑字上讓我們讀到，他們自己也實現了這個計劃。我們為甚麼還要浪費時間作其他的嘗試呢？」

　　蔡和森堅持道：「我們一定要選擇最有利的方向完成革命。我已經寫信給潤之！告訴他我的想法，我肯定他會同意的。你太空想、太感情用事、太重理論，也太散漫了！」

　　這次交談發生在蔡和森抵法後兩天。和他同船來的有五、六十名學生，「華法教育會」決定送他們到蒙達尼中學，先在那裡暫住，等待找到適當的工作，也可利用時間學習法文。蒙達尼距巴黎四個鐘頭路程。蔡和森走後，我們的通信頻密，他有時一天寫兩封信給我。但我們彼此的意見沒有改變。

　　蔡和森向蒙達尼的朋友講述共產主義，同時又向法國其他地方的學生寫信遊說。他說話的本領不大，但是紙上陳述意見卻相當精彩，甚至

勝過毛澤東。很多人都為他的信所激動，他的熱情也就傳開去了。同他
來法的蔡大娘（當時約五十歲）和妹妹蔡暢都很尊重他的意見。不過，他
頭一次改變別人的思想，還是他的愛人向警予，她亦是新民學會的優秀
會員之一。向警予不但寫得一手好文章，演講也十分有聲有色。她為人
特別懇摯，同時又美麗溫柔。她成為中國第一名女共產黨員，又是蔡和
森的宣傳助手。無論男女都受她的影響，很多人接受她的思想，很多婦
女都耐心聽她講話，被她的熱誠所感動。她寫了很多信給我，談論說不
完的問題。

　　當時抵法的另一個老友是李維漢 [1]。他亦名「和森」，我們稱他為「李
和森」，有時則叫「老李」。他亦是新民學會最早的會員之一，我們非常
愛護他。在長沙考入第一師範時我便認識他，對他十分喜歡。他的父親
又老又窮，無力幫助李維漢，李維漢很孝順，我們很為他們兩父子難過。
李維漢為人謙遜沉著，說話緩慢。在任何討論場合中，他很難了解別人
的觀點。因為他不能講法文，所以在蒙達尼便終日跟蔡和森談話。這兩
個「和森」說話投機，自然是李維漢接受蔡和森的思想和意見居多。中日
戰爭期間，中共派李維漢和周恩來為代表，在重慶（後來在南京）跟國民
政府談和。後來，我在報紙看到，他在北京曾任一個重大的政治會議的
秘書長。現在，他在政府中身居高位。每逢我讀到或聽到有關他的新聞，
我都禁不住記起我們在蒙達尼的談話，以及他當時結結巴巴說不出話的
神態。李維漢、蔡和森、向警予是致力宣揚共產主義的最熱烈的三名傳
道者！

　　在一九一九年間，法共雖然注意到那一班人的潛力，但法共本身當

---

[1]　李維漢（1896—1984），又名羅邁，湖南長沙人。1919 年赴法勤工儉學，1922 年入黨。
　　1927 年「八七」會議後任政治局常委，1933 年任中共中央組織部部長。建國後任中共中
　　央統戰部部長、中共中央顧問委員會副主任等職。

時所進行的宣傳工作，亦微不足道，且留法的十多萬華工和學生之中，並無共產黨的組織。但在華人聚居之地中，卻有擁護共產主義的團體，在一九二〇年至一九二一年間，確已招募了一些成員。對這個團體的支持，直接來自北京，間接則來自莫斯科。

俄人曾先遣派一名特派員到北京，跟「北大」的急進的文學院長陳獨秀和圖書館長李大釗接頭，企圖說服他們，在中國組織共產黨 [1]。由於中國政府不會容許任何的公開的共產黨組織出現，於是先做鋪路工作，設立一個青年人的協會，目標是建設社會主義社會。用兩個英文字母來命名，簡稱 CY，實即「共產主義青年團」（Communist Youth）的代稱，但那些不明就裡的人，當然不知道這兩個英文字母的含義。為了保密的緣故，初期的中國黨員依同一方式也稱中共為 CP（Communist Party）。CP 的成員，是挑選最優秀和最有前途的 CY 分子組成。除此之外，同時還成立了「馬克思主義研究會」的組織，又堂而皇之的開辦了一所「外國語文學校」，美其名曰教授俄文 [2]。「馬克思主義研究會」甚至有一段時期公然在北京大學掛出招牌來。

如前所示，陳獨秀接納了莫斯科的建議好幾個組織和附屬支部都由他直接控制。

陳獨秀有兩個兒子，陳延年和陳喬年，二人都加入了 CY。一九二〇年年尾，這兩個孩子受到他們的爸爸陳獨秀的指示，到法國展開共產黨的組織。他們在巴黎號稱「二陳」。但交付給他們的工作，後果證明他們不能勝任，於是被召回華，另指派兩人接辦。

---

[1]   1920 年 4 月，共產國際派俄共遠東分局的維經斯基（1893—1953）來北京、上海，通過在北大任教的俄國教授認識李大釗、陳獨秀，商討建立中國共產黨的計劃。同時來華的俄共黨員還有楊明齋等數人。

[2]   1920 年在上海開辦。

　　那兩個人是當時住在法國的四川學生，趙世炎[1]和任卓宣[2]。趙、任這兩個青年人十分能幹，有責任感，在法國 CY 中任書記的職位，努力促進中國共產主義的事業。他們所掌握的秘密名冊有幾百個人，服從他們的命令，但這些人都不是華人聚居地的居民。

　　任卓宣後來返回中國，成為湖南長沙的 CY 和 CP 的頭頭。他終於遭政府逮捕，判以死刑槍斃了。他的軀體遺棄在他中槍倒下的地上，翌晨有人經過，聽到他的呼吸聲，便送他到醫院去，救回他一命。當時報紙的輿論對他十分同情，於是政府沒有對他採取進一步的行動。待他從鬼門關爬回來，完全康復以後，他宣佈他為共產黨效力已功德圓滿，這條再拾回來的性命，不擬再做一個共產黨人了！他後來入了國民黨，獲選為中央委員會委員，現居台灣。他成為三民主義的最佳理論家，但我四十年來，不曾見過他了。

　　當時我所熟知的共產黨人中，蔡和森、向警予現已不在人世，徐特立則年近八十，他是我的教育學先生，後來也教過毛澤東同樣的科目；他以「老學生」之名，隨蔡和森赴法勤工儉學。我仍在第一師範讀書時，他就提拔我到「修業」任教。雖然他不是頂好的理論家，但中共仍把他當作老戰士，作為黨的老招牌之一。蔡暢、李維漢、周恩來、李立三、李富春、陳毅、饒漱石，以及其他許多人，都曾名列在趙世炎、任卓宣秘密名冊的幾百個人名之中。

　　就這樣，留法華人中間散播下第一批的共產主義的種籽。

---

[1]　趙世炎（1901—1927），四川酉陽人，1920 年赴法勤工儉學，1921 年與周恩來等組織共產主義小組，同年入黨。1922 年發起組織旅歐中國少年共產黨，任書記。回國後領導了1927 年上海工人三次武裝起義，同年 7 月被國民黨殺害。

[2]　任卓宣（1896—1990），又名葉青，四川南充人。1920 年赴法勤工儉學，參與組織共產黨。回國後被捕叛變，後長期從事國民黨宣傳工作，曾任國民黨中央宣傳部副部長。

第三十六章　森林群英會

　　一九二〇年十月，「華法教育會」的活動大為增加，急需遣派一名代表返國，跟蔡子民校長和李煜瀛先生討論各種事項，議決由我負責。我動身之前，先分別寫信給蔡和森和毛澤東，蔡和森回信説，在離法之前，「新民學會」應召開一次全體會議，一方面給我告別和送行，另一方面討論一下採取甚麼方法來從事中國革命，並檢討俄式共產主義對於中國是否為切實可行的制度。

　　當時莫斯科所控制的 CY 還沒有甚麼力量，留法華人對之不大理會，所以我們討論俄國共產主義是否適合中國這樣的問題，沒有顧忌之必要。

　　大多數「新民學會」會員都住在蒙達尼，所以開會的日子定在該城舉行。我在開會的前一天下午四點鐘離開巴黎，火車尚未駛入蒙達尼站，我已看見蔡和森同他的母親蔡大娘、向警予等共約二十人，在月台等我了。我同他們一一握手，然後蔡和森同向警予請我到車站附近的一間餐館去。我説先找一間旅店住下，可以在較為清靜的氣氛下詳談。但向警予説：「和森同我已替你找妥房子，那旅店離我們學校不遠。」

　　在我們到旅店途中，我問道：「明天我們『新民學會』的集會在哪兒舉行呀？」

　　「我們還未作最後決定，」蔡和森答道，「你知道，這兒有三十多個會員，其中有些住得很遠，不能來，不過，我們這裡可能有二十人左右參加。我們不能利用學校的課室，因為全日都有課上，而且，住在那兒的五、六十名中國學生又並非會員。」

　　向警予提議道：「我們不能在蕭先生的旅店開會嗎？」

　　蔡和森馬上答道：「如果一連多天，有一群黃皮膚的東方人突然跑去旅店，會引起法國人的注意，店主也可能不允許，即使他允許，他會給我

們開一張賬單。你知道，這種賬單我們怎麼付得起呀！」

「市政公園如何？」我問道。

向警予說道：「這個公園不太大，座椅又常常滿座。我們的中國同學，下課後亦多在那裡流連。」此時，蔡和森臉色為之一亮。「你剛才提過公園，我有個主意，就在鎮外有一片大樹林。為甚麼不去那裡坐在草地上開會呢？這樣不是可以解決問題了嗎？」

「好主意！」向警予同意道，「可是，若碰了個下雨天，『新民學會』在法國的大會將永遠開不成了！」

「倘若碰巧下雨天，即預示菩薩不保佑我們改造中國，我肯定必會風和日麗的。」我向大家說。

向警予微笑道：「好得很，蕭先生，如果明天下雨，就是說菩薩不同意我們的計劃，如果陽光普照，那表示菩薩贊成我們改造中國！」

翌晨，我醒來時，明亮的太陽光直射我的床上，我一躍而起，趕快穿衣。不一會，蔡和森與他的愛人向警予，帶同其餘十人左右來到我房間。向警予歡天喜地向我道賀：「快些呀，蕭先生！我們立刻動身，改造中國！幾天以來都沒有陽光，突然卻旭日騰升，多好呀！」我們一行人離開酒店，十分鐘左右，便處身在森林之中了。

回想那個時刻，我恍惚又嗅到清晨林間空地上那種令人心曠神怡的芳香氣味。我們選了一處薄薄的草坪，軟綿綿、綠油油，就像我們坐在天鵝絨的沙發上面。但草坪仍是潮濕冰涼，於是決定在開會之前先作短程散步。就在太陽照耀著青草，所有會員都到齊之時，我們坐下來，圍成一圈，由我宣佈開會。向警予站起來說：「首先我們向蕭先生告別，祝福他回去一路順風。然後，請他跟我們談話。我們各人對蕭先生這次返國寄望甚殷呢。」

蔡和森接著說：「今天蕭先生的開會議程我看過了。第一項是討論甚

麼是革命最適當的步驟，其次是介紹新會員，第三，是他報告自己返國的職
責和計劃。我現在提議，將第三項放在首位，因為我們各人都急於聽他說
話，要知道他計劃做些甚麼。而且，第一項需時較多，應該在最後討論。」

大家都同意他的提議，於是我說了一些關於我的計劃，以及我打算在
國內做些甚麼。然後，蔡和森介紹新會員。首二人是李富春和李立三。李
富春個子瘦小，十分年輕，大家對他甚有好感。他口齒伶俐，措辭清晰，
語調溫文。他後來成為東三省省長，又在北京任國務院副總理。李立三則
截然有別，他個子高大，舉止粗野，直著喉嚨說話。他習慣開玩笑，而所
開的玩笑，又並非常常是風趣的。在會中，有一次他高聲喊道：「立三路！」
大抵是指我們統統都須跟隨他的領導。我們大多數人都認為這是幼稚粗鄙
不堪的。其他幾名新會員亦經介紹與眾人認識，男的由蔡和森負責，女的
由向警予。女的當中有蔡和森的妹妹蔡暢，她現在是中共「婦聯」主席。
在同一次會上，廖宜男和周恩來由蔡和森引薦為新會員。[1]

午飯後，我們各人在綠油油的斜坡上集合。現在討論的主題是採行
俄國共產主義作為新中國的政治制度的問題。蔡和森堅持必須毫無保留
的採行俄國共產主義。我說我雖然完全同意共產主義的原則，但我不贊
成在中國採行俄式共產主義。會員的意見有所分歧，有些人附和蔡和森，
另一些則站到我這邊來。大家表示思想和意見，平心靜氣的討論，態度
亦十分誠懇。我們在五時半結束一天的討論，這樣，住在學校的會員不
會錯過晚飯，我們又決定明晨八時半再開會，繼續討論。

晚飯後，一班人到我酒店房間，無拘無束的說東話西。十點鐘，大多
數人都走了，但蔡和森、向警予、陳紹修留下來繼續研討俄式共產主義
究竟是好是壞的問題！我們談至凌晨二時，還不曾得到結論。他們回學

---

[1]　周恩來、李富春、李立三、廖宜男都不是「新民學會」會員。

校已太遲了，大家又不願騷擾店主，於是最後決定統統一頭一尾的在床上睡覺。我們根本沒考慮到向警予是女子，我肯定她自己在當時也沒想到她是異性。我一直受當日我們所表現的心智清純和崇高理想而感動。

翌日，整個會議都花在研討上，但基本問題仍未解決，最後，決定我返國後，同國內會員從長討論，我又寫信給毛澤東，告訴他開會二天的詳情，這樣他可以將信件先在會友之中傳閱。後來，毛澤東把我的信刊入「新民學會會員通信集」第三集。

第三十七章　長沙長敘

一九二〇年冬，我由巴黎回到北京，毛澤東已返回長沙很久了。雖然我們經常通信，但直至一九二一年三月我才能到長沙看望他。他是第一師範附小的校長，但他大多數的活動是秘密指揮共青團（CY）的組織。

由三月至七月，我們將大部分時間花在討論社會主義革命上，但我們談得越多，便似乎離得越遠。不過，大家以老朋友相待，還不致割席，我們誠心誠意了解彼此的觀點。

毛澤東對舊「新民學會」失去興趣是明顯不過的，因為它不是政治組織。會員雖然不曾研究社會主義或其他政治制度，但當時他們大部分人都參加了 CY 的秘密集會，也逐漸盲目地相信在那些集會上他們的說話。CY 的誕生累得「新民學會」命不久存。當我踏足長沙之際，我覺得我是回來為它送殯了。

不過，會員仍然衷心歡迎我，不待說毛澤東不喜歡這種情形，這是我跟好幾個會員多次敘舊後發覺的。他害怕他們會受到我思想上的影響，使他們失去目前 CY 所授的對共產主義的盲目信心。我發覺他暗中要求

老會員勸我回法，最後甚至親自向我提議！他知道我要回巴黎的，他急於請我盡快離開。不過，他熱切希望我接受他對俄國共產主義的信仰，同他合作，在全國宣揚這種教義，並將它付諸實現。

在長沙，有一間名叫「船山學社」的大屋，是為紀念學者王船山而設的。有五十多個信仰共產主義的人佔住了這間屋，由於毛澤東是其中一分子，我也應邀住在那裡。

我返國的主要目的之一是安排在法國的里昂和比利時的夏勒萊成立「中法大學」，於是我一踏足上海，便受到一流大報紙《時事新報》的記者訪問，我的意見刊在第一版。長沙的老朋友自然讀到那篇特寫，當我過訪長沙，他們便跟我談論這計劃的事情。毛澤東趕忙利用熱烈的氣氛，把他們拉攏在一起，實現自己的目的。他和我提出一個主張，將「船山學社」改為「自修大學」，各人都同意，我被推為首席策劃人。

對我來説，「自修大學」計劃始終是近乎一種理想制度，因為它強調自修，頗似中國古時的書院，沒有固定的作業時間，亦沒有先生。只是豐富的參考書和一間完善的實驗室為不可或缺的設備而已。主要是安排學生的聚會和討論。我就此制度發表了幾個演講，反應極為熱烈。我向京滬的學術界和教育界徵詢制度的意見，獲得一些好評。北京大學校長蔡元培和首屈一指的國學大師章太炎親筆以他們漂亮的字體撰寫鴻文，表示他們贊成自修大學計劃。我亦接到吳稚暉的一封長函，分析自修大學的可能性，吳稚暉是著名的博學之士和改革家，又是中華民國的創建者之一。

我將這些墨寶裱在一本書裡，可惜留在大陸，我又不清楚現在落在甚麼地方了。不久之後，我返回巴黎，「長沙自修大學」淪為夢想。[1]

---

[1] 湖南自修大學於 1921 年 8 月藉助長沙城內「船山學社」社址創建，吸收學生宣傳馬克思主義。毛澤東任教務主任。1923 年 11 月，湖南省長趙恆惕下令封閉自修大學，黨組織將自修大學 200 多名學生轉到湘江學校繼續學習。

我同毛澤東經過初步討論後，考慮設法重振「新民學會」，但毛澤東和我，這時已發覺我們的意見是無法一致了。

第三十八章　一連串的問題

我跟何鬍子討論這個問題，他對我説：「蕭鬍子，如果你留在長沙，不回法國，『新民學會』的老會員必在你周圍結盟起來，若果你不在這兒，那我們都會不可避免地跟隨潤之了。我也會這樣的！」

我的老友陳昌亦以同樣的語氣説：「我們的朋友統統已經秘密成為CY的團員了，把他們拉回來是很難的。你知道，『新民學會』改造中國的目的是用一種抽象的方法，它既無政治觀，亦無固定的行動計劃。他們現在都認為，要達到實際效果的不二法門，是唯俄國的馬首是瞻，竭力向外宣傳俄國的主義。沒有人再去找尋改造中國的其他途徑。為甚麼呢？首先因為他們有俄國的榜樣可資模仿。其次，他們向俄國獻媚，獲得經援和其他方面的幫助。第三，任何人都熱衷於鬼鬼祟祟的行動，秘密集會的詭譎氣氛有某種誘惑力，沒有甚麼辦法能使他們轉過頭來了。我知道你有你個人的「無政府」主義的自由思想，我們當然不能期望每個人都贊同共產主義思想。我認為你和潤之將來必定分道揚鑣，但你們仍舊是我的摯友。個人方面，我覺得各走各路是好的，真理有很多方面，而統統都是可貴的。」

當我把陳昌這番話告訴毛澤東，他的意見是：「對極了！很多人都不滿現狀，倘若我們進行改造，便必須鬧革命！倘若我們革命成功，上策便是師法俄國！俄國共產主義是最適合我們的制度，也是我們最先追隨的制度。這是我們要走的唯一道路，我也誠懇的希望

你同我們一起走這條路。」

　　毛澤東同我確有一連串的問題要討論。在此期間，我們常常秉燭夜談，為之廢寢忘食。有時候我們的談論弄得很不愉快，甚至潛然下淚，因為我們找不到互相協調的基礎。我不能接受毛澤東的推理，但我的答覆也令他不感滿意。多月來被這些沒有結果的討論所虛耗，但大家都沒有口出惡言，更恰當的說，使我們真真正正遺憾和不舒服的根源，是我們不能完成一個共同的行動計劃。雖然我們的大前提南轅北轍，但我們還是非常珍惜我們的友誼。

　　第一次在極度難過的情形之下，我們都互相鼓勵重新展開討論，但討論又帶來一次又一次的難過和遺憾，如此循環不斷，由笑而哭，由哭而笑，好像一個永不停止的螺旋。這樣耐心和不厭煩的努力說服對方，完全是看在聯繫我們之間深厚的友誼份上。毛澤東深信我是只問對錯，不是為個人自私自利而爭吵，動機是真誠的熱愛中華民族，亦的的確確為了人道本身而說話。

　　我們討論的重點可以簡略的概述一下。有一次，我用一個比喻作開場白：「雙輪呢，還是單輪呢？」

　　我說：「人道主義可譬之於雙輪的人力車，它有兩個好車輪，便一路順利，可是，如果拿走一個車輪，它便倒下來，變成廢物，不能動彈。使它獨輪能動的唯一辦法是用手抬起另一邊，用蠻力拉它起來。這力度在車行時，必須始終保持不變和平衡。現在，人道主義的雙輪，」我指出，「便是自由和共產主義。我反對資本主義，完全同意共產主義的道理，但是，如果人民受俄國共產主義的治理，人力車便失去自由的車輪，於是要藉壓迫人類以維持它的平衡。共產黨領袖或者可以維持這種對人民的壓迫好幾年，不過，如果它一旦中止，車子便要倒下來。我說，所牽涉的道理根本是錯誤的。」

毛澤東十分明白我的意思，但他毫不躊躇的答道，他完全贊同使用壓迫的手段。

他說：「壓迫是政治真正的本質。如果你壓迫得法，表示你為政不差。最後分析起來，政治的影響力十分簡單，不過是經常保持壓迫罷了。」

我說：「如果你是對的話，那麼我不敢再惹政治了。」

另一次，我建議我們把自由和共產主義看作兩條路。

我說：「我們現在處身於三岔路或十字路口，經過以前幾個世紀的鬥爭和流血，人類終於獲得某個程度的自由，自由是極其珍貴的財寶，應該小心保護。兩條路都是通向死亡，每個人都不可迴避的往裡走。那麼，為甚麼我們走共產主義而不走自由之路呢？人類有兩個原始的或基本的慾望，就是生存和自由，而唯有自由才能令文明興盛。」

毛澤東的回答又是三言兩語的：「移植共產主義，並不表示人民就沒有自由呀！」

我說：「自由有好幾種，有人性隨心所欲的自由，也有豬雞等家畜隨心所欲的自由。豬無所拘束，但僅限於在豬欄的範圍內。雞亦限於雞舍裡才能優遊自在。共產國家確會把自由配給人民，但那是雞和豬的自由。俄國共產主義好像一種宗教，人必須盲目相信它的教義，永不能談論它的對錯。那是一種沒有思想自由的宗教。共產主義者說他們相信自由，但他們不容許人民自由過活。俄國沒有集會、結社的自由，沒有發表、出版的自由，這就是人民的自由嗎？」

毛澤東用一種籠統的說法回答，其大意是說，公眾必須受法律控制，即使立法專斷，個人亦必須服從國家，而且，如果需要的話，人民必須為國家的幸福犧牲。

我們討論到國家和個人在共產主義統治下的關係，我說：「國家的權

力太大了，它像菩薩一樣無所不至，而個人在國家裡好像蒼蠅螻蟻。如果國家命一些人殺害其他人，他們必須白刀子進，紅刀子出。如果國家想人下火鍋，他們亦必須任燒任煮。如果國家要人吃少些食物，他們必須勒緊肚子。如果國家要人民死，他們便死。有人認為個人比諸於國家，是微不足道的，但法王路易十四誇言『朕即國家』之際，人民對他諷笑，因為他認為國家總是至高無上的。這真是荒天下之大唐！本來，民主政制已經來臨，國家權力為之大大削弱，個人增加了重要性。可是，今日的俄國共產主義卻在社會主義的偽裝之下重回國家的權力，完全控制俄國人民的日常生活。」

　　毛澤東對這點的答覆，是堅認共產主義國家必須實施「新民主主義」。

　　接著，我提出第五點來討論：新民主主義呢，還是新專制主義？在我看來：俄國共產主義制度，與其說是「新民主主義」，不如說是「新專制主義」。

　　我說：「我國自古以來，帝王代表了老式的專制。俄共現在不過是實行一種新式的、科學的絕對專制主義！中國古時有很多帝王雖是專制君主，但卻是優秀的統治者，他們實行『愛民如子』的政策。他們的治理比大多數的小國君王為佳。今日俄共的領袖所擁有的專斷權力，卻千倍壞於中國的專制君主！」

　　對此，毛澤東答道：「如果領袖沒有權力，便不可能執行計劃，不能得心應手。領袖有越多的權力，做事便越容易。為了改造國家，人民一定要刻苦自勵，並需要犧牲一部分人民。」

　　於是，我們討論到第六個問題，即為了國家的幸福而犧牲人民的幸福的問題。我十分直率的對毛澤東說：我不同意「犧牲一部分去幫助其他部分」的原則，我不同意「為未來一代的虛空的幸福，在某種範圍內犧牲個人」的那種思想。他答道：「如果我們在這些事情上太重感情，社會

革命的理想在一千年內也達不到！」跟著第七點的討論便是：一千年，還是一萬年呢？

「如果我們能在一千年內達成理想的社會結構，」我說，「可算十分心滿意足了。即使要一萬年，仍應愜意。對個人而言，一百年或一千年是非常漫長的歲月——好像無窮無盡；但對國家民族來説，也不算長；在全部人類歷史裡，還是很短暫的呢。共產主義在理論上是優秀的主義，確可付諸實行，但這一定要時間。俄國的革命方法是揠苗助長，這正如古語所云：『一步登天』。」

毛澤東説：「我佩服你有等一百年或一千年的耐心。我則十年也不能等了，我要明天就達到目的！」

我們討論的第八點問題是：要實行共產主義，應以個人標準或是以社會標準來引導的問題？我認為，如果他要明天就付諸實行，那他只是憑自己個人的標準而進行。

「這是只管幹眼前認為是好的事，而不理將來後果的作法。」我説，「這就是所謂歷史上英雄的行徑。那些英雄愛管他人閒事，無論如何是神憎鬼厭的人。英雄思想已經過時了，應該丢掉。像凱旋門歌頌英雄那種虛有其表的物質象徵，我們有理由説是錯誤的。只有像孔廟的內在理想象徵才應垂諸永久。如果改革社會的目標是誠篤的話，那麼完成目標必須一直放眼未來。永久性的進步必須讓每人免費接受較好的教育，同時一步一步的增廣教化。但這一切都需要長久的時間。」

但毛澤東説，改革社會必須要軍事力量和政治行動去達成。

第九個問題是：教育呢，還是政治呢？

我堅持己見：「使用武力完成改革，結果只有造成暴政，但若用教育改造，就會有和平與永恆的後果。這是『和平的改革』。當然如果你要立竿見影、朝發夕至的效果的話，那它們自然不能和武力逼成的改革相

比擬。」

毛澤東說：「我喜歡立竿見影的事情。坦白說，你的意見完全說不動我！」

接著是討論到個人的利益問題。我說：「如果你跟隨俄共的領導，奮鬥十年或廿年之後，你有朝一日會成功地使國家採行共產主義制度，這種成功不會特別困難，但卻不是一項有價值的成就。如果有朝一日成立俄式共產主義制度，那就是中國哀鴻遍野之時！你的意見也說不動我，我若接受你的意見，我必永不安心。你記得孟子的話吧：『君子有三樂，而王天下不與存焉。』他說的確是肺腑之言。再想想劉邦和項羽那鬼哭神號的爭權吧，在基督和佛祖看來，就像兩個街童為爭一個蘋果而打架一樣。」

毛澤東歎道：「你不同意馬克思的學說，多可惜呀！」我回敬他：「你不同意普魯東的學說，也多可惜呀！」[1]

我們談論理想主義和唯物主義。不停的談天說地，但我們談得越多，也提出越多無法解答的問題。毛澤東顯然以為不需要解答，要達到成功的話，只有行動是必需要的。我反駁說：為達到目的，要作這樣大的犧牲，那我寧可不幹了！

我們這樣談論下去，始終是在摯友的氣氛中。直到中國共產黨正式成立之日。最後一晚，我們同床而睡，談至天色發白，毛澤東一直請求我參加那個決定歷史命運的集會。

---

[1]　這句話明確體現了蕭瑜的無政府主義思想觀點。

第三十九章　中國共產黨之誕生

　　一九二一年，我在長沙約莫住了三個月，因為我返回北京之前，有很多事情要辦妥。我回京途中，順路到上海探訪湖北教育會主席和江西省省長。在我離長沙前幾日，毛澤東示意他會和我同行，他說：「千萬請嚴守秘密。我要告訴你，北京、廣東、上海（事實上無處不是）已成立了共產主義小組，有十多個代表預備在上海集合，召開一個秘密會議。這個會議的目的是正式成立中國共產黨。我是長沙的代表，我十分希望你和我一起赴會。」[1]

　　我對他說：「我們可以同船到上海，但我不參加你們的會議。」

　　他堅持道：「去吧！你到那裡去，跟那些同道見見面，聽聽他們的意見，同他們談談吧！」

　　我反問道：「有甚麼好談的？你們的會議又不是討論小組，一切已經決定了，現在就是要成立中國共產黨，如果我赴會，我便成為中國共產主義的締造人之一！我便要受中國人民注視一百年、一千年，要向人道主義負責一萬年。我對你說吧，我不預備參與成立共產黨！」

　　毛澤東答道：「如果我們戮力以赴，共產黨在三十年至五十年的時間，也許便能統治中國。」

　　「不，我不這樣想。」我答道，「我最好引老子的話來答你：『治大國若烹小鮮。』」

　　毛澤東此時縱聲大笑。他以為我鬧著玩。他不知道，也永不了解，我是非常認真說話的。我實際上全心全意贊同所引老子上面說的話。

　　當天下午，毛澤東同我坐著河渡，由西門出長沙。我們住在同一客

---

[1]　毛澤東不可能邀請蕭瑜去上海參加中共一大，蕭不過是順路去武漢，並不了解毛澤東的行動。

艙，我用上層，他用下層。很多朋友下船來跟我話別，他們知道我快要
回法國了，我們於是整個下午忙於同他們談這談那。入夜，河渡啟碇，
我們睡個痛快。當進入洞庭湖時，我們恍若置身汪洋大海中，給無邊無
際的水環繞著。毛澤東首先醒來，走去坐在甲板上。稍後，我跟著出去，
注意到他袋裡有一本薄薄的小書。我問他那是甚麼，他拿出來，把那題
目《資本主義制度大綱》給我看。我打趣的說：「你研究資本主義，就能
成立共產黨了？」毛澤東淺淺一笑，沒說甚麼。為打破沉默，我接著道：
「我很了解，你要做共產主義者，根本不用去學習，也毋需讀這類書，最
要緊的還是信仰。這就是為甚麼共產主義好像一種宗教。」毛澤東又是
微笑，仍沒有答話。最後為打破悶局，我問他是否已吃早點了，他答道：
「還不曾呢，我正等著你，我們一起吃吧。」

河渡很快抵達漢口，我們分手了。我上岸，而毛澤東到上海，我們相
約在滬濱碰頭。他把秘密地址交給我，待我在鄂贛辦完事後可找到他。

我到達上海時，直趨法租界環龍路，依毛澤東給我的門牌找到屋子。
房內放有兩張床，其中一張無疑是留給我的，但是毛澤東不在。他在黃
昏時回來，對我說，他們跟巡捕有麻煩，巡捕曾向他們作冗長的審問。
因為學校正值假期，他們幾經困難，已獲准使用一間女校的一個課室。
雖然他們開會時鎖上所有門戶，但仍被巡捕查出，現在不能在那兒開會
了。這些法租界的巡捕非常機警，代表們到哪裡去，他們便跟到哪裡。
各代表於是不敢再大夥兒一起開會，分散於各處，只由一兩名代表擔任
聯絡人。幾天後，巡捕鬆弛下來，但他們仍照樣保持嚴密的警戒。

有一天，毛澤東看來比平時快樂，對我說：「我們已想出了一個新計
劃。有一位代表的女友是浙江嘉興人，她說我們可以扮作遊客由上海去
西湖，行經嘉興時，就在嘉興城外的南湖的船上開會，為了要避開巡捕
耳目，我們要加倍慎重，必須假裝買火車票去杭州西湖，火車上有很多

遊客，到嘉興時，我們便落月台下車去也。然後混在人群裡，直至火車駛離。倘若巡捕由上海跟蹤我們，也不會想到這一點的。而且，他們對上海市外的情形，也不大了了。你同我到嘉興吧，會後，我們可以到西湖逛逛。自出娘胎以來便聽說西湖景色甲天下，現在，多謝上海的巡捕，我可以去遊西湖了。」

「好極了，」我同意道，「我們明天就逛西湖去吧。」

翌晨七時，毛澤東和我離開居處，到車站買三等票去杭州。我們進入火車站以後，約在九點鐘的時候，就看到一塊巨大的白色路牌，上有「嘉興」兩個大字。火車一抵埠，我們即跳下去，混入月台上的人群中。過了一會，我們盡量裝作若無其事的走出去，步向大路。其他的代表亦已走下火車，但他們要開會，身上卻沒有認識的標誌。毛澤東和我在走路時，雖沒有人跟蹤，但我們仍是小心翼翼。我們在橫街找到一間小旅館，租了一個房間過夜。

房內有一張床，一張小桌子。床十分大，約佔了房間的三分之二有多，幾乎沒有地方走動。蚊帳潔白乾淨，我乾脆就留在房內了。在炎夏裡，一個好蚊帳是找房子的重要條件。我們剛安置妥當，毛澤東便要到開會的地點去，他執著我的手臂嚷道：「我要你同我去逛逛南湖！」

「不去了，我在這兒等你回來。到時我們才一起去逛西湖吧。」我答道，「你打算甚麼時候回來？」

「你不跟我去看南湖，真不痛快，」毛澤東接口道，「我打算遲至黃昏才回來。代表們要在船上吃飯，所以你不要等我吃晚飯了。」

說過話後，他瞪了我一陣，然後不發一語的離開。我寫好幾封信，然後慢慢的沿著南湖岸邊散步，眼看舟艇緩然駛過。在船上舉行秘密會議，真是好主意，我猜那隻船上會誕生中國共產黨。

晚飯時，還沒有毛澤東的訊息，我便洗個澡，由小窗往外眺望以排

遣時光。雖然天未入黑，水平線上已隨處可見漁光泛映。我熄了房燈，上床睡去。兩三個鐘頭後，毛澤東回來了，他打開蚊帳，問道：「蕭先生，你睡了？」

「是的，」我答道，「我睡了。但請勿打開蚊帳，這兒的蚊很可怕，它們會飛進來的。今天的工作可稱心？」

「是的，稱心極了，」毛澤東答道，「我們在船上一直談得無拘無束！你不來，真可惜。」

我隨即答道：「你看，你在感激自由呢！在上海，你不能自由自在和你的同道談話，你不能自由開會，巡捕到處跟蹤你，你們在會上決定了

甚麼？你們計劃採取甚麼行動？」

　毛澤東沉著的答道：「我們決定必須將中國造成第二個俄國！我們必須組織起來，奮鬥到底。」

　「你們怎樣組織起來？」我問。

　「代表們都不是烏合之眾，」毛澤東解釋道，「他們有些人學識豐富，能讀日文或英文。我們決定必須首先成立一個核心小組，這核心小組將成為中國共產黨。之後，我們將安排宣傳工作，並準備實行特別的行動計劃。第一步是策動勞動階級和青年學生投向共產主義。然後，我們必須建立充裕的經濟基礎。這說明為甚麼一定要歸屬第三國際。」

　「但是，」我抗議道，「第三國際是俄國。你們為甚麼不組成第四國際呢？」

　「那究竟是甚麼東西？」毛澤東問道。

　「第四國際，」我解釋道，「是共產主義的理想主義部分，它是馬克思和普魯東的理想結合，它是自由的共產主義。你還記得我聽說關於人力車的雙輪嗎？自由共產主義的人力車就是具備兩個輪子，它不需要另外的力量支持它！如果你同意沿著第四國際的路線組織你的運動，我將為它貢獻一生！」

　「一千年後我們再談它罷。」毛澤東苦著臉，一邊說一邊打開蚊帳上床。

　他一邊說一邊躺下，伸了個懶腰，可是，無可避免的，又展開對共產主義和自由、國家或個人等繼續不斷的討論，我們還未停止談話，天幾乎發白了。毛澤東從不愁睡不著，而睡在大床上，我不覺得他就在旁邊。

　我醒來時，晴天碧朗，而毛澤東還沉睡未起，於是我仍靜靜的躺著。過了一會，他張開眼睛，我便喚他：「潤之，天大白了，起來吧！」

　「甚麼時候？」他問道，「我再睡一會兒行嗎？」

　　我告訴他可以，然後輕手輕腳地起了床，半小時後他醒了，迅速起床，問，「幾點了，我們是否誤了火車？」

　　「沒有，不用著急，」我告訴他，「還早。從這裡每天有好幾趟車去西湖。」

　　因為火車上人很多，我們又長談了幾個小時，但沒有深談某個問題。我們多是在批評共產主義運動的領袖陳獨秀，因為他太書生氣了，外貌又像資產階級。李大釗似乎更能贏得我們的擁護，但顯然俄國人喜歡陳獨秀，而他又是南湖會議的主要組織者。[1]

　　下午我們到達杭州——浙江的省會，湖邊的房舍，道路和公園構成一幅難以形容的美麗圖畫。我想起一句話：「上有天堂，下有蘇杭」，感到那一點也不誇張。

　　毛澤東和我參觀了許多著名的風景區，儘管水光山色美不勝收，可是我們卻不能在這久留。

第四十章　　最後的聯繫

　　直至此時，毛澤東對於他在共產黨中的行動從未向我隱瞞，而他對我所說的許多秘密事情，我確實不曾向任何人吐露一字！我們在上海分手之後，通信頻仍，有時使用只有我們才明白的隱語。數月後，我回到法國，我們的信件便須費時十至十二星期才到達目的地，因為當時還沒有空郵。對於毛澤東的荷包來說，沒有空郵是件好事，因為他的字頭又大又粗，而他的信又常寫得很長，那要他傾家蕩產買郵票呢！

---

[1]　陳獨秀沒有出席中共一大。

　　我遲至一九二四年才返國，住在北京。因為我不能到長沙見毛澤東和「新民學會」的其他會員，我們便頻密的通信。這時，孫中山先生決定和共產黨合作，結果共產黨員都兼做國民黨員。

　　在此期間，我所效忠的國民黨，跟共產黨都有相同的基本目標，就是攻擊和打倒軍閥。我參加了這個革命運動，到處奔走。毛澤東、我在「新民學會」的其他會員，同我自己都為這萬眾一心的目的齊心協力。

　　固然我跟共產黨領袖李大釗和其他有力的共產黨人有直接聯繫，不過，我對中共內部的秘密討論和計劃自然一無所知。毛澤東繼續寫冗長而親切的信給我。他雖然不能公開討論他黨內的行動，但是我們仍像過去一樣的坦誠地作理論上的辯論。

　　在北京，國共兩黨的黨員融洽地工作。例如，當我奉任為《民報》(北方唯一重要的報紙) 的總編輯，我們在每天午夜後都舉行編輯會議。我們圍坐著一張大台：對面是我的秘書，左邊是三名國民黨員，右邊則是三

名共產黨員。共產黨員之一是范鴻鵠，他後來跟李大釗一起遭絞殺。這實際上是一個雛形的眾議院會議，而我們的意見又完全一致，一念及此，我現時還笑在心頭。

國共兩黨都覺得很需要印行文章和小冊子來反對軍閥，但印務所全不敢印。共產黨領袖李大釗有一次在會議中提到：他曾以國民黨的名義在北京搞過一間印刷局，自任為總監，國民黨的司庫撥出一筆可觀的經費支持這計劃，又引薦熊瑾玎[1]自長沙來北京做執行編輯（熊和李同在楚怡小學任教員，後來成為「新民學會」的會員。現在他和學會的其他老會員同在北京做事）。警察後來開始懷疑，對他監視，李大釗做了四至五個月後，將餘款歸還顧孟餘，他是國立北京大學教授和研究所所長，後來是中華民國的鐵道部部長。這事件又一次說明了國共之間緊密合作的關係。

一九二五年，我經常在警察的監視之下，失去自由，一直匿在北京和天津的租界以免被捕。一九二六年，當李大釗和其他好幾個共產黨人被軍政府絞殺的時候，我們革命黨人更加活躍，雖然危險日甚。我們的家裡經常由警察和士兵不遺一瓦的搜索。有一次，我躲在外國租界，我家將毛澤東和其他「新民學會」會員寫給我的一整箱信件焚掉。間中收到一些簡短的口信，由來往長沙和北京的朋友帶來，但是逐漸連這些口信也停止了。

---

[1] 熊瑾玎（1886—1973），湖南長沙人，1918 年加入新民學會，1922 年接替毛澤東主持湖南自修大學校務。1927 年入黨，1938—1945 年在武漢、重慶《新華日報》工作。建國後任全國政協委員。

責任編輯　　梅　林
書籍設計　　彭若東
責任校對　　江蓉甬
排版印務　　馮政光

書　　名　　毛澤東早期傳記

叢 書 名　　20 世紀中國

作　　者　　斯諾　蕭三　蕭瑜

編　　注　　劉統

出　　版　　香港中和出版有限公司
　　　　　　Hong Kong Open Page Publishing Co., Ltd.
　　　　　　香港北角英皇道 499 號北角工業大廈 18 樓
　　　　　　http://www.hkopenpage.com
　　　　　　http://www.facebook.com/hkopenpage
　　　　　　http://weibo.com/hkopenpage
　　　　　　Email: info@hkopenpage.com

香港發行　　香港聯合書刊物流有限公司
　　　　　　香港新界荃灣德士古道 220-248 號荃灣工業中心 16 樓

印　　刷　　美雅印刷製本有限公司
　　　　　　香港九龍官塘榮業街 6 號海濱工業大廈 4 字樓

版　　次　　2018 年 1 月香港第 1 版第 1 次印刷
　　　　　　2022 年 6 月香港第 1 版第 2 次印刷

規　　格　　16 開 (168mm×230mm) 332 面

國際書號　　ISBN 978-988-8812-09-7

本書原由生活·讀書·新知三聯書店以書名《早年毛澤東：傳記、史料與回憶》出版，經由原出版者授權本公司在港澳台地區出版發行本書繁體字版。